박 한 Hugh Park

저자는 음료분야의 종합 전문가로서 세종대학교 일반대학원에서 호텔관광경영학 박사 학위를 국내 최초 믹솔로지스트 연구 논문으로 취득하였으며, 2001년부터 밀레니엄서울힐튼호텔, 호텔리츠칼튼서울 등의 메인바, 양식당, 중식당, 라운지, 뷔페, 연회장 등에서 음료 담당 업무를 맡으며 호텔리어와 식음료전문가로 현업 경력을 쌓았다.

2009년과 2010년 국가대표 바텐더로 세계무대에서도 활동하였고, 현재는 월드클레스 바텐더 대회를 비롯한 수 많은 대회의 국가대표 바텐더와 믹솔로지스트를 양성하며 국가대표 바텐더 선발전과 세계바텐더대회 심사위원으로 활동하고 있고 사단법인 한국바텐더협회와 아시아바텐더 협회의 부회장을 거쳐 한국외식음료협회 회장으로 호텔 · 항공 · 관광 · 외식분야의 식음료 전문가들 과 함께 협회를 이끌며, 대학교에서 학생들을 지도 하고 있다.

저서로는 「바텐더스베이직」, 「와인미학」, 「커피바리스타」, 「호텔음료주장관리론」, 「호스피탈리티 식음료관리론」, 「바&라운지 음료경영 론」이 있다.

THE DRINK STORY

더 드링크 스토리

국내 최초의 믹솔로지스트 박사 박한이
음료문화를 즐기는 사람들과 예비 음료
전문가들을 위해 준비한 드링크 스토리

prologue

알고 경험하면 더 즐거운 음료 스토리

물과 음료수 그리고 술, 우리에게 음료의 쓰임은 수분의 공급원으로, 생활 속에서, 식사와 함께, 프로포즈 할 때, 회사 업무를 마쳤을 때, 좋은 사람들을 만났을 때, 비즈니스를 할 때, 파티를 할 때, 축하를 할 때, 서로 친해지기 위해 심지어는 슬픈일을 위로하거나 이겨내야 할 때 빠짐없이 곁을 지켜주는 친구와도 같다.

태초에 인류의 문명이 강을 중심으로 형성된 것처럼 생존을 위해 물을 필요로 했고 산업화에 맞추어 하나의 상품이 되어 시장을 형성했으며 이제는 사람과 사람을 이어주고 사람들 내면에 자리 잡은 외로움을 달래주며 바쁜 일상의 조각들 사이사이를 채워주는 인류의 문화가 되었다.

우리는 이렇게 하루를 사는 동안 음료를 벗어나 지낼 수 없으며 점심식사와 저녁식사의 메뉴를 고민하는 것만큼 편의점 쇼 케이스 앞에서 그리고 카페나 레스토랑의 메뉴를 바라보며 선택을 고민한다. 이제 음료는 우리에게 선택의 다양함과 즐거움을 선사하는 생활의 일부가 된 것이다.

이에 본 저서는 저자가 음료를 대학에서 공부하고 연구했으며, 현장에서 판매하고 서비스하였고, 수많은 학생들과 일반인들에게 교육하는 동안 음료를 보다 쉽게 알리고 즐길 수 있도록 하는 방법을 고민하며 그동안 노트에 20년간 적어온 내용을 토대로 이 책의 작업을 시작하였다. 명료하게 정리하고 스토리를 통해 이해할 수 있도록 구성된 이 교재가 음료 문화를 즐기는 모든 분들과 음료 문화 산업을 이끌어갈 예비 음료 전문가들에게 유용한 지식을 전달하는 도구가 되길 바라며 부족한 부분은 많은 분들의 의견을 경청하여 계속 보완해나갈 것을 약속드린다.

마지막으로 본 저서가 나올 수 있도록 물심양면으로 도움을 주신 출판사 관계자 분들의 노고에 감사드린다.

마스터 믹솔로지스트 박 한(Hugh Park)

contents

contents

Chapter 01

음료의 이해

01 음료의 정의

우리나라 사람들에게 음료란 비알코올성 음료만을 뜻하는 것으로 여겨지고 있으며 '음료수' 라는 명칭으로 불리고 있고 알코올성 음료는 '술' 이라고 구분하여 생각한다. 하지만 국제적으로 음료는 비알코올성 음료와 알코올성 음료를 모두 포함하여 생각하며 인류가 섭취할 수 있는 음식물 중 하나이며 액체로 되어있는 것 즉, 마시는 형태로 섭취하는 모든 음식물을 통칭하고 있다.

인류에게 물은 가장 중요한 요소라고 해도 과언이 아닐 것이며 사실상 인류를 포함한 모든 생명체는 물이 존재했기에 생존할 수 있었다. 우리의 신체 구성요소 중 수분이 차지하는 비중이 70% 이상을 차지하고 있으며 그 수분의 비율을 지켜내기 위해 매일 일정량의 물을 어떤 방법으로든 섭취하지 못한다면 신체에 이상 징후가 나타남은 물론 생명을 잃을 수도 있다. 이러한 인류 생존에 필수 요소인 물의 확보와 안전성 유지는 인류의 오랜 숙제였으며 그로 인해 다양한 형태의 음료를 마실 수 있게 되었을 것으로 추정된다.

현대의 인류는 지능의 발달로 인한 과학기술의 발전을 함께 이루어 음료를 안전하고 다양하게 만들어 내는데 이르렀지만 미래의 음료는 문명의 발전과 함께 찾아오는 오염과 자연재해 등으로 인해 그 순수함을 지켜내기가 힘들어 질 것으로 예상하고 있다.

02
음료의 역사

인류 최초의 음료는 '물' 이었는데 그리스강과 유프라테스강의 물이 오염되어 물로 인한 전염병이 발생하자 이를 예방하기 위해 봉밀(벌꿀)을 약하게 타서 마시기 시작했다고 한다. 그것이 순수한 물 이외에 최초로 마시게 된 음료였을 것으로 추정된다.

술은 물 보다는 한참 후에야 인류와 인연을 맺게 되었을 것이다. 자연에 의해 우연히 만들어진 알코올 즉, 술을 인류가 즐겨 마시기 시작했으며 술에 앞서 인류에게 중요한 요소였던 물(식수)의 안전을 위해 세균번식을 억제할 수 있는 술을 물에 타서 마셨던 것으로 알려져 있다. 그 후 다양한 술들이 만들어졌으나 발효주였던 당시의 술 역시도 변화의 여지가 남아있는 음료였던 탓에 변화가 없는 술에 대한 갈망 또한 컸을 것으로 보인다. 결국 인류는 비등점의 원리를 이용한 증류 기술의 개발을 이뤄냈고 다양한 원료와 제조방식의 증류주들이 탄생하게 된다.

현대에 들어서면서 음료는 알코올 음료, 비알코올 음료 할 것 없이 기본적으로는 즐기는 기호 문화로 발전하게 되었고 기존의 발효주 또는 증류주에 과일이나 채소, 약초나 향초, 종자나 씨앗 등과 같은 성분을 혼합하여 혼성주를 만들어 내기에 이른다. 하지만 비알코올성 음료를 포함한 알코올성 음료들이 모두 그저 생존하고 즐기기 위한 목적으로만 만들어진 것은 아니었다. 상당 수의 음료들은 주술적인 목적이나 종교적인 목적 그리고 의학적인 목적으로 만들어지고 애용되기도 했다.

이제 인류에게 음료는 좁게는 인류의 생존부터 넓게는 인류의 문화의 일부가 되었으며 다양성과 전문성이 공존하는 인류의 역사의 한 축을 이루고 있다.

03 음료의 분류

음료는 순수 알코올 함유량 1% 이상인(Ethyl Alcohol) 알코올성 음료Alcohol Drink와 순수 알코올 함유량 1% 미만인 비알코올성 음료Non-Alcohol Drink 구분하며 알코올성 음료는 하드 드링크Hard Drink로 비알코올성 음료는 소프트 드링크Soft Drink로도 불린다.

음료(Beverage)의 분류

알코올성 음료 : 술 (Alcoholic Beverage)	양조주 : 발효주 (Fermented Liquor)	• 과실주(포도주, 사과주, 복분자주) • 곡주(맥주, 청주, 막걸리, 사케, 동동주, 탁주) • 기타(풀케)
	증류주 : 스피리츠 (Distilled Liquor)	• 과일(브랜디, 칼바도스, 그라파) • 곡물(위스키, 진, 보드카) • 식물(럼, 데킬라)
	혼성주 : 리큐어, 코디알 (Compounded Liquor)	• 과일(체리, 메론, 피치, 애플, 카시스, 오렌지, 살구, 리치, 딸기) • 약초, 향초(민트, 갈리아노, 베네딕틴, 압상트, 베르뭇, 예거마에스터) • 종자(깔루아, 카카오) • 기타(드람뷔, 베일리스)
비알콜성 음료 : 음료수 (Non-Alcoholic Beverage)	탄산음료 : 청량음료 (Carbonated Drink)	• 탄산음료(콜라, 사이다, 진저엘, 토닉워터, 환타, 칼린스믹스) • 무 탄산음료(물, 광천수)
	영양음료 (Nutrition Drink)	• 주스(오렌지, 파인애플, 레몬, 라임, 애플, 크렌베리, 토마토, 자몽, 당근, 셀러리) • 우유(일반, 로우펫, 제로펫) • 크림(라이트, 헤비) • 요거트(발효유, 유산균, 락트산균)
	기호음료 (Fancy Taste Drink)	• 커피(레귤러, 디카페인, 가공믹스) • 차류(엽차, 화차, 근차, 과실차)
	전통음료 (Traditional Drink)	• 식혜, 수정과
	기능성음료 (Functionality Drink)	• 스포츠, 비타민, 다이어트, 식이성섬유, 에너지, 숙취해소, 자양강장

Chapter 02

양조주
(Fermented Liquor)

01 와인(Wine)

1 와인의 정의

넓은 의미에서의 와인은 과일을 발효시켜 만든 알코올 음료를 뜻하지만, 원료인 포도만으로 만들어진 양조주로서의 포도주와 주정에 포도의 성분을 혼합하여 만드는 혼성주로써의 포도주로 나누어지고 우리나라 주세법은 사실상 두 가지 모두를 과실주로 정의하고 있다.

2 와인의 어원

와인Wine의 어원은 라틴어의 '비넘Vinum'으로 포도나무로부터 만든 술이라는 의미를 가지고 있으며 나라별로 와인을 칭하는 명칭으로 이탈리아는 비노Vino, 독일은 바인Wein, 프랑스는 뱅Vin, 미국과 영국은 와인Wine이라고 부른다.

포도를 수확중인 고대인들

3 와인의 역사

와인의 시작은 선사시대부터로 추정한다. 고고학자들의 발굴을 통해 유적과 벽화에 남은 과일 수확, 발효, 저장 등의 기록을 분석하게 되었으며, 이는 와인이 인류가 마시기 시작한 최초의 술이라고 추정할 수 있는 근거가 된다.

4 와인의 제조

레드와인

수확Harvest → 파쇄Mushing → 발효Fermentation → 압착Pressing → 숙성Aging → 여과Filtering → 병입Bottling

화이트와인

수확Harvest → 파쇄Mushing → 압착Pressing → 발효Fermentation → 숙성Aging → 여과Filtering → 병입Bottling

로제와인

수확Harvest → 파쇄Mushing → 압착Pressing → 발효Fermentation → 여과Filtering → 숙성Aging → 여과Filtering → 병입Bottling

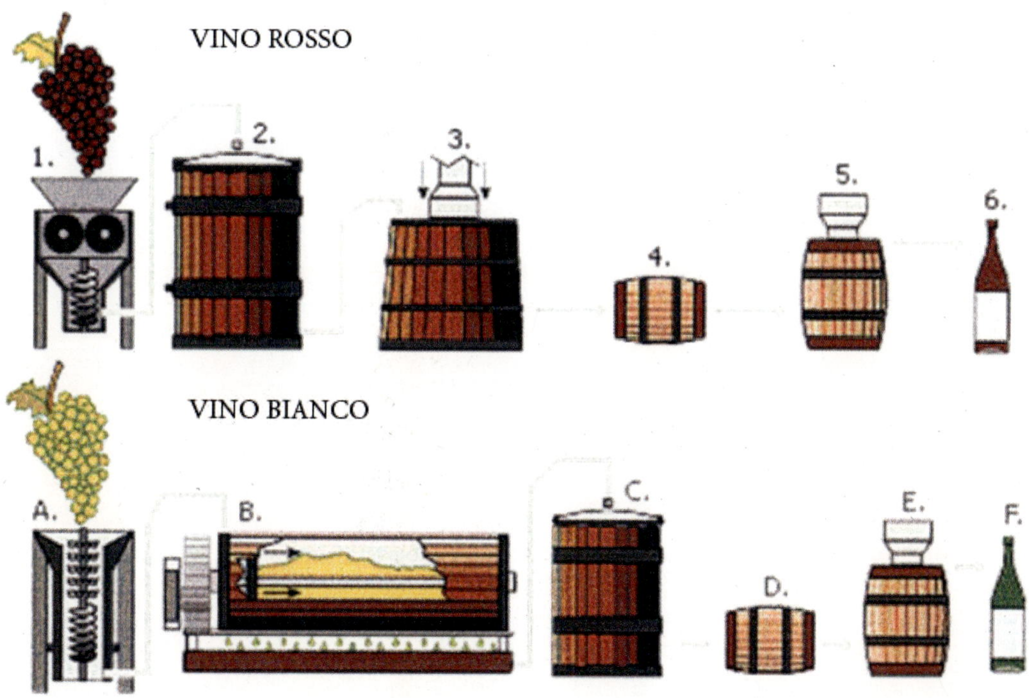

제조과정

5 와인의 분류

색에 따른 분류

레드 와인 Red Wine

적 포도의 씨와 껍질을 그대로 함께 넣어 발효시킴으로써 붉은 색소뿐만 아니라 씨와 껍질에 들어있는 타닌Tannin성분까지 함께 추출되므로 떫은맛이 나며, 껍질에서 나오는 붉은 색소로 인하여 붉은 색깔이 난다.

화이트 와인 White Wine

백포도를 이용하여 껍질과 씨를 제거하고 만드는데, 포도를 으깬 뒤 바로 압착하여 나온 주스를 발효시킨다. 이렇게 만들어진 화이트 와인은 타닌 성분이 적어서 맛이 순하고 포도 알맹이에 있는 유기산으로 인해 상큼하며, 포도 알맹이에서 우러나오는 색깔로 인해 밝거나 진한 노란색을 띤다.

로제 와인 Rose Wine

레드 와인과 같이 포도껍질을 같이 넣고 발효시키다가(레드 와인의 경우 며칠 또는 몇 주, 로제 와인은 몇 시간 정도) 어느 정도 시간이 지나서 색이 우러나면 껍질을 제거한 채 과즙만을 가지고 와인을 만들거나, 또는 레드 와인과 화이트 와인을 섞어서 만들기도 한다.

맛에 따른 분류

스위트 와인 Sweet Wine

주로 화이트 와인에 해당되며, 와인을 발효시킬 때 포도 속의 천연 포도당을 완전히 발효시키지 않고 일부 당분이 남아 있는 상태에서 발효를 중지시켜 잔당이 남게 만드는 와인과 보당(補

糖, 설탕을 첨가함)을 한 와인 등이 있다.

● 드라이 와인Dry Wine

드라이 와인은 포도 속의 천연 포도당을 완전히 발효시켜서 당분(단맛)이 거의 남아 있지 않은 상태의 와인이다.

● 미디엄 드라이 와인Medium Dry Wine

드라이한 맛과 스위트한 맛 중간 정도의 맛을 느낄 수 있는 와인을 말한다.

알코올 첨가 유 · 무에 따른 분류

● 포티파이드 와인Fortified Wine

저장성을 높이기 위해 와인의 제조 과정중에 브랜디 원액을 첨가하여 주정을 강화한 와인을 뜻하며 주정강화 와인 또는 알코올 강화 와인이라고 한다. 알코올 도수는 18~19% 정도이다.
나라별로는 프랑스의 뱅 드 리퀘르Vin doux Liquere, 이탈리아의 마르살라Marsala, 스페인의 쉐리 와인Sherry Wine, 포르투갈의 포트 와인Port Wine, 마데이라Madeira 등이 있으며, 알코올 도수는 20%이상 이다.

● 언 포티파이드 와인Unfortified Wine

일반적인 와인을 말하는 것이며, 다른 증류주를 첨가하지 않고 순수한 포도만을 발효시켜서 만든 보통 와인을 말한다. 알코올 도수는 8~14% 정도이다.

탄산가스 유 · 무에 따른 분류

● 스파클링 와인Sparkling Wine

발효가 끝나 탄산가스가 없는 일반 와인을 병에 담아 당분과 효모를 첨가해 병 내에서 2차 발효를 일으켜 와인이 발포성을 가지도록 한 것이다.

나라별로는 프랑스엔 샴페인Champagne 또는 크레망Crémant, 페띠앙Petillant, 뱅 무쉐Vin Mousseux, 독일은 젝트Sekt, 이탈리아는 스푸만테Spumante, 스페인은 카바Cava 등이 있다.

스틸와인Still Wine

포도당이 분해되어 와인이 되는 과정 중에 발생되는 탄산가스를 완전히 제거한 와인으로 대부분의 와인이 여기에 속한다.

식사 시 용도에 따른 분류

아페리티프 와인Aperitif Wine

식전 또는 코스 요리 전에 식욕을 돋우기 위해 먹는 애피타이저Appetizer가 있는 것처럼 본격적인 식사를 하기 전에 식욕을 돋우기 위해

Tip

우리가 알고 있는 샴페인은 샴페인이 아닐 수도 있다.
탄산가스가 포함되어 있는 스파클링 와인은 제조된 나라별로 명칭을 다르게 사용하고 있는데 그중 프랑스 샴페인이 가장 유명하여 우리는 일반적으로 탄산가스가 포함 된 모든 와인에 샴페인이라는 명칭을 잘못 사용하고 있다.
스파클링 와인 중 '샴페인(Champagne)'으로 표기하기 위해선 첫째 프랑스 샴페인 지방에서 생산해야 하고 둘째 포함하고 있는 탄산가스가 인공 첨가가 아닌 천연발포성 탄산가스여야만 한다.

Tip

샴페인 당분 함유량에 따른 표기

- 브뤼Brut : Very Dry
- 엑스트라 섹Extra Sec : Dry
- 섹Sec : Medium Dry
- 드미 섹Demi Sec : Sweet
- 두Doux : Very Sweet

저장창고의 샴페인과 퓨피트르(Pupitres)

서 마시는 와인도 존재한다. 그런 식전 와인을 아페리티프 와인이라고 한다.

테이블 와인Table Wine

식중 와인인 테이블 와인은 전체요리가 끝나고 식사와 곁들여서 마시는 와인으로 메인 요리와 함께 마시는 와인을 말한다. 육류나 해산물에 따라 나누어지기도 하고 소스나 식재료의 성격에 따라 레드와인, 화이트와인, 로제와인 중에서 선택되어 진다.

디저트 와인Dessert Wine

식후 와인인 디저트 와인은 식사 후에 입 안을 개운하게 하려고 마시는 와인으로 무거운 단맛을 내는 와인으로 선택하는 경우가 대부분을 차지하며 주정강화 와인인 포트와인 또는 크림쉐리 와인을 마시기도 한다.

저장 기간에 따른 분류

영 와인Young Wine

단기숙성 와인인 영 와인은 발효과정이 끝나면 별도로 숙성기간을 거치지 않거나 1~2년 정도 숙성시킨 후 병입하여 판매하는 와인이다.

에이지드 와인Aged Wine, Old wine

5~15년 정도 저장한 와인으로 발효가 끝난 후 지하 저장 창고에서 몇 년 이상의 숙성기간을 거친 것으로 품질이 우수한 고급 와인에 속한다.

그레이트 와인Great Wine

15년 이상 장기 숙성한 와인으로 품질이 최고급으로 인정받을 만큼의 최우수 와인이지만 오랜 저장기간을 요하는 만큼 저장 또는 유통 방법에 의한 영향을 많이 받을 수도 있다.

수확연도 표시에 따른 분류

빈티지 와인 Vintage Wine

라벨에 포도의 수확연도인 빈티지를 표시한 와인으로 라벨의 연도는 와인의 맛과 품질의 원료인 포도가 좌우함을 뜻하며 해마다 다를 수밖에 없는 포도의 작황상태를 수확연도의 표시를 통해 알 수 있도록 하고 있다. 즉, 빈티지에 따라 원료인 포도를 통해 시작된 해당 와인의 맛과 향 그리고 품질을 예상할 수 있는 척도가 된다.

논 빈티지 와인 Non-Vintage Wine

라벨에 포도의 수확연도인 빈티지를 표시하지 않은 와인으로 사실상 음용하기 위한 와인이 아닌 요리나 소스의 제조시 사용하기 위한 용도의 와인으로 판단할 수도 있다. 단, 스파클링 와인의 경우 기본적으로 다양한 포도품종 및 포도밭이 다른 와인을 섞어서 만드는 아상블라주Assemblage를 통해 생산년도가 다른 와인을 섞어서 만드는 일이 허용되기 때문에 빈티지를 표시하지 않는 것이 일반적이며, 그럴 경우 무조건 저가용 와인으로 판단하지 않는다.

6 와인의 포도

레드 와인용 포도품종

까베르네 소비뇽Cabernet Sauvignon

레드 와인하면 까베르네 소비뇽, 화이트 와인하면 샤르도네라 할 정도로 까베르네 소비뇽은 레드와인의 대표 포도품종으로 잘 알려져 있다.

Cabernet Sauvignon

메를로Merlot

메를로는 까베르네 소비뇽과 유사하지만 까베르네 소비뇽에 비해 탄닌 함량이 적고 부드러워서 마시기에 좋으며, 가벼워서 다른 포도의 거친 맛을 부드럽게 하기위해 혼합용으로도 많이 사용한다.

Merlot

피노 누아Pinot Noir

프랑스 부르고뉴에서 이 포도 품종으로 세계 정상급의 레드 와인을 만들고 있다. 우아한 과일의 맛이 풍부하고 비단같이 부드러우면서도 야생성을 지니고 있는 매력적인 와인이라 할 수 있겠다.

Pinot Noir

시라Syrah

프랑스 남부 꼬뜨 뒤 론 지역에서 주로 생산되며, 최근에는 호주의 대표 품종으로 자리 잡고 있다. 호주에서는 '쉬라즈Shiraz' 라고 부른다.

Syrah

말벡Malbec

이 포도는 원산지인 프랑스 보르도에서는 인기를 끌지 못하다가 최근에 와서 칠레, 아르헨티나, 남아프리카공화국 등에서 널리 재배되고 있으며, 아르헨티나에서는 국가 대표 품종으로 육성하고 있다.

Malbec

가메Gamay

매년 11월 셋째주 목요일에 출시되는 '보졸레 누보Beaujolais nouveau' 로 인해 더욱 유명해진 품종이다.

Gamay

화이트 와인용 포도품종

Chardonnay

Sauvignon Blanc

Semillon

Riesling

Chenin Blanc

Pinot Blanc

샤르도네Chardonnay

대부분 고급 화이트 와인을 만드는 품종으로 널리 재배되고 있다. 주산지는 프랑스 부르고뉴 지방이며, 캘리포니아와 칠레, 호주 등에서도 재배된다. 화이트 와인 중에서 가장 오래 보관할 수 있는 품종이다.

소비뇽 블랑Sauvignon Blanc

보르도 남서부 지방과 루아르Loire 지방이 대표적인 산지인데 보르도 지방의 소비뇽 블랑은 대개 쎄미용 품종과 블랜딩하여 조화롭고도 싱그러운 느낌을 준다. 루아르 지방은 미네랄 성분이 강하고 쌉쌀한 풍미가 난다.

쎄미용Semillon

산도는 낮고 향이 강하지 않아 단독으로는 사용되지 않으며, 주로 샤르도네나 소비뇽 블랑과 블랜딩 되는 보조품종이다. 이 품종에 걸리는 귀부병을 이용해 쏘떼른Sauternes 지방에서 만든 스위트 화이트 와인은 세계 최고 수준으로 평가 받는다.

리슬링Riesling

독일을 대표하는 품종으로 라인과 모젤 지방 그리고 프랑스의 알자스 지방에서 생산되는 화이트 와인의 대표적인 품종이다. 와인의 초보자가 마시기에 가장 적합한 와인이라 할 수 있다.

슈냉 블랑Chenin Blanc

프랑스 루와르 지방에서 가장 많이 재배되는 품종으로 신선하고 매력적이며, 부드러움이 특징이다. 세미 스위트 타입으로 식전주Aperitf로 간편하게 많이 이용된다.

피노 블랑Pinot Blanc

피노 블랑은 푸른 회색 포도로 프랑스 알자스 지방 포도 재배량의 5%를 차지하며 독일, 이탈리아, 오스트리아 등지에서 재배되고 있으며 스파클링 와인을 만드는 데 좋은 포도품종이다.

7 와인의 특징

프랑스 와인French Wine

프랑스 하면 와인, 와인 하면 프랑스를 연상할 만큼 프랑스의 와인은 세계최고의 품질을 자랑하고 있다. 프랑스의 포도재배는 2000여년 전 로마가 프랑스를 지배하던 시대까지 거슬러 올라가는 긴 역사를 가지고 있다.

대표적인 산지로는 보르도Bordeaux, 부르고뉴Bourgogne, 보졸레Beaujolais, 알사스Alsace, 꼬뜨 뒤 론Cotes du Rhone, 르와르Loire, 샹파뉴Champagne 등이 있다.

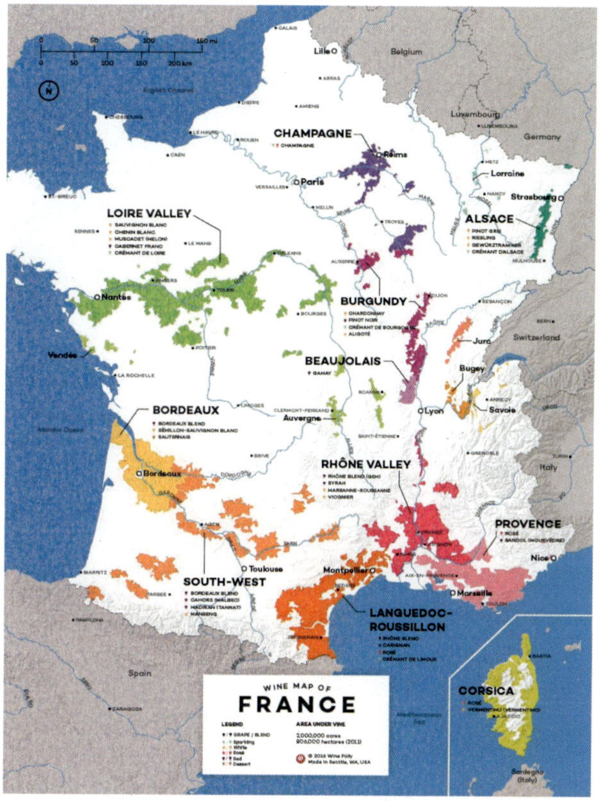

와인 원산지 명칭 통제법

A.O.CAppellation d'origine Controlee(아펠라시옹 도리진 꽁트롤레)란 프랑스와인의 원산지 명칭통제로 19세기 말 프랑스 와인 산업의 대부분을 파괴시켰던 포도나무 기생충 필록세라Phylloxera의 재앙으로부터 시작 되었다. 필록세라로 인한 포도밭의 황폐화 이후 일부 비양심적인 와인 생산업자들은 부정적인 방법으로 자신들이 생산한 와인에 상표를 붙여 판매하였으며, 이에 프랑스 정부는 1935년 이러한 부정적 행위를 방지하기 위하여 강력한 통제법을 제정하게 되었는데 그것이 바로 A.O.C(원산지 명칭 통제)이다.

Tip

필록세라(phylloxera)라는 19세기 후반 유럽의 포도밭을 황폐화 시킨 해충이다. 눈에 거의 보이지 않을 정도로 작은 이 해충은 포도나무에 기생하면서 그 뿌리를 갉아먹기 때문에, 그 숙주인 포도나무는 말라죽게 된다. 1860년대에 필록세라가 유럽 전역으로 번지면서, 그 후 약 20여 년간 유럽 포도밭의 90% 이상이 황폐화되었다.

독일와인German Wine

독일의 와인 산지는 유럽에서도 가장 북쪽에 위치한 라인Rhein 지방과 모젤Mosel 지방으로 꼽을 수 있는데, 북쪽 지역이어서 추운 날씨에 일조량이 부족하여 자연 기후로 인한 영향을 받아 매우 복잡한 특징을 지닌 와인이 생산된다.

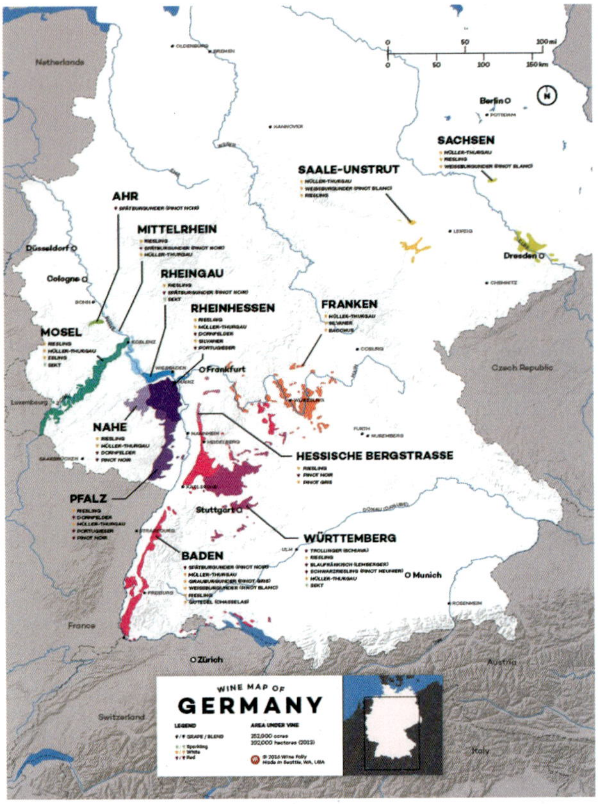

천연당도의 함유량에 따라 다음 5가지로 세분화된다.

- 카비넷Kabinett

  포도즙 당도는 가장 적은 73° 함유되어 있다.

- 슈페트레제Spatlese

  포도즙 당도는 85° 함유되어 있다.

- 아우스레제Auslese

  당도는 90° 함유되어 있다.

- 베렌 아우스레제Beeren Auslese

  완전히 익은 포도 중에서도 상급품으로만 선별하여 만든 와인으로 대체로 맛이 단편이며, 주로 스위트와인을 생산한다.

- 트로켄 베렌 아우스레제Trocken Beeren Auslese

  과숙한 포도를 건조시켜 만든 와인으로, 매우 단맛의 와인을 생산하는데 가격이 매우 비싼 편이다.

이탈리아 와인Italian Wine

이미 3,000년 전 로마시대 이전부터 와인을 만들기 시작한 이탈리아는 전 세계 와인생산의 약 19%를 차지하고 있는 세계 제일의 최대 와인 생산국이자 소비국이며, 수출량 역시 세계 1위를 자랑하고 있다.

이탈리아 와인은 1963년에 프랑스의 A.O.C 제도와 비교할 수 있는 D.O.C 제도를 제정하여 포도재배와 양조방법 등을 개선하는 등 와인의 품질향상을 위해 그동안 많은 노력을 기울여 왔다. 와인의 맛은 매우 다양하게 만들어지는데 테이블 와인Table Wine, 스푸만테Spumante, 베르무트Vermouth 등 모든 타입의 와인을 생산하고 있다.

스페인 와인Spanish Wine

스페인은 세계 어느 나라보다 넓은 면적의 포도밭을 가지고 있지만 와인 생산량은 이탈리아, 프랑스에 이어 세계 3위이다.

주요 생산지는 헤레즈Jerez, 리오하Rioja, 몬틸라Montilla 등지이며, 세계에서 널리 알려진 식전주Aperitif 쉐리 와인Sherry Wine은 헤레스 지방에서 생산된다. 쉐리 와인은 Jerez de La Frontera의 거리이름에서 나온 것으로 스페인어 헤레스Jerez가 세레스Xeres로 바뀌어 쉐리 와인이 영국으로 수출되면서 쉐리 와인으로 부른 것이 오늘날에 쉐리로 되었다.

스페인은 여러 종류의 와인을 생산하지만 세계적으로 알려진 와인은 쉐리 와인 뿐이다.

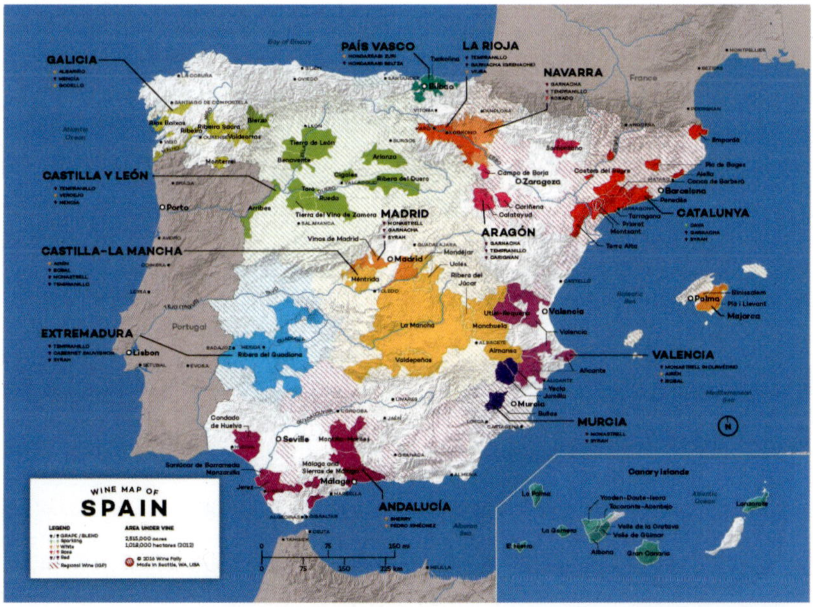

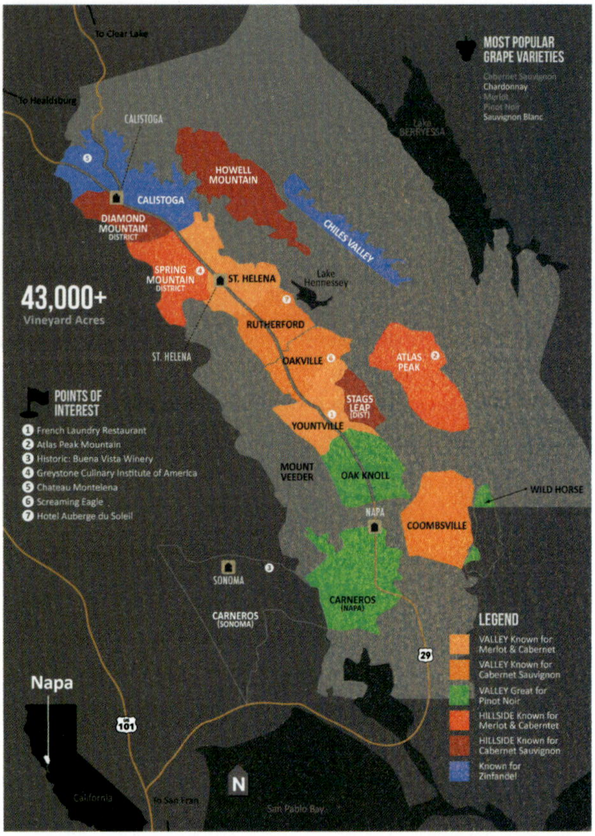

미국 와인 American Wine

미국은 유럽으로부터 1796년 스페인 선교사를 통해 캘리포니아에 와인이 소개된 후부터 시작되었다. 미국의 와인 27%를 캘리포니아에서 생산하고 있는데, 이는 이 지방이 포도재배에 이상적인 기후조건을 갖추고 있기 때문이다.

또한 1950년대에 들어서는 캘리포니아 대학의 포도재배에 관한 연구와 노력으로 토양과 토질에 적합한 포도품종의 육성법 및 양조법 등이 발전되면서 풍부한 자본과 기술로 와인생산이 본격화되었다. 근래에 와서는 미국도 세계적인 품질의 와인을 생산하고 있다.

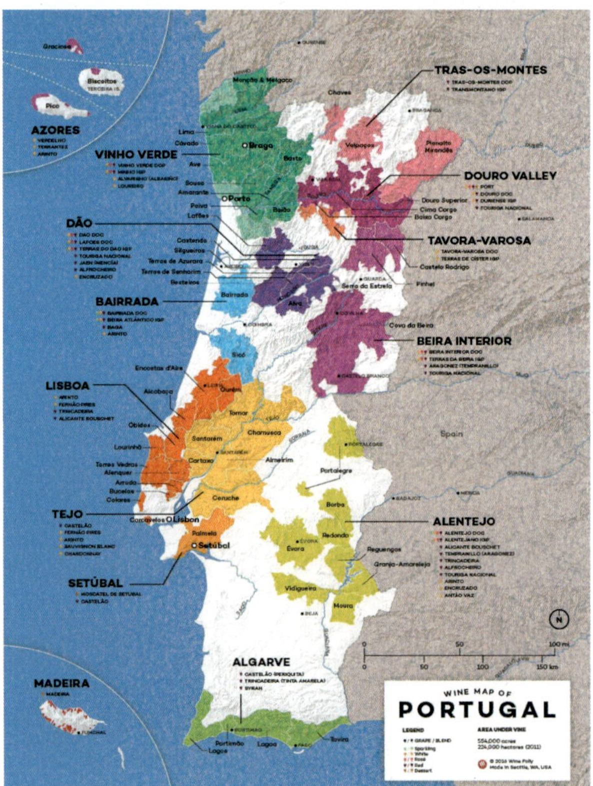

포르투갈 와인 Portuguese Wine

세계 7위의 와인 생산국으로 포르투갈 전체 인구의 약 15%가 양조산업에 종사하고 있다. 포르투갈 와인은 이탈리아나 스페인과 마찬가지로 레드와인을 많이 생산하고 있다.

세계적으로 널리 알려져 있는 와인은 포트 와인Port Wine과 로제 와인Rose Wine이 유명하다. 포트 와인은 정부의 엄격한 품질관리 하에 생산되는데, 발효과정 중에 알코올 농도가 높은 브랜디를 첨가하여 발효를 중지시켜 당분이 잔류된 상태에서 주정을 강화한 식후주 와인이다.

8 포트 와인Port Wine

포트 와인은 포도즙이 통속에서 발효하는 동안에 브랜디Brandy를 첨가하여 발효를 중지시켜 당분은 남게하고 알코올은 강화한 와인인데, 일반적인 와인은 발효하는 동안에 포도껍질에서 색소를 만들어 내지만 포트 와인은 발효기간이 짧기 때문에 인공적으로 미리 색소와 탄닌Tannin을 얻어낸다.

포트 와인은 포트와인협회의 품질검사를 받고 합격해야만 포트 와인이라는 명칭의 사용과 표기가 허용된다.

「와인」 인류의 가장 오랜 친구가 되기까지.

인류와 함께 진화한 술 와인

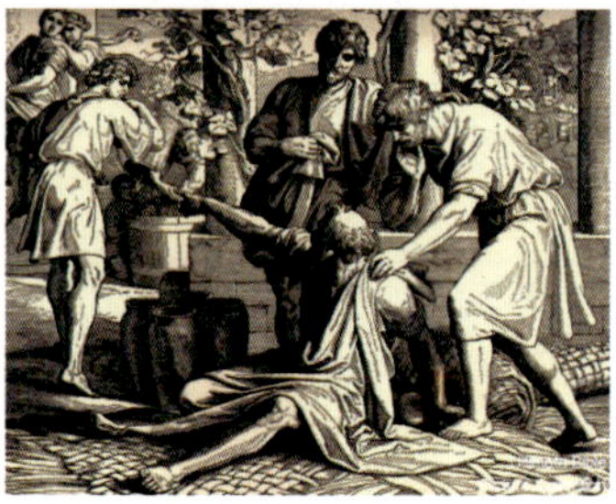
성경에 등장하는 노아(Noah)

와인은 인류와 함께 진화해 왔다고 해도 과언이 아니다. 와인생산에 대한 최초의 기록은 7,000년 이상을 거슬러 올라간다. 석기시대 음료로 시작한 와인 제조업은 현재 고도의 기술 산업으로 발전했고 전 세계 인구 100명 중 1명이 와인과 관련된 산업에 종사하고 있을 정도로 거대한 산업으로 발전했다.

이처럼 현대사회에 경제 · 문화적으로 큰 비중을 차지하게 된 와인은 언제부터 만들어 지기 시작한 것일까? 와인의 기원에 대한 단서는 고대 그릇조각에 남아있는 흔적에서도 알 수 있다. BC 3,500년경의 것으로 추정되는 그릇조각에서 발견된 붉은 반점들은 포도에 함유된 특이성분인 타르타르산Tartaric Acid과 성분이 비슷한 것으로 밝혀졌다. 지금까지 발견된 가장 오래된 증거는 중동지역에서 발견된 항아리로 이란에서 출토된 BC 5,500년경의 것이며, 이 항아리 조각의 연구를 통해 그때 이미 레드와인과 화이트와인 모두가 존재했음을 알 수 있다.

하지만 포도의 본격적인 재배는 BC 5,500년경 인류가 정착생활을 시작하면서 부터일 것이라고 추측하는데, 창세기의 내용을 근거로 보면 노아Noah가 이때쯤 살았을 것으로 추정 할 수 있으며 대 홍수 이후 포도를 재배하기 시작했던 최초의 인간 역시 노아Noah였다고 성서는 기록하고 있다. 또한 성서에 노아Noah가 와인을 마시고 술에 취해 벌거벗은 채 돌아다녔다는 기록도 이를 뒷받침하고 있다.

고대사회의 사치품 와인

와인을 마시는 문화는 급속도로 퍼져 고대사회 모든 사람들이 즐기는 술이 되었다. 하지만 포도재배는 아무 곳에서나 이루어지지 않았고 설사 힘들게 포도를 재배해 와인을 만들었다 해도 저장기술이나 보관용기가 마땅치 않아서 금방 식초로 변해 버리기 일쑤였다. 이렇게 소량만이 제조 되었던 탓에 와인은 귀족들의 전유물이 될 수밖에 없었고 귀족들은 축제 때 마다 와인을 손님들에게 대접하며 자신의 부와 권력을 과시하기도 했다.

왕족들의 호화생활

특히 이집트의 파라오들은 사후세계를 준비할 때에도 와인을 빼놓지 않았다. BC 3,150년경 이집트가 와인제조 기술을 가지고 있지 못해 이스라엘과 팔레스타인을 통해 70여개의 와인 항아리를 들여와 파라오의 무덤에 함께 묻었다는 기록은 이집트의 파라오들이 사후세계를 위해 와인을 준비했음을 알 수 있으며, 1922년 하워드카터Howard Carter가 투탕카멘Tutankhamen(1873-1939)의 무덤을 발굴했을 때 수십개의 와인항아리가 별도의 저장창고에 보관되어 있던 것을 통해서도 확인할 수 있다. 보다 놀

이집트 파라오의 벽화 속 와인

라운 사실은 발굴 당시 와인 항아리 마다 '고급', '최고급' 혹은 '축제용', '세금용' 등의 문구가 적혀있었다는 것이다. 이렇듯 고대세계에서도 사랑받았던 와인은 우리가 알고 있던 것 이상으로 다양하고 폭넓게 사용되던 당대 최고의 사치품이었던 것이다.

와인은 인간과 자연이 만들어낸 합작품

와인은 아주 우연히 발견되었다. 고대인들이 머리를 짜내어 와인을 발명한 것이 아니라 마치 불처럼 발견되기만을 기다리던 자연적인 현상에 가까웠다.

인간과 자연의 합작품

프랑스의 화학자인 루이 파스퇴르Louis Pasteur(1822-1895)도 미생물학 연구를 통해 처음 알게 된 '발효'라는 개념을 발표하면서 "그것은 어디까지나 발명이 아니라 발견이었습니다."라고 자신의 발명을 발견이라 정의했던 것처럼 와인 또한 발효의 개념이 인류에게 알려지기 전부터 함께 해왔던 동반자라 할 수 있을 것이다.

와인은 인간의 노력에 자연이 함께해 줄 때 비로소 질 좋은 와인으로 탄생할 수 있으며, 와인의 제조엔 특별할만한 그 어떤 것도 인위적으로 첨가되지 않는다. 수확된 포도알맹이 속엔 와인을 제조하는데 필요한 모든 게 갖춰져 있기 때문이다. 수확기 포도껍질에 하얗게 붙어있는 천연 이스트Yeast는 양조장까지 옮겨져 본격적으로 제 역할을 시작한다. 양조장에서 포도를 으깰 때 이스트가 포도원액 속의 당분을 분해시켜 알코올로 바꿔주는 역할을 시작하게 된다. 오늘날 많은 기술이 개발됐지만 와인제조업자들이 여전히 전통적인 방법을 고수하는 것은 자연이 선사하는 풍요로움만이 최고의 와인을 생산할 수 있는 가장 중요한 요소임을 잘 알기 때문일 것이다.

와인은 적도를 기준으로 일정한 위도근처에서 재배된 질 좋은 포도에 자연과 과학, 예술이 만들어낸 합작품이다. 최고의 와인을 생산하기 위해선 무엇보다 기후조건이 맞아야 한다. 토양, 강수량, 일조량 등의 자연 기후조건이 질 좋은 포도의 생산을 가능하게 하고 그 다음은 와인의 제조기술을 가진 사람들의 독창적인 와인 제조방법에 의해서 와인이 완성된다. 인간과 자연의 노력, 기다림, 순응을 통해 얻어진 와인은 우리가 누릴 수 있는 신이 주신 최고의 선물일 것이다.

히포크라테스Hippocrates(BC460-BC377)가 선택한 신비의 명약

고대문명 국가에서의 와인은 쾌락을 즐기기 위한 도구였을 뿐만이 아니라 약으로도 사용되었다. 기원전 460년경 서양 의학의 아버지라 불리는 그리스 의학자 히포크라테스는 환자들에게 와인을 처방했다. 모든 병의 예방 및 치료와 신체의 균형을 유지하기 위해 사용되었는데 와인을 마시면 피부노화를 막고 탈모에도 도움이 되며 정신 또한 맑아진다고 생각했기 때문이다. 이때부터 히포크라테스는 현대과학자들이 밝혀낸 와인의 효능에 대해 이미 알고 있었던 것이다.

히포크라테스(Hippocrates)와 처방서

최근 연구 결과에 따르면 적당량의 와인이 심장병을 예방한다고 한다. 실제로 케르세틴Quercetin 성분은 우리 몸에서 진정제 역할을 하고 레스베라트롤Resveratrol은 콜레스테롤 수치를 낮추는데 도움이 된다고 한다. 하지만 현대인들은 이런 와인의 효능을 최근 20년 전에야 밝혀냈을 뿐이다.

그에 반해 고대인들의 와인 효능에 대한 인식은 매우 대중화 되어 있었던 것으로 보인다. 고대인들에게 와인은 무엇보다도 식수를 안전하게 해주는 것으로 여겨져 병의 예방차원에서 식수에 와인을 타서 마셨다. 이는 세균은 물에선 번식할 수 있지만 알코올 성분이 함유되어 있는 와인에서는 살수가 없다는 것을 알고 있었다는 증거이기도 하다.

고대 그리스인들의 와인 사랑은 신분과 지위를 막론하고 모두에게서 찾아볼 수 있다. 상류사회의 귀족들은 식사를 비롯한 모든 사교, 정치활동에서 와인을 빼놓지 않았으며, 일반인들과 군인들조차도 1:3 또는 2:3비율로 와인을 물에 타서 마셨다. 묽은 와인을 생활속에서 마시면 전염병 예방과 성기능 개선에 탁월한 효능이 있다고 믿었기 때문이다.

와인의 역사를 바꿔놓은 로마제국

기원전 200년경 고대 유럽사회는 와인의 역사를 새롭게 바꿔 놓게 될 강력한 제국의 지배를 받게 되는데 그것이 바로 로마제국이다. 당시 로마제국의 정복전쟁은 복종, 확장, 규합 등의 전쟁이 주는 의미 그 이상을 가지게 된다. 로마제국이 아니었더라면 아마도 오늘날 우리가 마시는 와인은 현재의 와인과는 매우 달랐을 것이다. 기원전 200년경부터 서기 200년까지 로마군대가 식민지를 건설한 곳엔 어김없이 드넓은 포도밭이 펼쳐져 있었다. 이로 인해 고대시대 와인은 곧 로마문화의 상징으로 대변됐으며 로마인들에게 없어서는 안 될 문화의 근간이 되었다.

대 제국을 건설한 로마(Roma)

당시 폼페이Pompeii는 로마를 대표하는 와인의 문화, 경제적 요충지였으며 로마제국의 가장 중요한 무역항이었다. 로마의 역사학자 플리니우스 Gaius Plinius Secundus(61-113)는 와인이 폼페이의 문화, 경제적 측면에서의 영향뿐만이 아니라 사치, 향락, 쾌락에 미친 영향에 대해서도 지적했으며, 이런 폼페이의 모습이 곧 로마사회 전체를 반영하는 기준이 될 수 있다고 말했다. 실제로 폼페이를 발굴 했을 때 31채의 빌라가 발견됐는데 그중 29곳이 포도주 저장실 까지 갖추고 있는 포도원이었으며 와인을 마실 수 있는 술집은 200곳이 넘었으며 와인을 판매하는 가게는 100곳 이상이었다.

폼페이(Pompei)의 와인 문화

로마제국으로 인해 와인문화가 발달하면서 조금씩 와인을 담는 용기 또한 중요해 지기 시작했다. 특히 귀족들이 와인을 마실 땐 내용물 못지않게 와인을 담아 마시는 그릇 또한 매우 중요한 위치를 차지하기 시작했다. 처음엔 흙으로만 빚어낸 잔을 사용하였고 기술이 발달하면서 작은 유리컵을 만들기 시작했는데 유리특유의 가볍고 이쁜색으로 인해 매우 귀한 물건으로 취급 되었다. 로마의 귀족들은 와인을 통해 풍류를 즐기기 시작했으며 멋진 유리병에 담겨진 와인을 최고급 유리잔에 담아 마셨다. 하지만 노예들은 일할 때 힘을 얻기 위해 틈틈이 물을 탄 묽은 와인을 마셨다. 또한 군인들은 매일 식량과 함께 와인을 배급받기까지 했다. 이것은 와인의 쓰임이 술임과 동시에 전염병 및 기타 모든 질병에 효과가 있는 약으로도 폭넓게 인식 되었다는 증거일 것이다.

와인은 곡식이나 올리브와 마찬가지로 로마에 중요한 교역품이기도 했다. 와인은 암포라Amphora라고 하는 흙으로 빚은 커다란 항아리에 담겨져 로마제국 전역으로 팔려 나갔다. 로마인들은 새로운 땅을 정복할 때마다 정복지에 포도나무를 심었으며 그로인해 본의 아니게 외래 품종까지 들여와서 와인산업을 프랑스의 주요산업으로 발전시킨 숨은 공로자들로 역사에 남게 되었다. 현재 프랑스의 주요 포도산지들도 로마인들이 만든 것으로 론Rhone, 부르고뉴Bourgogne, 보르도Bordeaux, 루아르Loire, 쌍파뉴Champagne 등이 있다. 하지만 로마인들이 프랑스인들에게 받은 것은 없이 주기만 한 것은 아니다.

그때까지 로마는 와인을 흙으로만 빚은 암포라Amphora라는 항아리에 담아서 보관하였으나 프랑스인들에게서 전수받은 나무로 만들어진 와인통으로 인해 깨질 위험이 없이 편리하게 운반할 수 있게 되었다. 로마제국은 서기 3세기경부터 와인을 통에 담아 운반하면서부터 해외 교역이 가능하여 와인덕분에 부를 축적할 수 있었으나 결국 와인으로 인해 멸망에 이르게 된다.

로마시대 암포라 (Amphorae)

로마의 통치권 아래에 있던 국가들과 주변에 수많은 민족들도 와인을 마시길 원했으나 로마법은 이방인들에겐 결코 관대하지 않았으며 타 민족에 대한 와인 판매 금지조항은 5세기경에 이르러 결국 로마제국을 멸망으로 이끈 대규모 침략에 동기가 되었다.

와인의 혁명적인 변화를 가능케 한 유리병의 발명

중세 로마시대에 제조된 와인은 모두 공기가 잘 통하는 나무통에 저장되었다. 그로 인해 와인은 1~2년 안에 식초로 변하기 일쑤였고 오래될수록 낮은 가격으로 판매될 수밖에 없었다. 물론 로마시대에도 유리병은 있었지만 귀족들의 식탁에서만 사용될 만큼 귀했고 또한 깨지기 쉬워 와인병으로 사용되기까지는 그 후로도 오랜 시간이 흘러야만 했다. 1,400년대 이탈리아 토스카나 지방에선 무역상인들에 의해 유리병을 잘 깨지지 않도록 짚으로 감싸 만든 키안티Chianti병이 만들어져 사용되기 시작했지만 지금의 와인병과는 모양과 내구성에서 큰 차이를 보였다.

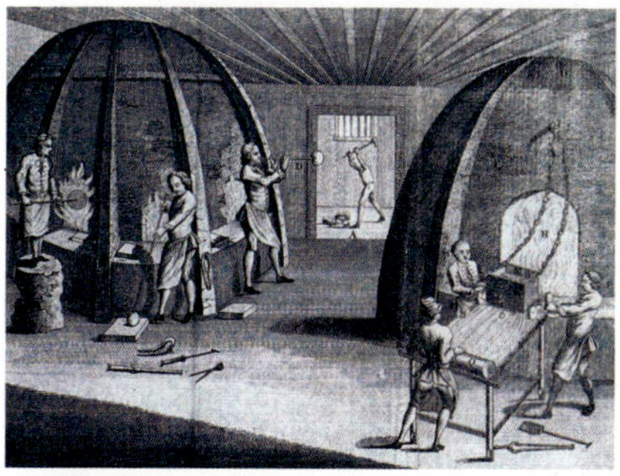
유리를 만드는 과정(1747년)

1,600년대 영국왕의 제임스1세는 유리의 제조로 인해 숲이 사라져가는 것을 보고 유리를 제조할 때 땔감으로 나무를 사용하는 것을 금지시켰고 이때부터 유리 제조업자들은 나무 대신 석탄을 사용하기 시작했다. 하지만 이 금지령은 오히려 유리 제조산업의 발전을 앞당긴 역사적인 사건이 된다. 석탄을 사용한 덕분에 더 높은 열을 낼 수 있었고 높은 열로 가열하면 유리의 성분인 규소와 탄산칼슘이 강해지고 단단해져 더 튼튼한 유리를 얻을 수 있었기 때문이다.

1,700년대 유리병의 모양이 지금의 실린더형이 되기까지 처음엔 양파 모양으로 시작하여 망치모양을 거치게 되는데 이때부터 코르크 마개를 사용하기 시작했으며, 망치모양 병의 입구 주변을 두툼하게 만들어 코르크 마개 사용이 용이하게 하였다.

현대 실린더형 유리를 만드는 과정

시대별 유리병의 변화

샴페인, 전혀 새로운 스타일의 와인으로 탄생.

와인의 기포를 연구하는 수도사

지하 샴페인 저장창고(Cave)

샴페인은 단순한 와인이 아니다. 프랑스 파리의 북동쪽에 위치한 쌍파뉴Champagne는 1,600년대 유리병이 발명될 때 까지 이미 와인의 생산지로 유명한 지역이었다. 그러나 와인제조업자들이 와인을 나무통 대신 유리병에 저장하면서 이상한 변화가 일어나기 시작했다. 와인에 거품이 생기기 시작한 것이다. 이것은 유리병에 저장해둔 와인이 병 속에서 또 한번의 발효를 시작하여 생기게 되는 현상으로 그 원인은 기후조건에 있다. 쌍파뉴는 프랑스 북쪽에 위치하고 있기 때문에 이스트Yeast가 포도원액에 들어있는 당분을 완전히 알코올로 만들기도 전에 계절이 겨울로 바뀌게 되었고 그로 인해 이스트는 겨울잠을 자기 시작하였다가 이듬해 봄에 다시 남아있는 당분을 분해시키게 된다. 와인의 저장 용기로 나무통을 사용하던 과거엔 발효과정에서 만들어진 탄산가스가 나무통의 뚜껑이 열림과 동시에 전부 날아가 버렸지만 새롭게 발명된 유리병은 탄산가스를 그대로 간직할 수 있었다.

동 페리뇽Dom Perignon과 샴페인Champagne

샴페인은 한 사람에 의해서만 발명된 것은 아니다. 하지만 과거와는 전혀 다른 새로운 스타일의 와인이 탄생하기까지 가장 많은 기여를 한 사람이 있었다. 그의 이름은 동 페리뇽이다. 동 페리뇽의 본명은 피에르 페리뇽(1638-1715)으로 최고의 성직자 등급인 다미누스 Dominus를 줄인 동Dom을 붙여서 불리게된 프랑스 오빌리에l'abbaye d'Hautvillers수도원의 수도사로 수도원의 재정문제를 해결하기 위해 와인 저장실에서 오랜 시간 샴페인을 연구했다. 그러나 발효 중에 생성된 탄산가스 때문에 유리병이 깨지는 일이 잦았고 이를 보완하기 위해 병목에 코르크를 집어넣고 끈으로 고정시키게 된다. 이 방식은 당시의 유럽에선 새로운 시도였지만 지금처럼 높은 압력을 받지 못했기 때문에 거품은 아주 소량에 불과했다.

현대의 샴페인 제조업자들은 두 번의 발효과정을 통해 다량의 탄산가스를 얻고 있다. 1차 발효를 끝낸 와인에 당분과 이스트를 넣고 2차 발효가 될 때까지 기다린 뒤 병을 거꾸로 세워 포도 찌꺼기를 코르크 마개에 달라붙게 하고 코르크 마개를 뽑으면 찌꺼기도 함께 나오게 된다. 이때 새로운 코르크 마개를 꽂으면 거품이 가득하고 깨끗한 샴페인을 얻을 수 있게 된다.

1,600년대 말 프랑스를 비롯한 유럽 사회전반에 엄청난 반향을 불러 일으켰던 샴페인은 탄산가스가 날아가지 못하도록 해준 유리병의 발명과 이스트가 두 번의 발효과정을 거치도록 만든 기후조건에 동 페리뇽이라는 한 수도사의 노력이 더해져 비로소 전 세계 모든 사람들에게 사랑받는 최고의 음료로 거듭날 수 있었다.

엽서 속 동페리뇽(Dom Perignon)

동 페리뇽Dom Perignon의 걸작, 악마의 와인 샴페인

프랑스 오빌리에(l'abbaye d'Hautvillers)수도원

프랑스의 북동쪽에 위치한 샴페인지방에서는 뛰어난 토양과 기후 덕분에 서기 2,000년 전부터 와인을 제조해 왔다.

그러나 베네딕트 수도회의 수도사 동 페리뇽(1639~1715)이 수도원의 창고 관리자로 에빼르네 근교의 오빌리에 수도원에 부임하여 오게 된 17세기 말까지는 샴페인 지방의 어느 누구도 와인의 역사에 한 획을 긋게 될 새로운 타입의 와인을 만들게 될 것이라는 생각은 할 수 없었다.

그 당시 샴페인 지방은 통 안에 든 포도주스(알코올을 생성하기 전 단계의 포도즙) 안의 모든 당분이 알코올로 전환되기 전에 추운 겨울을 맞이하게 되었고 그로인해 포도주 역시 동면에 들어가게 되었던 것이다. 즉 포도주스 안의 당분이 알코올로 전환되기 위해선 효모의 자연발효활동이 필요한데 추운 계절엔 효모 역시도 그 활동을 멈추게 되는 것이다.

그렇게 통 안에 든 와인은 다음 봄까지 겨울잠을 자게 됐다. 이듬해 봄 드디어 와인은 잠에서 깨어나 멈추었던 발효를 시작하게 되고 그 과정에서 종종 와인을 담은 병이 폭빌하듯 깨지는 경우가 발생하였나. 당시 사람들은 발효에 따른 자연 발포의 현상을 이해하지 못했기 때문에 '악마의 와인' 또는 '미친 와인' 이라고 부르게 되었다.

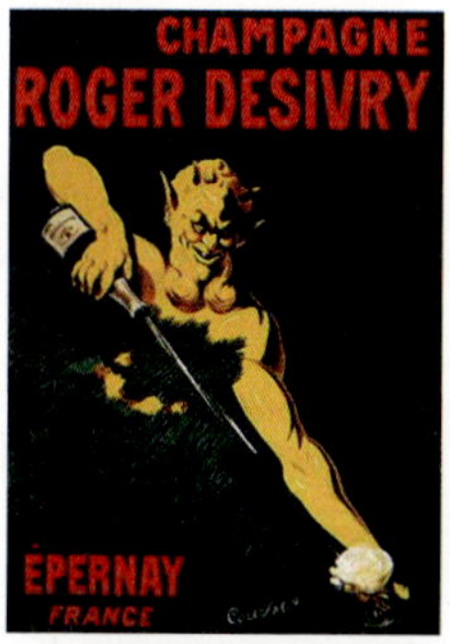

악마에 비유한 샴페인

수도사 동 페리뇽Dom Perignon의 업적

동 페리뇽은 이 현상을 자세히 관찰하고 연구하여 아무도 시도하지 못했던 새로운 와인의 탄생을 가능케 하였다. 적 포도 품종의 색은 껍질에만 있고 과육에는 없다는 점에서 착안, 빠른 시간 내에 가볍고 빠르게 압축하여 적 포도 품종도 샴페인의 원료로 사용이 가능하게 됐다.

독특한 모양의 마개와 보철물

또한 와인 발효 중 생성되는 자연발포 현상을 견뎌 낼 수 있는 튼튼한 유리병을 영국으로부터 도입하였고, 샴페인의 압력을 병이 견뎌 낼 수 있도록 당시 해상 무역인들로부터 스페인산 코르크를 이용해 지금의 독특한 마개모양과 마개를 감싸는 보철을 사용하여 압력에 더 잘 견딜 수 있는 봉인을 가능케 하였다.

하지만 무엇보다 가장 주목할 만한 업적은 바로 와인제조에 블렌딩 기술을 획기적으로 발전시켰다는 사실이다. 그때까지 와인의 제조는 단지 한곳의 포도밭에서 얻어진 포도로만 제조하는 것만이 행해졌으나 동 페리뇽은 여러 지방의 포도를 압착하기 전 블렌딩하여 다양하면서도 풍부한 맛의 와인을 얻어 낼 수 있었던 것이다.

이와 같은 와인의 블렌딩 기술은 샴페인 제조의 정수로 전해지며 동 페리뇽의 여러 업적 중에서도 가장 중요한 업적으로 평가받고 있다.

완벽을 향한 끊임없는 노력

샴페인의 아버지라 불리는 한 수도사에게 경의를 표하기 위해서 이름붙여진 뀌베 동 페리뇽은 샴페인 지방 최상질의 포도밭과 크뤼Cru에서 작황이 가장 좋은 해에 엄선한 샤르도네Chardonnay와 피노 누아Pinot Noir품종만으로 만든 샴페인이다.

샴페인 르뮈아주(Remuage)

병에서 두 번째 발효 후 고요한 지하 저장고Cave에서 긴 숙성과정을 거치는데 이때 4주 정도에 걸쳐 '레뮤어'라고 불리는 저장고 관리자에 의해서 매일 조금씩 병을 손으로 돌려주는 작업 리들링Riddling 또는 르뮈아주Remuage을 진행한다. 이 작업은 이스트 침전물을 병목에 몰리게 하여 숙성과정 이후 한꺼번에 제거하기 위한 작업으로 이 과정을 마치면 드디어 동 페리뇽 샴페인이 완성된다.

완벽한 조화를 위한 크뤼의 선택과 포도품종의 균형 있는 조화는 빈티지마다 그 다양함을 보여주며 부드럽고, 정교하고, 심미적이면서도 관능적인 스타일의 매력을 만들어 내고 있다.

뀌베 동 페리뇽의 명성은 샴페인의 전형으로 와인전문가들에 의해 끊임없이 성장해 왔다. 전 세계적으로 와인 비평가들의 찬사와 함께 유명인들 마저도 즐겨 마시는 샴페인으로서 파티엔 절대 빠져서는 안될 필수 아이템으로 자리하게 되었다.

배우 마릴린 먼로와 오드리 햅번, 영화감독 알프레드 히치콕, 디자이너 크리스찬 디올, 건축가 프랑크 게리가 사랑한 샴페인이었고, 영화 〈007〉에서 제임스 본드와 함께 항상 등장하는 샴페인이었으며, 미국 시트콤 〈섹스 앤 더 시티〉에서는 동 페리뇽 로제가 등장한다. 그 밖에도 1952년 영국의 엘리자베스 2세의 여왕 대관식 공식 샴페인으로 쓰여진 것을 비롯하여, 1981년 찰스 황태자와 다이아나황태자비의 결혼식에도 쓰였고, 프랑스 엘리제궁에서 쓰인 공식 샴페인으로 역대 대통령들이 즐겨마셨으며, 파리 루카 카통의 알랭 상드렝스와 같은 미쉐린 3star의 주방장이 추천하는 샴페인으로 명실공이 최고의 명품 샴페인으로 세계인의 사랑을 받고 있다.

영화 007 제임스본드의 샴페인

프랑스의 역사와 함께 해온 보졸레누보Beaujolais Nouveau

이제 보졸레의 햇 와인은 11월 셋째주 목요일 자정이 되기 전에는 절대로 마셔선 안 된다는 엄격한 금기를 지켜며 전 세계 와인 애호가들에게 배달되어질 항공편에 탑승을 시작한다.

보졸레 포도원

지평선 너머로 펼쳐진 방대한 포도밭과 아름다운 전원풍경이 어우러진 세계적인 와인 생산지인 프랑스는 올 겨울 햇 와인의 매력으로 세계를 사로잡고 있다. 보졸레는 세계적인 와인의 명산지인 프랑스 부르고뉴 남쪽에 위치한 작은 마을로 론강 유역의 산맥에 넓게 펼쳐진 경사면으로 둘러싸인 전형적인 프랑스 농촌지역이다.

수십개의 작은 마을로 이루어진 보졸레는 전통적인 방법으로 포도재배가 이루어지고 있으며, 와인 양조장 수만해도 5,000여개에 달하고 끝없이 펼쳐진 포도밭은 파리의 두배에 달할 정도다.

보졸레와인은 와인의 천국이라고 불리는 프랑스에서도 독특한 개성과 위치를 차지한다. 다른 와인 산지와는 달리 화강암 토양으로 이루어져 있어서 이곳에 적합한 포도품종역시도 독특하다. 오직 보졸레 지역에서만 재배할 수 있는 가메Gamay라는 포도품종이 보졸레 만의 신선하고 상큼한 맛을 빚어내고 있는 것이다. 가메는 온화하고 따뜻한 기후와 화강암, 석회질 등으로 이루어진 토양으로 인해 약간 산성을 띠면서도 과일향이 풍부한 품종이다. 다른 와인들과는 달리 오랜 숙성기간을 갖지 않는 것이 보졸레 와인만의 특징이며 화강암 지대의 특성상 저장고를 쉽게 만들 수 없는 요인이 숙성 없이 와인을 마시게 된 이유 중 하나이다.

보졸레누보 파티

일본의 보졸레누보 온천 이벤트

보졸레누보의 기원은 제2차 세계대전 당시 독일군이 프랑스 전역에서 거의 모든 와인을 징발해간 탓에 할 수 없이 바로 수확된 포도에 탄소를 넣어 빠르게 발효 시킨 후 마시기 시작한 것을 시작으로 1951년 11월 13일 처음으로 보졸레누보 축제를 개최하면서 부터이다. 보졸레 지방에서는 그해에 갓 생산된 포도주를 포도주통에서 바로 부어 마시는 전통이 있었는데, 1951년 이러한 전통을 지역 축제로 승화시키면서 프랑스전역의 축제로 확대됐고, 1970년 이후에는 세계적인 포도주 축제로 자리 잡았다.

프랑스 와인의 고정관념을 깨다.

오크통에 담긴 와인은 나무의 향을 머금으며 숙성되는 동안 풋풋한 소녀에서 깊고 은은한 향을 풍기는 성숙한 여인으로 다시 태어난다.

150여종의 다양한 포도품종과 지방에 따라 맛과 향기가 다르게 만들어지는 프랑스 와인의 전통 속에서 보졸레 와인은 기존 와인의 중후한 맛과는 대조적으로 가볍고 신선한 맛이 특징이다. 보졸레 와인은 8월에 손으로 수확한 햇 포도를 통째로 압착기에 넣어 만드는 탄소침용 발효법Semi-Carbonic Fermentation을 사용해 오직 포도알에 들어있는 성분만으로 발효를 거쳐 짧게는 3주에서 길게는 6주간의 짧은 숙성기간을 거쳐 출시되는 것으로 와인은 오래둘 수록 좋다는 고정관념을 깨고 탄생한 젊고 신선한 와인인 것이다.

보졸레 크뤼 와인

중세시대부터 엄격한 규정과 관리 하에 와인을 생산해온 보졸레에는 그 전통이 지금까지 이어지고 있다.

오늘날에는 와인 등급제도로 정착되어 시행되고 있어 보졸레 와인의 품질과 명성을 지키는 바탕이 되고 있다. 등급을 나누면 먼저 가장 흔한 보졸레Beaujolais등급, 다음으로는 보졸레 슈페리어Beaujolais Superieur 등급이 있고 그 다음으로는 보졸레 빌라쥐Beaujolais Villages등급이 있으며 마지막으로 가장 높은 등급인 보졸레 크뤼Beaujolais Crus등으로 나누어져 있다.

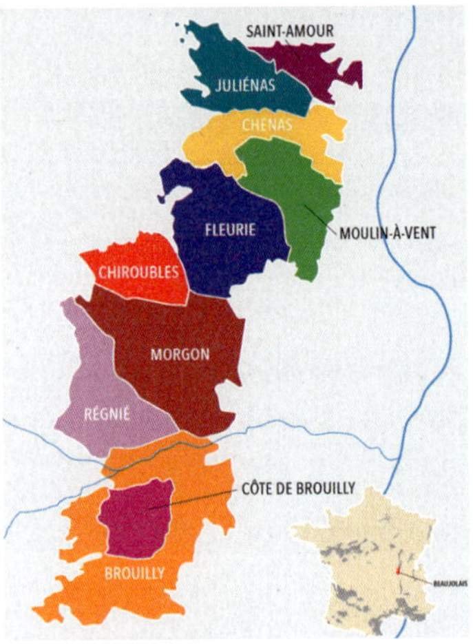

보졸레 10크뤼 지도

보졸레 크뤼는 10개의 아펠라시옹Appellation d' origine controlee/AOC이 위치해 있다고 하여 텐크뤼10 Crus라 불린다. 텐크뤼는 일반적으로 만들자마자 바로 마시는 보졸레 누보와는 달리 몇 년 동안 숙성한 뒤에 마셔도 될 만큼 좋은 와인들을 생산하고 있으며 생산지역을 표시하지 않는 다른등급의 보졸레 와인들과는 달리 브루이Brouilly, 쉐나Chenas, 시루블Chiroubles, 꼬뜨 드 브루이Cote-de-Brouilly 플뢰리Fleurie, 줄리에나Julienas, 모르공Morgon, 물랭 아방Moulin a Vent, 레니에Regnie, 쌩따무르Saint Amour등의 지역명을 표시한다. 즉 보졸레는 10개의 크뤼와 총12개의 아펠라시옹으로 구성되어 있는 것이다.

와인의 역사를 바꾼 해충 '필록세라Phylloxera'

포도의 원산지를 중동지방이라고 하지만 와인용 포도가 그렇다는 것이고, 우리가 흔히 먹는 포도는 전부 미국에서 온 것이다. 그래서 포도를 유럽 종과 미국 종 두 가지로 나누는데, 하나 더 추가한다면 아시아 지역의 머루까지 세 가지로 나눌 수 있다. 유럽 종 포도가 한나라 때 실크로드를 통해 아시아에 전달됐지만, 우리나라에서 그 포도가 존재했는지 기록은 없다. 이에 따라 옛날 우리나라 그림에 나오는 포도 역시 유럽에서 건너온 것인지, 아니면 머루인지 그 구분은 모호하다.

콜럼버스가 아메리카 대륙을 발견한 뒤, 유럽인들이 미국 동부에 상륙해보니 이름 모를 수많은 포도가 자생하고 있었다. 그야말로 야생 포도의 천국이었다. 이들이 이 포도로 와인을 담가보니, 맛이 전혀 달라 와인용으로는 적합하지 않아 미국 포도는 식용으로 사용하고, 와인용 포도는 따로 유럽에서 들여왔다. 그러나 유럽 포도는 겨울에 춥고 여름에 습하고 더운 미국의 동부지방에서 잘 자라지 못했다. 그러다가 미국 포도가 유럽으로 건너가게 되면서 큰 실수를 저지르게 된다. 양쪽 대륙으로 묘목이 왔다 갔다 하면서 미국 포도 뿌리에서 기생하는 벌레가 유럽으로 건너 간 것이다. 처음에는 프랑스 남부지역에서 발견됐다가, 점차 보르도를 중심으로 이 벌레가 퍼져 유럽의 포도밭은 쑥대밭이 됐다. 미국 포도는 수천 년 동안 이 벌레와 같이 지내오면서 이 벌레에 대한 저항력을 어느 정도 갖추고 있었기 때문에 동부에서 자라는 미국 포도에는 별 문제가 없었지만, 유럽 포도는 저항력이 전혀 없었기에 순식간에 포도밭이 엉망이 될 수밖에 없었다. 아무런 저항력이 없는 유럽의 포도밭은 이 벌레 때문에

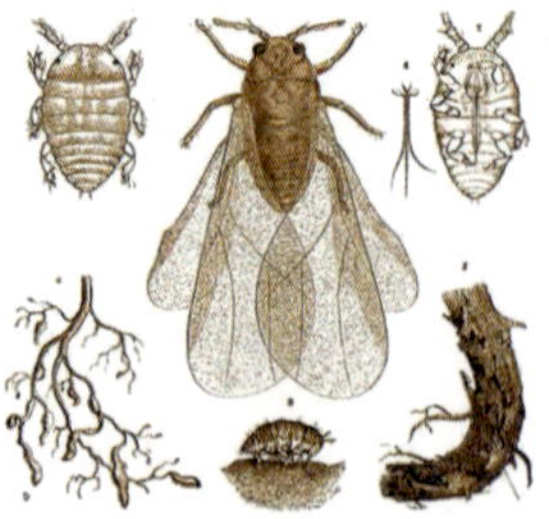
필록세라(Phylloxera)

포도나무 잎사귀의 필록세라(Phylloxera)

20~30년 동안 거의 황폐화 됐지만 해결 방법이 없었다. '필록세라'라고 불리는 이 벌레는 진딧물의 일종이다. 녹황색에 몸길이가 1mm 내외의 난형으로 날개를 가진 것도 있다. 크기가 작기도 하지만, 주로 뿌리에서 자라기 때문에 눈에 잘 띄지도 않는다. 게다가 농약이 발달된 때도 아니고, 검역이라는 개념도 희박했던 시기라 새로운 곳을 찾아 떠날 수 밖에 없었다. 이때부터 유럽의 와인메이커들은 남아프리카, 오스트레일리아, 아르헨티나, 칠레 등의 와인산지로 이동하면서 신세계 와인산업을 발전시키게 된다. 19세기 후반에 필록세라 때문에 유럽의 와인 생산량이 바닥을 밑돌자, 이제까지 천대받았던 맥주가 상류층에서도 빛을 보게 됐고, 와인을 증류시켜 만드는 코냑을 비롯한 브랜디 역시 품귀현상을 보이면서 스코틀랜드 위스키가 브랜디 대용으로 세계적인 유행을 타기 시작했다. 프랑스에서는 명산지의 와인을 구하기 어려워지자 원산지를 속여서 파는 가짜 명산지 와인이 유행했고, 이를 해결하고자 생긴 것이 원산지명칭표시제도(AOC)라고 할 수 있다. 때문에 필록세라 사건을 모르면 와인의 역사는 물론, 세계 주류 역사의 중요한 대목을 지나칠 수밖에 없다.

필록세라 문제를 해결하기 위해 거액의 현상금을 내건 적도 있지만, 쉽게 해결할 수는 없었다. 나중에서야 미국 포도가 필록세라에 저항력이 있다는 사실을 깨닫고, 미국 포도 뿌리에 유럽 포도 가지를 접붙이기 해 해결할 수 있었다. 미국 포도가 식용이라고는 하지만, 사실은 와인용으로 가장 중요한 필록세라에 강한 뿌리를 가지고 있어서 접붙이기 대목용으로 그 수요가 늘어나고 있다. 병 주고 약 준다는 말이 딱 들어맞는 경우다. 그러나 미국 포도라 하더라도 필록세라에 완벽한 저항력을 가지고 있는 것은 아니다. 아직도 취약한 부분이 있기 마련이라 필록세라는 두고두고 해결해야 할 과제인 것이다.

와인 보존을 위한 선택, 강화와인Fortified Wine

강화와인을 간단히 설명하면 와인의 원료인 포도를 사용해 만드는 증류주 즉, 브랜디를 첨가하여 제조한 와인이다. 유럽연합의 기준에 따르면 강화와인은 사실상 리큐어 와인으로 봐야한다. 효모에 의한 알코올 발효가 종료되기 전에 증류주를 첨가하면 첨가된 알코올에 의해 효모는 소멸되고 잔당이 남게 된다. 결국, 잔당이 남으므로 스위트 하고 알코올이 첨가되었으므로 알코올 농도가 높은 (보통 20% 이상) 와인이 만들어 지는 것이다. 포도주에 증류주를 첨가하는 이유는 알코올을 강화시켜 와인을 보존하기 위해서였다. 포도주를 보존하는 다른 방법들도 존재하지만, 알코올을 강화시키는 방법 Fortification Method은 최종 와인에 독특한 맛을 주어 와인의 품질을 향상시킬 수 있기 때문에 과거부터 지금까지 사용되고 있다.

오크통의 선적을 준비하는 포르투갈 항구

강화 와인은 와인을 증류시켜 제조된 증류주와는 다르다. 또한 알코올을 첨가하지 않은 귀부와인이나 아이스와인과도 다른 스타일의 스위트와인이다. 강화와인은 증류된 증류주를 첨가하여 제조하며 대표적인 종류로는 포트Port, 쉐리Sherry, 마데이라Madeira, 마르살라Marsala 등의 강화와인이 개발되었다.

장기보관이 가능한 다양한 빈티지의 포트와인

다양한 스타일의 강화와인Fortified Wine 제조법

강화 와인을 만들기 위해 브랜디가 가장 많이 첨가되기는 하지만, 곡식이나 사탕수수 등을 이용하여 제조된 증류주를 첨가하기도 한다. 지역에 따라 첨가할 수 있는 증류주가 법으로 정해져 있다. 첨가하는 증류주의 원료와 증류방식은 강화와인의 맛과 향, 품질에 많은 영향을 준다. 발효가 일어나는 동안 효모는 포도에 존재하는 당을 알코올로 전환하며 이러한 작용은 알코올 농도가 16~18%에 이르러 높은 농도의 알코올에 의해 효모의 활동이 멈출 때까지 계속된다. 만약 발효가 완전하게 일어나 효모가 포도속의 당분을 모두 알코올로 전환한다면 최종 와인에는 당분이 없는 드라이 와인이 만들어진다. 하지만 강화 와인을 만들 때처럼 발효 초기에 알코올을 첨가하여 효모의 활동을 정지시킨다면 포도속의 당분은 잔당으로 남게 되는 것이다. 쉐리 처럼 당분이 없는 와인을 만들고 싶다면 발효초기가 아니라 발효가 종료되는 시점에 알코올을 첨가하면 된다.

강화와인(Fortified Wine)제조를 위한 발효

아이스 와인의 유래와 시작

아이스 와인은 아주 진귀하고 정교하게 만들어진 제품이다. 그 시작은 약 2세기 전 독일에서 우연한 계기로 이루어졌다. 1794년 겨울 갑작스레 예상 밖의 서리가 내려 포도송이는 꽁꽁 얼어 버렸다.

단맛의 정도에 따른 강화와인(Fortified Wine)

프랑코니아Franconia의 농부들은 이 얼어버린 포도를 아까워 차마 내다 버리지 못해 그것으로 와인을 빚었다. 결과는 놀라운 일이었다. 꿀처럼 단맛이 나는 소량의 넥타Nectar : 과일을 으깨어 만든 진한 주스가 산도에 있어서도 훌륭한 밸런스를 보이면서 그 이전에 한번도 경험하지 못한 와인으로 변모 된 것이다. 바로 이른바 '아이스바인Eiswein' 이다.

서리를 맞은 포도

캐나다에서 아이스와인의 시작은 하인리 빈야드Hainle Vineyards라는 지역에서 1978년에 아이스 와인을 처음으로 만든 것으로 되어 있다.

현재 자연적인 아이스와인을 만드는 나라는 독일, 캐나다, 그리고 오스트리아 세 나라밖에 없다. 일부 신세계 와인 생산국에서 포도송이를 인위적으로 냉동시켜 이로서 감미가 있는 아이스 와인을 만들기도 하지만 이는 진정한 의미의 아이스 와인은 아니다.

캐나다 와인 제조업자(1927년)

아이스 와인을 만들기 위한 포도의 수확

아이스 와인은 글자 그대로 얼은 포도로 와인을 만드는 것이다. 북반구의 와인 생산국들은 대체로 9월이 되면 포도를 수확한다. 그러나 아이스와인을 만들기 위해서는 포도를 들판에 그대로 방치해 두었다가 이르게는 11월, 늦게는 그 이듬해 2월에 수확하게 된다.

캐나다의 경우 이 와인을 만들기 위해서 우선 당국Wine Institute에 포도 수확에 관해 사전 신고를 해야 하며 수확은 VQAVintners Quality Alliance, 프랑스의 AOC와 유사) 규정에 의해 기온이 섭씨 −8° 이하이어야만 허용된다. 이런 이유로 생산자들은 늦겨울 기후의 변화에 민감하게 대처해야하고 실제수확은 거의 한밤중, 또는 새벽에 이루어진다.

아이스와인과 푸드 마리아주(Mariage)

예외적으로 한 겨울의 해에는 일중 시간에도 작업을 한다. 만약 기대하는 온도가 이루어지지 않을 때는 와이너리Winery들은 아이스와인 대신 늦은 수확 와인Late Harver Wine을 만든다. 이때 수확은 반드시 손으로만 이루어진다.

늦은 수확을 기다리는 포도밭

아이스와인 포도의 수확

수확중인 포도 농장

02 맥주(Beer)

1 맥주의 정의

맥주는 보리를 발아시켜 건조한 후 분쇄하여 당화시킨 것을 홉Hop을 첨가하여 효모Yeast로 발효시켜 낸 곡류로 만든 대표적인 양조주이다. 성분들 중 대부분은 수분으로 88%~92%를 차지하고 있으며, 그 밖에 주 원료인 대맥과 홉 외에도 엑스분, 탄산가스, 총산 등이 함유되어 있다. 주세법 상에서는 엿기름과 홉에 쌀, 보리, 옥수수, 수수, 감자, 전분, 당분, 캐러멜 중 하나 이상의 것과 물을 원료로 하여 발효시켜 제성하거나 여과 및 제성한 것이라고 규정하고 있다.

2 맥주의 어원

맥주의 어원은 라틴어 '비베레Biber' 로 '마신다' 라는 의미를 가지고 있으며, 게르만족의 곡물을 뜻하는 베오레Bior에서 유래되었다고도 한다. 세계 각국에서 맥주는 다음과 같이 불린다.

- 독일 : 비어BIER
- 프랑스 : 비에르BIERE
- 체코 : 피보PIVO
- 러시아 : 피보PIVO
- 미국 : 비어BEER
- 스페인 : 세르베자CERVEZA
- 포르투갈 : 세르베자CERVEJA
- 영국 : 엘ALE
- 이탈리아 : 비르라BIRRA
- 덴마크 : 올레트OLLET
- 중국 : 페이주(碑酒)

3 맥주의 역사

맥주 양조용 통을 만드는 공장

자연에서 얻을 수 있는 과일, 꿀과 같은 당분을 가진 것 들은 공기 중에 떠돌아다니는 효모가 자연부착 또는 인공첨가 된 후 발효를 일으켜 알코올을 만들어 낼 수 있다. 그러나 곡류는 다르다. 곡류는 당화의 과정을 거쳐 당분을 뽑아내고 거기에 효모를 첨가하여 알코올로 만드는 과정을 통해서 얻어진다. 곡류를 원료로 한 알코올은 인류가 종자를 이용해 농작물 재배가 가능하다는 것을 알고 강이나 개울을 자연 기반으로 한 정착생활을 하면서부터 가능해졌다. 이는 자연에서 곡류를 얻었을 때 보다 생산적인 수확이 가능했으며, 이로 인해 잉여 곡식이 발생했음을 짐작케 한다. 이것은 다양한 형태로의 식품 가공을 행하게 되는 시작점이 되기도 하였을 것이며, 맥주가 그랬을 것으로 추정 된다.

예를 들면, 맥분(麥粉)에 물을 넣고 잘 섞어서 반죽으로 만들고, 여기에 효모를 첨가하여 발효하게 되면 빵이 만들어 지게 되는데 자세히 보면 맥주의 제조과정과 상당부분 유사하다는 것을 알 수 있다. 빵과 맥주의 제조 과정상의 유사점들이 빵을 주식으로 사용해 왔던 서양의 여러 민족들에 의해서 맥주의 제조도 충분히 가능했음을 수많은 증거를 통해 알 수 있다. 그러나 현재의 맥주Beer는 이라크 지역에 해당하는 고대 바빌로니아Babylonia와 이집트 등에서 발달하여 문화의 전달과 함께 주변의 여러 지역으로 전파된 것으로 추측되는데, 사실 그 경로는 정확히 알려지진 않았다. 하지만

맥주 양조장의 노동자들

고고학자들의 연구에 의하면 B.C. 4000~5000년 전부터 맥주에 관한 유적이 나타나고 있고 맥류의 발상지는 지중해 농경문화권 내의 티그리스, 유프라테스 두 강의 연안지방으로 기술하고 있다. 따라서 고대 바빌로니아는 곡물재배 및 맥주제조 발상지로서, 또 인류 문화에 큰 발전을 이룬 지역으로 생각해도 될 것이다.

4 맥주의 원료

맥주의 4대 원료는 물Water, 보리Barley, 효모Yeast, 홉Hop이다.
대맥의 맥아와 약산성에 무색 무미의 물, 맥주 특유의 향과 상쾌한 쓴맛을 내며 거품, 색 등을 띄게 하는 홉 그리고 발효에 쓰이는 효모가 쓰이는데 요즘은 맥아 이외에 밀, 쌀, 수수, 옥수수 등을 약간씩 섞는 게 일반적이다.

보리Barley

맥주의 원료 보리

맥주에 사용되는 보리를 대맥이라고 한다. 수메르인들은 보리와 밀을 주원료로 하여 맥주를 빚었으며, 함무라비시대에도 맥주의 주원료는 대맥이었고 기타 곡류도 사용하였다고 한다. 1290년 누른베르그Nurnberg에서는 귀리, 호밀, 소맥 등의 사용은 금지하고 대맥만을 사용하도록 지시했으며, 15세기 초에 아우구스버그Augsburg에서는 맥주제조에 귀리만을 사용하도록 하였다. 프랑스의 기록에는 맥주제조에 대맥, 소맥, 호밀, 옥수수, 기장 등을 사용했다는 것으로 보아 모든 곡식은 맥주제조의 원료로 사용될 수 있음을 알 수 있다.
오늘날에도 맥주의 종류에 따라서 대맥의 맥아(麥芽) 이외에 밀, 쌀, 수수, 옥수수 등을 약간씩 섞어 빚는다. 양조용 대맥은 보통 보리(6조종)와 달리 2조종을 주로 사용하며, 맥주용 보리는 낟알이 크고 균일하며, 곡피는 엷고 광택을 띤 황금빛이 양호하다.

홉Hop

홉은 뽕나무과(桑科), 삼나무아과 식물로서 모양이 마치 덜익은 초록색의 솔방울처럼 생겼으며 맥주 특유의 상쾌한 쓴맛을 내고, 거품, 색을 결정지으며 방부제의 역할을 한다. 그리고 호프는 양조용 이외에도 사료용, 의료용, 섬유용, 탄닌 제조용 등 그 용도가 매우 다양하다. 1990년대 초까지 우리나라에서도 강원도 일부 지역을 중심으로 맥주회사 직영농장 및 위탁 농가를 통해 홉을 계약 재배하였으나 농산물 수입개방 및 경쟁력 약화로 인해 현재는 재배하는 농가가 없다.

맥주의 원료 홉 추가

Tip

홉(Hop)의 역할이 무엇인가?

- 맥주 특유의 향과 쓴맛을 낸다.
- 거품의 지속성을 높여 맛과 향을 유지시켜 준다.
- 잡균의 번식을 방지하여 저장성을 높여준다.
- 양조공정에서 불안정한 단백질을 침전, 제거하여 맥주의 청정효과를 준다.
- 이뇨작용을 통해 몸 안의 열과 노폐물을 낮춰 준다.

효모Yeast

맥주에 사용되는 효모는 맥아즙 속의 당분을 분해하여 알코올과 탄산가스(CO_2)를 만드는 작용을 하는 미생물로서, 발효 후기에 표면에 떠오르는 상면발효 효모와 일정기간을 경과하고 밑으로 가라앉는 하면발효 효모로 나누어진다. 따라서 맥주를 양조할 때에는 어떤 효모를 사용하느냐에 따라 맥주의 맛과 질이 달라진다.

효모란 진핵 세포로 된 고등 미생물이며 이스트란 명칭은 알코올 발효 때 생기는 거품이라는 네덜란드어인 'Gast'에서 유래되었다. 효모는 식품제조의 매우 중요한 미생물로서 알코올 발효 등에 강한 균종이 많아 옛날부터 주류의 양조, 알코올 제조, 제빵 등에 이용되어 왔으며, 식 · 사료용, 단백질, 비타민, 핵산관련 물질 등의 생산에 큰 역할을 하고 있다.

효모Yeast의 종류로는 과일의 표피, 동물의 젖, 땅의 토양 등과 같이 자연에서 생성되는 야생효모와 효모들 중 우수한 성질을 가진 효모들을 용도에 따라 배양 생성한 배양효모가 있다.

맥주의 원료 이스트

5 물Water

맥주의 원료 물

맥주의 제조는 오랜 옛날 고대시대 부터 청정 수원지 주변을 따라 시작되었다고 한다. 과거에는 지금의 정수 기술처럼 양조수의 질(質)을 임의로 개량하지 못했기 때문에 그 지방의 수질에 따라서 맥주의 질이나 맛이 결정되었다고 볼 수 있다.

양조용수는 무색, 무미, 투명하고 맛이 좋으며, 청량한 음용수여야 한다. 수질의 선택은 제조하려는 맥주의 타입에 따라 다르나 일반적으로 담색맥주에는 연수를 사용한다. 지금은 물의 처리기술이 발달하여 원하는 타입에 알맞도록 개량할 수 있으므로 수질에 의한 지방 특유의 맥주 맛은 점점 그 의미를 상실해 가고 있다. 우리나라의 물은 연수로서 담색맥주에 적합하며, 천연적으로 우수한 맥주를 생산할 수 있는 바탕을 지니고 있다.

양조용수의 조건으로는 무색, 무미, 무취로 잡균의 오염이 없고 각종 무기물이 일정량 함유되어 음료 기준에 준하는 용수여야 한다.

6 맥주의 제조

제분Milling → 담금Mashing → 맥즙여과Lautering → 끓임Boiling → 침전Whirlpooling → 냉각Cooling → 발효Fermenting → 숙성Maturing → 여과Filtering → 제품Packing

제분Milling

맥아는 효소 분해를 용이하게 하기위해 제분을 하며 제분시 입자를 너무 작게 할 경우 맥즙의 여과시간을 길어지게 하여 맥주의 색과 맛에 많은 영향을 미치기 때문에 제분 입자의 조절은 중요한 작업 중 하나이다.

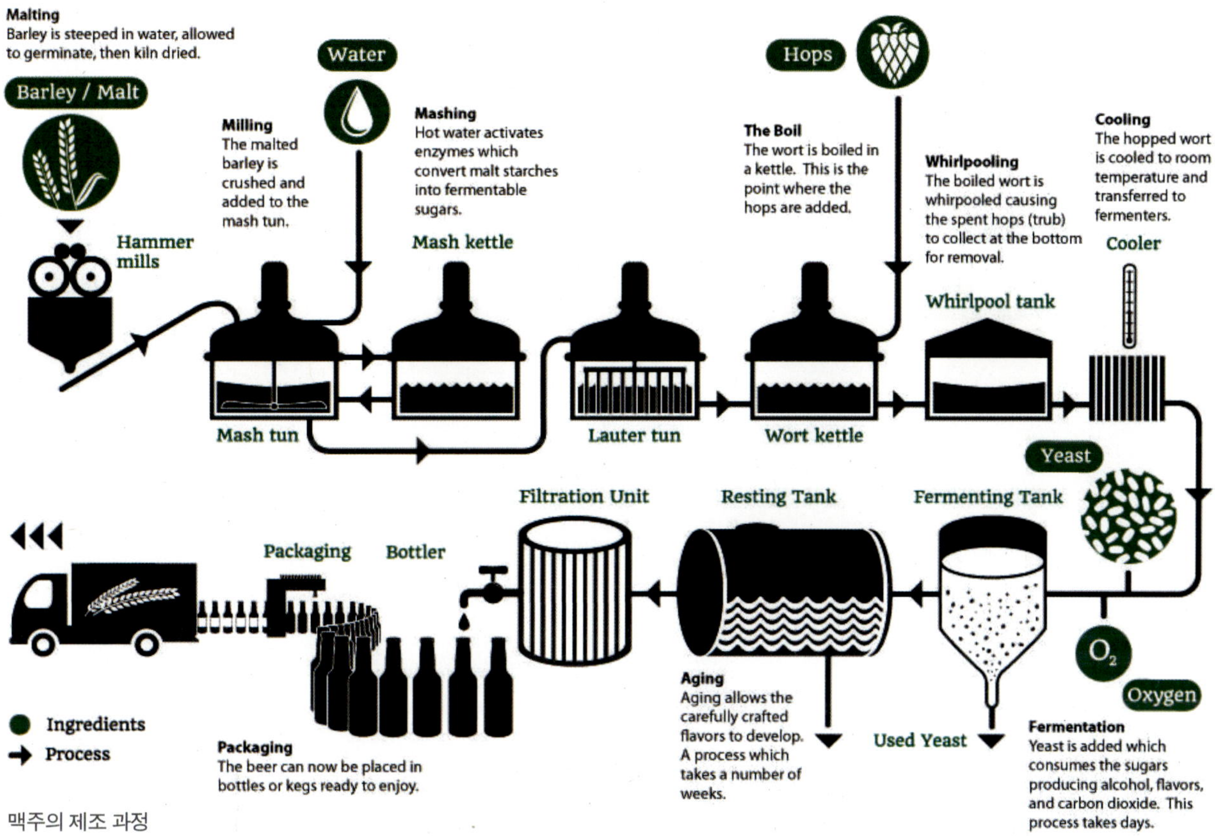

맥주의 제조 과정

담금Mashing

제분을 통해 분쇄된 맥아를 물과 혼합하여 배양하는 녹말질 당화 과정을 거치는데 곡류를 원료로 하는 맥주의 경우 발효를 위해 당화과정을 거침으로써 발효하기 쉬운 형태로 당을 만들어 분해하는 과정이다.

맥즙여과Lautering

당화 과정과 단백질의 분해가 완료된 형태인 담금액에는 맥아의 찌꺼기와 응고된 단백질 분비물이 있어 이를 걸러내는 여과 과정을 필요로 한다.

끓임Boiling

여과된 맥아즙에 홉을 첨가하고 여러 목적을 위해 90분~120분 가량을 끓이는 작업을 하게 되는데 그것은 살균, 효소 불활성화, 단백침전, 홉 성분 추출 및 이성화, 휘발성 물질 발산, 색상의 호전 등을 목적으로 한다.

침전Whirlpooling

홉이 첨가 된 맥아즙은 응고된 단백질과 과정 중 생성된 불순물을 제거하기 위해 침전조로 옮겨져 작업을 진행하게 된다.

냉각Cooling

침전조에서 침전을 마친 맥즙은 열 교환기를 통해 냉각을 진행하는데 상면발효 맥주의 경우 10℃~15℃, 하면발효 맥주의 경우 5℃가 될 때까지 냉각해야 된다.

발효Fermenting

1차 발효인 전 발효 후 맥아즙에 효모를 첨가하고 약 8℃에 맞춰 알코올을 발효시킴으로서 맥아즙 안에 있는 발효성 당을 8시간~10시간 정도 발효 시킨다.

숙성Maturing

2차 발효인 후 발효로써 전 발효를 마치고 남은 잔존 분을 숙성시키고 탄산가스를 주입한다. 그리고 숙성을 통해 깊은 맛을 완성하기 위해 0℃~2℃의 저온에서 1개월~3개월가량 발효를 진행 한다.

맥주 양조장

여과Filtering

맥주의 숙성이 충분이 되었다면 맥주 안에 포함된 탄산가스를 방출시키고 저온에서 여과하여 후 발효 과정인 숙성 이후 잔존한 단백질과 콜로이드 물질을 제거함으로써 맥주를 혼탁하지 않고 깨끗하게 만들어 준다.

제품Packing

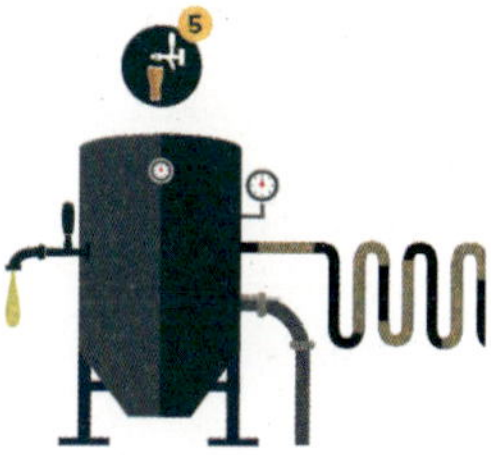

여과 과정을 마친 맥주는 바로 통에 담겨져 생맥주로 출고 유통되거나 살균 과정을 거쳐 병입 후 유통하게 된다. 생맥주의 경우 살균을 하시 않아 유통기간이 짧고 위생상의 관리나 취급이 불편한 단점은 있으나 맛에 신선함 면에서는 단연 장점이라 할 수 있으며 병, 캔, 페트 등에 담겨진 맥주의 경우 살균과정을 거쳐 유통기간(권장음용기간)이 12개월까지 가능하다. 하지만 살균으로 인한 저장성이 좋은 것에 비해 맛은 생맥주에 비해 떨어질 수밖에 없다.

7 맥주의 분류

발효에 따른 분류

상면발효맥주

발효도중 생기는 거품과 함께 상면으로 떠오르는 성질을 지닌 효모를 사용해 만드는 맥주로 18~25° 의 비교적 고온에서 2주 정도 발효 후 15° 정도에서 약 1주간의 숙성으로 만들어 진다. 이 방법은 냉각설비가 개발되지 않았던 15세기 이전까지 사용되던 양조법으로 영국맥주가 대표적이며 스타우트Stout맥주, 에일Ale맥주, 포터Porter맥주 등이 이에 속한다.

Stout

- 스타우트Stout : 스타우트는 아일랜드에서 시작된 상면발효 맥주의 꽃이다. 이 맥주는 검게 구운 맥아를 풍부하게 사용해 검은색에 가깝다. 스타우트의 대표적인 종류에는 아이리쉬Irish, 임페리얼Imperial, 스위트Sweet, 포린스타일Foreign-Style, 오트밀 스타우트Oatmeal Stout로 구분되며, 알코올 도수는 4~11%로 다양하고 홉Hop을 많이 사용해 맛 또한 진하다.

Ale

- 에일Ale : 영국의 대표적인 맥주로 라거 맥주에 비해 홉Hop을 1.5~2배 정도 더 첨가하기 때문에 홉의 향과 쓴맛이 강하다. 발효시킬때 산과 에스테르 화합물이 많이 생성되어 과일향이 풍부하게 나는 것이 특징이다. 향과 색의 차이에 따라 마일드 에일Mild Ale, 스코틀랜드식 에일Scottish Ale, 페일 에일Pale Ale, 브라운 에일Brown Ale, 인디아 페일 에일India pail Ale등으로 구분한다.

Porter

- 포터Porter : 포터라는 이름은 이 맥주의 가장 많은 소비자였던 런던의 빅토리아역의 짐꾼Porter들로부터 이름을 얻었다. 바싹 건조한 농색맥아와 흑맥아를 섞어 만들기 때문에 색이 진한 흑맥주이다. 입 속에서 느껴지는 바디감이 좋고, 단맛이 나며 거품이 많은 것이 특징이다.

• 램빅Lambics : 벨기에에서 가장 전통적인 발효법을 사용해 만드는 맥주이다. 일반적인 맥주는 발효시킬 때 외부 공기와의 접촉을 차단하지만 램빅은 발효시키기 전에 뜨거운 맥즙을 공기 중에 직접 노출시켜 자연에 존재하는 야생효모와 미생물이 자연스럽게 맥즙에 섞여 발효하게 만든 맥주이다. 발효가 끝난 뒤 긴 숙성과정을 거치는데 2~3년간 숙성하는 경우도 있다.

Lambics

하면발효맥주

발효 중 밑으로 가라앉는 성질을 지닌 염기성 효모를 사용해 만든 맥주로 저온에서 발효되며, 5~10° 에서 7~12일 정도 발효 후 다시 1~2개월 숙성으로 만들어진다. 이 양조방법은 맥주 품질안정을 위해 근대에 발견된 양조법으로 영국을 제외한 전 세계 맥주가 대부분 이 방식으로 만들어지며 체코의 필젠Pilsen 맥주, 독일의 도르트문트Dortmund 맥주, 미국, 일본, 한국 등의 맥주가 여기에 속한다. 세계 맥주 생산량의 약 3/4 정도를 차지하고 있다.

• 라거 맥주Lager Beer : 라거 맥주는 하면발효 효모에 의하여 저온숙성(2~10℃)과 긴 후발효 기간을 통해 바닥에서 발효되는 맥주이다. 하면발효에서는 저온에서의 숙성과정을 라거링Lagering이라고 부른다.

Lager Beer

• 도르트문트Dortmund 맥주 : 유럽에서 가장 큰 양조 도시인 독일 도르트문트 지방에서 센(경수)물을 사용해 만든 맥주이다. 알코올 도수는 약 3~4% 정도이며, 필젠 타입보다는 향이 조금 무거우나 산뜻하고 쓴맛이 적은 담색맥주 계열이다.

Dortmund

• 복Bock 맥주 : 독일 북부에서 유래한 라거 맥주의 일종으로 동절기 내내 충분한 숙성과정을 거쳐 봄에 즐기는 맥주이다.

Bock

• 필스너Pilsner : 체코 필젠지역에 살던 보헤미아인들에 의해 유래된 맥주이다. 연수를 사용해 만든 황금색으로 담색맥주의 효시라 할 수 있다. 알코올 함량은 3~4.5%이다.

• 뮌헨Munchen : 독일 맥주의 다양함을 보여주는 맥주로, 경수를 양조용수로 사용하고 농색맥아와 흑갈색맥아를 섞어서 만들기 때문에 맥아향이 짙고 색이 진하다.

• 바이젠비어Weizenbier : 보리 맥아 이외에 밀Wheat을 사용하여 풍부한 거품과 흰색에 가까운 빛깔을 내는 부드럽고 신맛이 있는 맥주이다.

열처리에 따른 분류

저온 열처리 맥주Lager Beer

효모의 발효를 억제하여 발효가 진행되지 않도록 해 맥주의 맛을 균일하게 보존하는 방법이다. 병에 들어간 맥주를 저온 열

맥주의 열처리와 필터링

처리기에 통과시키는 방법인데, 이 때 맥주는 60℃까지 올라갔다가 다시 상온으로 낮아진다. 저온 열처리는 파스퇴르에 의해 발견되어 일명 파스퇴르법Pasteurization이라고도 한다.

- 비 열처리 맥주Draft Beer

효모 및 미생물을 비열처리 방식으로 제거한 맥주이며, 일반적으로 열처리를 하지 않은 생맥주가 대표적이다. 비열처리를 하면 맥주 특유의 좋은 맛을 내는 각종 미세한 성분이 파괴되지 않고 효모가 여과과정에서 제거되어 맛도 부드러워진다.

가장 친숙한 인류의 음료가 된 「맥주」

고대 바빌로니아Babylonia의 맥주

고대 바빌로니아 왕국

맥주는 원료가 곡물이라는 점에서 그 기원을 인간이 한곳에 정착하여 농사를 짓기 시작한 농경시대부터 비롯되었던 것으로 추정할 수 있다. 통상적으로 BC 7000년에 바빌로니아에서 시작되었다고 하지만 역사적 근거들을 종합해 보면 BC 4000년경에 수메르Sumer인에 의해 맥주가 최초로 만들어 졌다고 보는 것이 설득력 있다.

1953년 메소포타미아Mesopotamia에서 발견된 비판(碑版)의 문자를 해석한 결과, 기원전 4200년경 고대 바빌로니아에서는 이미 발효를 이용해 빵을 구웠으며, 그 빵을 이용해 대맥(大麥)의 맥아를 당화시켜 물과 혼합하여 맥주를 만들었다는 사실을 알 수 있다.

수메르인에 대한 가장 오래된 기록은 파리 루브르박물관에 소장되어 있는 '모뉴멘트 블루Monument Blue' 벽화로, 방아를 찧고 맥주를 빚어 닌나Nina or Nin-Harra 또는 여신에게 바치는 모습이 그림으로 기록되어 있다. 이러한 수메르인들은 티그리스Tigris와 유프라테스Euphrates 양쪽 강 유역의 메소포타미아 평원으로 이주하여, 그곳에 훌륭한 문화를 건설하고, 곡물을 재배해서 맥주 양조의 기술을 고도로 발달시켰으며, 그 문화는 고대 그리스와 로마문명의 기초가 되었다.

고대인들의 벽화 속 맥주(BC3100)

이집트 벽화 속 맥주 따르는 여인

유럽 맥주의 진화와 발전

맥주의 본토라고 해도 과언이 아닐 유럽에서는 초기에 가내공업으로 수도원에서 양조하였으나 소비층의 확산, 기계공업의 발달과 더불어 대규모 맥주공장이 생겨나기 시작한다. 근대에 이르러 맥주의 제조는 귀족의 손에서 시민의 손으로 넘어갔으며 부르조아지와 노동차층 모두에게 사랑받는 음료가 되었다. 19세기 프랑스의 생물학자 루이 파스퇴르Louis Pasteur(1822-1895)는 맥주의 역사에 중요한 공헌을 했다. 그 전까지 맥주는 발효균을 살균하지 않은 생맥주였으나 루이 파스퇴르는 저온 살균법으로 오늘날과 같은 질 좋은 맥주를 맛보게 해 주었다. 홉을 첨가한 것은 10세기경부터이며, 독일의 바이스비어는 1541년 뉘른베르크에서 처음 만들어졌고, 영국의 에일Ale과 포터Porter는 8세기경부터 만들어졌다고 한다. 한국에서는 1930년대에 일본 맥주회사들이 들어와 지금의 오비맥주(주)와 조선맥주(주)의 전신인 맥주공장을 지어 생산하면서 보급되었다. 8·15광복 후 품질향상으로 외국제 맥주를 추방하고 원료의 자급화에 힘써 한때 맥주용 보리와 홉을 자급하였으나, 맥주 소비의 급증으로 현재에는 수입에 의존

맥주를 끓이는 수도사

유럽 전통 방식의 맥주를 양조

하고 있다.

메이플라워호Mayflower를 타고 신대륙을 향해 항해하다.

유럽의 맥주는 신대륙의 발견과 함께 아메리카 대륙에 상륙한다. 이 사건은 세계 최대 강대국 미국의 등장을 예고하는 역사적 행보였으며 그로인해 맥주의 역사는 또 한번 그 전환점을 맞는다. 초기 이주자들의 척박하고 고된 삶을 위로해 주던 미국의 맥주 역사는 이제 400년이 넘는 세월 속에 미국인들과 함께하고 있다. 맥주를 향한 미국인들의 애정은 긴 세월 동안 변함없이 이어져 왔지만 그 과정이 순탄치만은 않았다. 이제 메이플라워호부터 밀워키에 이르기까지 맥주가 미국의 문화와 역사에 얼마나 중요한 위치를 차지하게 되었는지 알아보자.

미국 밀워키(Milwaukee) 맥주 양조업자

라이트맥주, 흑맥주, 병맥주, 생맥주, 다이어트맥주 등의 다양한 종류만큼이나 미국인들은 맥주를 즐겨 마신다. 맥주는 세계에서 가장 많이 판매되는 음료로 특히 미국에서는 와인보다 더 많은 판매고를 올리며 부동의 1위 자리를 지켜오고 있다. 현재 미국의 맥주제조는 수천여 곳의 양조장에서 100여종 이상의 맥주를 생산해 내고 있으며, 맥아분쇄기와 가열탱크 등의 최첨단 제조시설을 갖추고 있다.

메이플라워호(Mayflower)에서
신 대륙에 상륙

메소포타미아Mesopotamia에서의 기원

맥주의 역사는 약 1만 년 전 메소포타미아 문명으로 거슬러 올라간다.

맥주의 기원이된 메소포타미아인(Mesopotamian)

현대의 인류학자들은 인류가 채집과 수렵생활을 해 오던 것을 농사와 경작을 통한 정착생활로 바뀌면서 잉여 곡식을 이용해 맥주를 만들게 되었을 것으로 추정하고 있다.

맥주란 엿기름과 당을 자연 발생된 효모Yeast가 발효시킬 때 만들어지는 음료를 말한다. 곡식이 발효되면서 특정한 영양분이 만들어지며 그것은 탄수화물과 함께 맥주만의 열량 높은 에너지를 만들게 된다. 즉 맥주는 누가 일부러 개발했다기 보다는 효모가 물에 젖어 상하게 되었던 곡식을 보고 우연히 발견했을 것이라는 가설이 설득력을 갖는다. 아마도 빵을 만들려다 그렇게 된 것으로 추정이 되는데 사람들의 입맛에 맞았던 것으로 여겨진다.

홉Hop의 발견과 맥주의 대중화

맥주의 정식제조 이후 700년이 지나서야 현대맥주의 중요한 요소를 추가할 수 있었는데 그것이 바로 홉Hop이다. 홉은 작은 녹색의 방울열매로 방향물질과 쓴맛을 함유하고 있어서 달콤한 맥아에서 알코올이 풍부한 맥주로

맥아와 홉의 만남

만들어주는 역할을 한다. 홉이 첨가된 맥주는 빵이 유럽인들의 일상에 일부가 된 것처럼 유럽 전역으로 퍼져갔는데 거기엔 그럴만한 이유가 함께 존재하고 있었다. 양조를 위해 맥주를 끓이게 되면 치명적인 세균들이 죽게 되는데 당시 유럽은 우물을 통해 식수를 얻었지만 오염된 우물들이 늘어나자 살균처리로 인해 안전한 맥주를 더욱 신뢰하는 수분 섭취원으로 여겼던 것이다.

홉의 수확

신대륙 정착역사의 일부분

미국문화에서 아주 오래된 것들을 뜻하는 말로 "메이플라워Mayflower"란 말을 쓰기도 하지만 맥주는 실제로 메이플라워호를 타고 건너오게 된다.

1620년 존 카버John Carver(1576-1621)와 윌리엄 브래드퍼드William Bradford(1590-1657)는 종교적으로 탄압받던 청교도 102명과 함께 메이플라워호를 타고 영국을 출발한다. 이들은 지금의 미국영토를 개척하기 위해 나선 두 번째로 큰 이주단이었고 목적지인 버지니아로 향한다. 하지만 기상악화로 인해 시일이 지체되어 빵과 맥주 등의 식량이 줄어들자 귀항할 최소한의 식량을 지키기 위해 기수를 틀어 플리머스에 이주민들을 내려놓게 된다. 하지만 그 해 겨울 이주민들의 반수 이상이 추위와 괴혈병으로 사망하게 되고 생존하기위한 이주민들의 사투가 시작된다. 인디언들에게서 옥수수재배법을 배워 혹독한 겨울을 이겨나갔으며 물로 인한 전염병을 막기 위해 영국에서 마시던 맥주를 신대륙에서도 만들어 먹기 시작했다.

인디언들과 추수감사절을
함께 즐기는 초기 개척자들

신대륙의 개척역사 즉, 미국의 시작과 함께 맥주의 새로운 역사도 쓰여지기 시작한 것이었다.

맥주의 대중화와 대량화

맥주는 당시 영양과 식품안전성 면에서 물보다 탁월했기 때문에 이미 그들의 생활에 중요한 부분으로 자리하고 있었다. 아침에 일어나 잠들 때까지 남녀노소 할 것 없이 맥주를 마셨을 정도였고, 이주민들의 정착 초기엔 대부분의 가정에서 맥주를 직접 만들어 먹기까지 했다. 어른들을 위한 맥주에서부터 아이들을 위한 맥주까지 다양했으며 아이들을 위한 알코올이 낮은 맥주는 어른들의 맥주를 만들고 난 곡물을 또 한 번 우려내어 마치 재사용한 티백Tea Bag처럼 옅은 맛과 알코올을 가지게 될 수 있었다. 맥주는 빵과 버터와 함께 없어서는 안 될 음식으로 여겨졌고, 그로인해 수요가 늘자 윌리엄 팬William Penn(1644-1718)은 1683년 펜실베니아 최초의 양조회사를 차리게 된다. 그 후로 1600년대 말 로드아일랜드부터 조지아에 이르기까지 전국적으로 양조장이 들어서기 시작했고, 맥주의 최종 공급자인 선술집Bar들 또한 기하급수적으로 늘어나게 된다. 당시 선술집의 주 메뉴는 상

새로운 맥주 생산을 위해 노력하는 양조업자

층에서 효모Yeast가 발효되는 에일맥주Ale Beer와 흑맥주 전단계인 포터맥주Poter Beer가 인기였으나 추수감사절의 영향으로 호박이 들어간 호박에일맥주Pumpkin Ale Beer 또한 인기 있는 맥주가 되었다. 이처럼 신대륙의 초기 개척자와 이주민들에게 고향에 대한 향수와 척박한 땅에서의 고단함을 달래주는 선술집Bar에서의 맥주한잔이 얼마나 큰 역할을 하고 있었을지 미루어 짐작할 수 있다.

미국에 세워진 또 하나의 라거 맥주왕국

미국의 초대 대통령 조지워싱턴George Washington(1732-1799)은 당밀을 유달리 좋아해 이를 이용해 직접 맥주를 만들어 마셨으며, 독립전쟁 중에도 그의 맥주에 대한 애정은 더욱 커져 병사 1명당 1쿼터의 맥주를 매일 보급하도록 지시하기도 했다. 하지만 독립전쟁 이후 수십 년 간 상황은 급변하게 된다.

애국심이 깊은 미국인들이 맥주가 영국의 유산이라고 보고 맥주대신 위스키를 마시기 시작하게 되어 미국에서 맥주는 그대로 사라져 버리는 듯 했다.

하지만 이모든 상황에 변화가 생긴 건 유럽 이민자들이 대거 미국으로 이주해오기 시작하면서부터였다. 19세기 전반에 걸쳐 약 50만 명의 독일인들이 미국으로 이주해왔고, 그들은 슈니체, 스파제, 소시지와 함께 자신들이 가장 좋아하는 음료인 맥주를 들여오게 되는데 그것이 바로 라거맥주다.

라거와 에일의 가장 큰 차이는 라거는 에일에 비해 낮은 온도에서 발효 된다는 것이다. 여러 종류의 이스트로 더 오래, 더 차갑게 발효가 이루어져야 하기 때문에 낮은 온도에서 잘 견디는 이스트를 사용한다. 또한 탱크의 상층보다는 하층에서 발효가 이뤄지기 때문에 라거를 하층발효맥주, 에일을 상층발효맥주라고도 한다. 차갑게 하층발효를 하면 도수는 낮으면서 상쾌하면서도 부드럽고 깨끗한 맛이 나는 맥주가 만들어져서 북미의 더운 여름 날씨에 사랑받는 맥주로 자리할 수 있게 된다. 라거맥주는 급속히 미국인들에게 전해졌고 하룻밤사이에 사람들의 취향이 에일에서 라거로 바뀌어 가기 시작했다.

1850년대 중반 라거맥주는 독일과 영국에서 큰 인기를 얻었지만 양조시설과 발효온도 유지비가 많이 드는 것이 단점 이었다. 낮은 온도에서 양조하고 낮은 온도의 유지를 위해 얼음을 사용하였는데 얼음을 안 녹게 하려면 기후역시도 서늘해야 했기 때문에 까다로운 작업일 수밖에 없었다.

라거는 영하 1℃에서 영상 4℃사이의 낮은 온도에서 발효해야 하기 때문에 발효용기를 시원하게 유지할 방법을 강구해야 했다. 현재의 냉장고가 그 당시에는 없었기 때문에 해결해야 하는 고민이었을 것이다. 라거의 제조과정은 건조한 발아 곡식인 맥아에서 시작된다. 맥아는 대형 분쇄기에서 분말형태로 만들어지고 그렇게 분쇄된 맥아는 거칠게 갈은 구운 옥수수와 혼합하게 된다. 거칠게 갈아서 구운 옥수수는 맥아분말에 온도를 높여 전분을 발효성 당으로 분해해 효소를 배출한다. 이제 구운 옥수수에서 액체를 분리시키는 필터장치로 옮겨 걸러내면 맥아즙이란 발효성 당이 형성되고 이것을 90분간 끓인 뒤 주요성분인 홉을 첨가한다. 여기에 이스트를 추가하여 발효탱크에서 발효한 후 차갑게 식히고 탄산을 넣어 2주간 숙성시키면 품질테스트를 거쳐 우리의 입맛에 맞는 맥주로 탄생한다.

잭슨 브루어리(Jackson Brewery)의 라거비어

천혜의 조건을 갖춘 양조의 명당 밀워키Milwaukee

1829년 독일 뷔르템베르크 출신의 젊은 이민자가 D.G Engly & Sun이라는 현재 미국에서 가장 오래된 양조 회사를 세운 이후 독일인이 미국에 세운 양조회사의 수가 폭발적으로 증가하여 1868년엔 양조회사가 1,300여개로 2배 가까이 늘어나게 된다. 특히 인디언어로 "좋은 땅"이란 뜻의 위스콘신주 밀워키는 미시건 호수 서쪽의 작은 마을로 맥주양조의 중심이 된다. 이민자들로 인해 국가가 급속도로 팽창하자 지역적으로 서부에 더욱 가까워진 밀워키는 철도는 물론 신선한 물과 농지로 둘러싸이게 되면서 양조업의 완벽한 조건들을 갖추게 된다. 초창기 조그마한 양조장에 더 가까웠던 양조회사들이 지금은 밀워키의 대형 양조회사로 발전하여 최근까지도 그 건재함을 과시하고 있다.

밀러(Miller) 브루잉 컴퍼니 양조장(1887년)

죠셉 슐리츠Frederids Schlitz는 자신이 경리사원으로 일하던 양조장 사장의 미망인과 결혼하면서 1856년 양조사업을 시작했으며, 프레드릭 펩스트Frederick Pabst 또한 1862년 지역 양조업자의 딸과 결혼하며 양조업에 뛰어들었다. 하지만 프레드릭 밀러Frederick Miller는 전형적인 이민자들과는 거리가 멀었다. 독일 태생의 밀러는 부유한 집안에서 태어나 프랑스에서 학창시절을 보낸 재원으로 양조사업을 위해 미국 뉴욕에 도착했을 당시 9,000달러어치의 금을 정착금으로 가지고 왔다. 9,000달러의 금이라면 현재의 가치로는 18만 달러나 되는 금액이었다. 또한 그가 독일에서 가져온 것은 돈뿐만이 아니었다. 그것은 바로 특별한 맥주 제조기술과 리스트였다. 그를 바탕으로 1855년 밀워키에서 첫 라거맥주를 생산해내기에 이른다. 1860년대의 미국은 밀워키를 중심으로 맥주제조 및 판매의 무한 경쟁시대에 돌입하게 되고 그 중심엔 밀러Miller, 펩스트Pabst, 슐리츠Schlitz 등이 있었다. 영국에서 건너온 맥주, 거기에 저온 발효를 통해 새로운 맛을 전했던 독일의 라거맥주를 통해서 19세기 중반 밀워키에서 유행했던 농담중엔 이런 것이 있었다고 한다. "모든 집엔 꼭지가 세 개씩 있는데 하나는 온수, 또 하나는 냉수, 마지막은 맥주 꼭지다."

슐리츠(Schlitz) 브루어리 컴퍼니 양조장

밀러 하이라이프 브루 광고

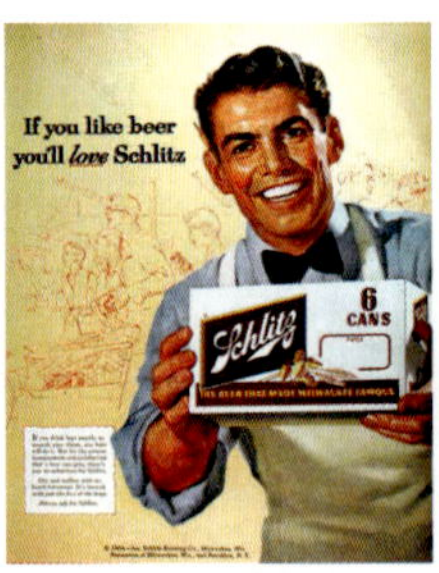

슐리츠 비어 광고

펩스트 블루리본 비어

맥주 마케팅의 창시자 안호이저 부시Anheuser Busch

맥주 마케팅의 귀재 안호이저 부시의 버드와이저 광고

19세기 중반 밀러, 슐리츠, 펩스트 같은 이들이 양조회사를 세운 이후 밀워키는 미국 최고의 맥주고장으로 유명해졌다. 하지만 미국 최대의 양조회사라는 타이틀은 그로부터 644km 떨어진 미주리 세인트 루이스에 있는 안호이져 부시라는 양조회사가 갖게 된다. 안호이져 부시의 놀라운 성공신화는 한 남자의 야심에서 시작된다. 1861년 3월 7일 독일 마인츠에서 온 스물한살의 맥주 세일즈맨이 양조장 사장이던 에버하드 안호이져의 16살 된 딸과 결혼하게 되었고, 1870년 그는 새롭게 탈바꿈한 양조회사의 이름을 창업주와 자신의 이름을 따서 '안호이져 부시' 라고 바꾸고 본격적인 양조제조 및 판매를 총괄하게 된다. 이후 140년의 세월이 지난 지금까지도 안호이져 부시의 양조장에선 10분에 1,300여 병의 맥주가 생산되며 그 양은 1시간에 무려 1,000통이나 되는 양이다. 전 세계적으로 판매되고 있는 맥주의 12%가 넘는 양이 '안호이져 부시' 의 양조장에서 만들어지고 있는 것이다.

유리병 사용으로 인한 맥주문화의 변화

유리병 사용으로 인한 바 문화 부흥

독일인이었던 부시의 목표는 미국인들을 맥주애호가로 만들어 자신이 만든 맥주가 미국의 국민주가 되게 하는 것이었다. 하지만 그게 말처럼 쉽지 않았다. 1800년대 당시엔 맥주를 손수 만들어 먹거나 동네 작은 양조장에서 받아 마시는 형태가 전부였기 때문이다. 즉 맥주가 하우스맥주로만 인식되었던 것이다. 누구나 손쉽고 간편하게 맥주를 만들어 먹었고 다른 불편함은 없었지만 단 한 가지 문제가 있었다. 그건 바로 저장 기간이었다. 맥주의 저장기간은 다른 술들에 비해 굉장히 짧았기 때문에 만들면 바로 먹었던 터라 대규모 공급망이 존재할 수 없었다. 부시는 맥주를 팔기 위해선 저장기간을 늘려야 한다고 판단하고 그에 대한 연구에 착수하게 됐고 그 해결책으로 병맥주 유통방법을 시행한다. 병맥주가 저온살균효과로 부패를 막아주는 해결책이 되긴 했지만 당시만 해도 수공품이었던 유리병은 맥주를 담아 대중들에게 판매하기엔 가격이 비쌌다. 하지만 부시는 1873년 유리병 사용으로 인해 발생되는 고비용의 문제점을 무시하고 최종이익에만 초점을 맞춰 최초로 병맥주의 유통을 시작하게 됐다. 1895년 유리병 제조기계가 발명되면서 다른 양조업자들도 병맥주 제조에 나섰으나 이미 안호이져 부시는 그들의 선두에 서서 시장의 변화를 주도하고 있었다. 그로 인해 미국인들의 음주습관에 변화가 일어나기 시작했다. 사람들은 병맥주를 사서 집으로 가져가기 시작했고 소풍이나 모임에도 맥주를 들고 다니기 시작했다. 결국 맥주를 마시러 선술집Bar에 들를 필요가 없어진 것이다.

병 사용 활성화 이전 사용된 맥주 저그(Beer Jug)

철도이용으로 차가운 맥주의 유통 쉬워져

차량을 이용한 맥주 판촉활동(1937년)

선술집에서 벗어난 맥주는 이제 지역특산물 처럼 지역을 한정할 필요가 없어졌다. 그것은 바로 대륙 횡단철도의 완공이 가져다준 변화였다. 철도의 완공으로 미국 전역을 쉽고 빠르게 누빌 수 있게 된 것이다. 이 기회를 부시가 놓칠리 없었고 1887년 안호이저 부시는 '제작자 철도회사' 라는 이름의 자회사를 발족시킨다. 그 목적은 맥주를 시원하게 전국으로 운반할 전동차를 만들기 위함이었다. 그렇게 전동차를 만들고 얼음을 이용해 전동차 내부를 냉각시키면 맥주를 시원한 상태로 유지하여 운송할 수 있었다. 물론 얼음이 다 녹을 수도 있었지만 그 문제는 철도를 따라 생겨난 얼음가게 들이 해결해주었다. 얼음가게들을 통해 얼음만 적절히 공급받을 수 있다면 전동차를 이용해 차갑게 유지된 맥주는 미국 전역을 가리지 않고 공급할 수 있었다.

비어 케그(Beer Keg)를 실은 기차

철도로 인해 저온살균처리된 라거맥주가 전국을 누비게 되자 안호이저 부시는 전 국민의 입맛에 맞는 대표맥주를 만들고자 결심했고 그런 야망은 현실로 이뤄진다. 동업자인 칼콘레드가 오스트리아, 헝가리 등을 여행하던중 부드바이즈라는 도시에서 우연히 발견한 것으로 도수는 낮고 상쾌한 맛이 일품인 필젠맥주였다. 이는 각기 다른 입맛을 가진 미국인들로부터 폭발적인 인기를 끌게 되었고 1876년 출시되었던 안호이저 부시의 필젠맥주가 바로 버드와이저Budweiser이다.

안호이저 부시사에서 맥주를 실은 기차

새 맥주의 판매촉진을 위해 부시는 고급 전동차를 타고 전국을 누비며 맥주 마케팅을 시작한다. 주머니칼, 오프너 등에 회사 이름이 새겨진 상품을 나눠주었던 판촉활동은 그 당시엔 생소했던 방식으로 판촉물을 이용한 맥주마케팅의 시작이 된다.

루시타니아호Lusitania 사건과 마주한 미국의 맥주산업

1915년 5월 15일 독일 해군 잠수함에 의해 격침 된 루시타니아호(Lusitania)

1900년대 초 버드와이저는 매년 100만 배럴의 판매고를 올리며 미국인 75명 중 한명이 마셨을 정도의 성장을 이뤄냈다. 그와 함께 미국을 맥주의 천국으로 만들겠다던 안호이저 부시의 꿈도 실현되어 각 지역의 양조업자들 까지도 맥주산업 부흥의 수혜자로 점차 부유해져 갔고, 20세기초 슐리츠, 펩스트, 안호이저 부시, 밀러 등의 대형 맥주 회사들을 만들어 내며 미국 맥주시장에서의 치열한 경쟁을 벌여나갔다. 하지만 맥주 양조산업은 서로의 경쟁 보다 더 큰 문제에 봉착하게 된다.

1915년 5월 7일 영국의 여객선 루시타니아호가 독일 해군 잠수함의 어뢰공격에 의해 침몰하는 사건이 발생하여 미국인 128명을 포함한 승객과 선원 1,195명이 사망하게 된다. 이 사건은 맥주산업에 가장 큰 영향을 미친 사건중 하나로 거대한 후 폭풍을 몰고오게 된다. 루시타니아호가 침몰했을 당시 미국의 맥주산업을 주도하고 있었던 독일계 양조업자들은 한순간 미국인들의 분노로 인해 눈밖에 나고 만다. 미국인들은 맥주를 제조하거나 판매하는 사람들중 안호이져 부시, 쿠어스, 슐리츠, 필스, 트로메르스 등의 독일식 이름을 가진 맥주회사의 제품을 멀리하기 시작한다.

독일계 양조업자의 맥주를
버리는 미국인들

미국의 금주법 시행과 맥주회사들의 신제품 개발경쟁

미국의 금주법 폐지 시위

1920년 1월 16일 금주법이 발효되자 독일계 맥주회사들은 물론 모든 맥주회사들이 큰 타격을 입게된다. 당시 맥주 문화는 이미 미국인들의 생활 속 깊숙이 자리매김했기 때문에 맥주 제조와 판매가 불법이 될 수 있다는 예측을 전혀 할 수 없었던 것이다. 금주법으로 인해 수 많은 맥주 회사들이 살길을 모색하기 시작했고 맥주가 아닌 다른 제품들까지도 만들기 시작하게 된다. 그 종류로는 냉장 캐비닛, 제빵용 이스트, 맥아시럽, 아이스크림 등이었다. 또한 일부에선 맥주를 직접 만들어 마시는 사람들까지 등장했다.

맥주를 만드는 방법은 간단했다. 맥아당에 물을 넣고 1시간 동안 홉Hop과 함께 끓여주고 마지막에 이스트만 넣어주면 되었기 때문이다. 금주법 발효 이후 알코올 함유량 기준을 0.5%이하로 제한했기 때문에 맥주회사들은 순한맥주를 신상품으로 개발해 내기 시작했다. 안호이져 부시에선 무알코올 맥주 베보Bevo, 밀러에선 비보Vivo, 펩스트에선 파블로Pablo가 새롭게 선보이며 금주법 시행이후의 환경에서 살아남으려 노력했다.

1933년 4월 17일 프랭클린 루즈벨트Franklin Roosewelt(1882-1945) 대통령이 헌법 수정 제21조에 서명함으로서 마침내 13년간의 미국 금주법은 폐지되었다. 하지만 미국의 맥주산업은 이미 큰 타격을 입은 후 였고 전국 1,500여개의 맥주회사 및 양조장들중 절반이상이 파산하고 말았다. 금주법 시행 13년간의 시간은 미국의 양조업자들에게 뼈아픈 시련의 시간이었으나 맥주산업 전반적으로는 새로운 시도와 경쟁을 통해 신기술 개발의 포문을 열개된 계기가 되었다.

안호이저 부시사의 무알코 맥주 베보(Bevo)

전쟁의 화마 속에 기억되는 작은위로 '캔맥주'

금주법 이후 살아남은 맥주회사들은 신기술 개발에 박차를 가하게 되고 그 결과 캔맥주를 개발해 내기에 이른다. 음식을 캔에 담는 기술은 19세기 초부터 존재해 왔으나 음료에 이를 적용한 사례가 없어 캔 맥주의 제품 상용화를 위해선 여러가지 문제점을 해결해야만 했다.

우선 캔에 맥주를 담을 경우 맥주에 함유된 탄산으로 인한 압력으로 이음부분이 터져 캔이 폭발할 위험이 있어 맥주를 캔에 담아내기엔 어려움이 있었다. 또한 맥주를 캔에 넣을 때 이음부분의 쇠 성분이 맥주에 닿아 쇠맛이 나게되는 문제점도 안고 있었다. 하지만 1930년대에 통조림 제조업에서 그 해결책이 나왔다. 탄산의 압력을 견뎌낼 수 있는 두꺼운 철을 생산해 캔을 만들고 왁스코팅 기술을 개발해 맥주의 쇠맛을 사라지게 할 수 있게된 것이었다.

1935년 크로버 맥주회사에서 처음으로 캔맥주를 생산, 판매했지만 캔맥주가 대중적으로 알려진건 제2차 세계대전 때였다. 미국은 포장과 운송이 편리한 캔맥주를 병사들의 주류 보급품으로 채택했고 전쟁의 화마속에서의 시원한 맥주 한캔의 기억은 전쟁 후 귀향한 병사들도 인해 퍼져나가기 시작한다.

1961년엔 피츠버그 맥주회사에서 뚜껑을 고리로 만들어 딸 수 있는 캔맥주를 출시한다.

병따개나 캔 오프너가 필요없이 고리만 당기면 열리는 캔맥주의 출시는 지금까지는 시도 된적이 없었던 편리함까지 갖춘 새로운 제품이었다.

보급 받은 맥주를 마시는 미국인들

다양한 종류의 캔 맥주

비 개방형의 캔 맥주(초창기)

고리형의 캔 맥주(1965년-1975년)

손잡이형의 캔 맥주
(1962년-1965년)

고정 고리형의 캔 맥주(1975년-현재)

Chapter 03

증류주
(Distilled Liquor)

01 위스키(Whisky)

1 위스키의 정의

위스키는 보리, 밀, 옥수수를 주원료로 하여 당화와 발효과정을 거친 후 증류를 통하여 만드는 술이며 주세법상으로는 발아된 곡류와 물을 원료로 하여 발효시킨 술덧을 증류하여 나무통에 저장한 것이라고 규정하고 있다.

2 위스키의 어원

위스키는 고대 게릭Gaelic어의 우스개바하에서 나온 것이다. 우스개바하가 우스크베이하Usque-Baugh로 변하고, 다시 우슈크Uisqe-우스키Usky-위스키Whisky, 위스키로 변화된 것이라 한다. 실제로 위스키라고 부르기 시작한 것은 18세기 말부터이다.
어원이 된 우스개바하는 라틴어의 아쿠아 비테Aqua Vitae에 해당되며, 북유럽의 스피리츠Spirits인 아쿠아비타Aquavita와 프랑스의 브랜디Brandy를 오드비Eau de Vie라고 하는 것은 같은 의미의 말로서 "Water of Life" 생명의 물이란 뜻을 지니고 있다. 미국과 아일랜드에서는 Whiskey, 영국과 캐나다는 Whisky라 하는데 이것은 철자법상의 차이일 뿐 뜻은 같다.

3 위스키의 역사

약에서 술로 진화를 거듭해온 진, 연구중인 프란시스쿠 실비우스 (Dr. Franciscus D. Sylvius)

스카치 위스키Scotch Whisky

1707년 스코틀랜드를 합병시킨 영국정부는 부족한 재원을 확보하기 위하여 위스키에 고율의 세금을 부과 하였다. 그래서 위스키 제조자들은 스코틀랜드 북부지방Highland의 산속에 숨어 달빛 아래서 몰래 위스키를 밀조하기 시작하였고 그래서 이들을 문샤이너Moon Shiner라고 부르게 되었다. 그러나 몰트를 건조시킬 연료가 부족하여 피트Peat를 사용했는데 특유의 향이 발생되었고 이것이 피트의

스카치위스키 제조자들

훈연 때문인 것을 알게 되었다.

그 후 밀조된 술이 많이 누적되어 은폐수단으로 스페인에서 수입해온 쉐리와인Sherry Wine을 마시고 난 빈 통에 담아 두었다. 당시에는 스페인으로부터 포도주를 다량 수입했기 때문에 빈 통은 쉽게 구할 수 있었다. 나중에 술을 팔기 위하여 술통을 열어보니 투명한 호박색의 짙은 향취와 부드러운 맛의 술이 되어 있었다.

1823년 영국정부는 세제를 고치고 밀조업자를 설득하여 존 스미스 씨가 위스키 제조면허를 세계최초로 받았다.(지금은 J.E.Seagram의 계열회사가 되었음.)

1930년 에니어스 코페이Aeneas Coffey에 의해 연속증류가 발명되어 가벼운 타입의 그레인 위스키Grain Whisky가 생산되면서 몰트 위스키Malt Whisky와 두 가지 혼합된 블렌디드 위스키Blended Whisky 등 3가지 타입의 스카치가 나오게 되었다.

가족 단위의 스코틀랜드 위스키 증류소

아이리쉬 위스키Irish Whiskey

1171년 잉글랜드 헨리 2세의 군대가 아일랜드에 건너갔을 때 원주민은 Usige Beatha(생명의 물)라고 하는 승류주를 마시고 있었다고 하며, 이것이 위스키의 시초로 알려져 있다.

생산량은 적지만 세계 최적의 산지로 꼽는 이유는 위스키의 탄생지이며, 양질의 위스키를 생산하고 있기 때문이다.

아메리칸 위스키American Whiskey

아메리칸 위스키의 역사는 1600년대 초부터 시작되며 당시는 과일을 원료로 또는 당밀을 원료로 한 것 등이었는데 삼각무역의 배경을 갖고 있는 럼이 주체였다.
노예무역폐지, 곡물의 과잉생산으로 잉여곡물 처리 등의 사정으로 원료를 곡물로 사용하게 되었으며 펜실베니아가 중심이 되어 다른 주에도 전파되었다.
독립전쟁 후 정부는 경제사정상 과중한 과세로 인하여 폭동이 일어나고 증류업자는 켄터키, 인디애나, 테네시 등 서부로 도망가게 되었다. 특히 켄터키Kentucky에서는 옥수수를 사용하고 나무통속에 숙성한 새로운 위스키를 제조하게 되었고 이것이 버번 위스키의 시초가 되었다. 1920년 금주법의 시행으로 증류업자는 밀조, 밀매하게 되는데 금주법 폐지와 더불어 단식 증류기는 없어지고 연속식 증류기를 사용하면서 대량 생산하게 되어 미국의 독자적인 아메리칸 위스키가 세계적으로 알려지게 되었다.

캐나디안 위스키Canadian Whisky

미국 독립전쟁이 일어나자 캐나다로 이주하는 이민이 늘어나고 이에 따라 제분업이 번창하고 차츰 증류소가 발전하게 되었다.
1850년대에 씨그램사와 하이럼 워커사가 등장하면서 본격적인 위스키의 산업화가 시작되었다. 1920년부터 미국의 금주법 시행으로 더욱 활기를 띠게 되었다.

캐나디안 위스키 증류소

검수중인 캐나디안 위스키 유통업자

4 위스키의 원료

위스키는 주로 곡물인 보리, 옥수수, 호밀 등을 원료로 사용하며, 발효과정을 거쳐 단식 증류법과 연속식 증류법을 사용하여 만들어진 증류주는 일정 기간 오크Oak통에 담겨져 숙성기간을 보내는데 이 기간에 나무로 된 오크통에서 우러나온 액과 증류주가 혼합되어 위스키 특유의 맛과 향 그리고 색이 나게 되고 오랜 기간 저장하면 할수록 깊은 향과 독특한 맛의 짙은 색이 생긴다. 이렇게 숙성기간을 거친 증류주를 희석시켜 알코올 도수를 낮추어 병에 담겨지게 되며, 이때 중성곡주Neutral Grain Spirits를 혼합하여 병에 담겨지는 위스키를 블렌디드 위스키Blended Whisky라 한다.

옥수수 농장

아메리칸 위스키 증류소

5 위스키의 제조

맥아Malting

맥아라는 단어는 가용성 당의 일종인 '맥아당Maltose'에서 파생된 것이다. 맥아 제조 과정은 곧 보리에 함유된 전분을 당분으로 변화시키는 작업으로 대맥을 물에 담가 싹을 틔워 그것을 건조시키는 세

1

Preparation

Various grains are ground and cooked. Barley is malted, a process of soaking the barley and spreading it for about three weeks, allowing it to sprout, and drying and heating it.

가지 단계로 보리 담그기Steeping, 발아Germination, 건조Kilning의 과정을 거친다. 특히 건조는 중요한 목적 중 하나로 피트Peat 건조를 통한 독특한 풍미를 만들어내는 데 있으며, 피트를 어느 정도 사용하느냐에 따라 또 어느 정도 노출시키는지에 따라 각기 다른 고유의 몰트 위스키의 독특한 개성이 만들어지는 것이다.

Mashing
The cooked grain and malted barley are added to warm water, which converts into a liquid known as mash.

당화Mashing

당화는 알코올을 얻기 위해 맥아의 전분에서 당분을 추출하는 단계이다. 당화 과정에서 녹말을 가용성 당으로 변성시키는 가변성 효소가 발생되는데 이 효소로 인해 엿기름이 맥아즙이라는 명칭의 설탕 용액으로 바뀌면서 발효가 시작된다. 이후 엿기름을 '매시 턴Mash tun'이라고 불리는 큰 통에 담고 3차례의 물 붓기 과정을 거친다.

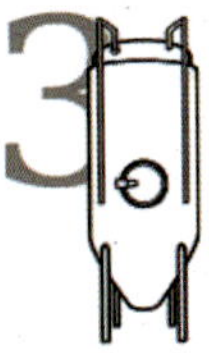

Fermenting
The mash is added to a fermentation tank, along with yeast. The yeast converts the sugar to alcohol. After three or four days, the resulting liquid is about 10% alcoholic and is known as distiller's beer, or wash.

발효Fermentation

당화액을 냉각시킨 후 효모를 첨가하고 발효를 진행시킨다. 이런 과정을 매쉬Mash라고 하며, 이와 같은 과정을 통해 얻게 되는 알코올은 7~8%가량 된다. 엿기름과 이스트가 혼합되면 이스트는 당을 공격하여 알코올과 이산화탄소로 변성시킨다. 이스트를 넣는 비율, 발효의 속도, 엿기름의 온도는 모두 워시의 풍미에 영향을 미친다. 이것이 갓 증류시킨 원액의 최종적인 풍미에 결정적으로 좌우한다.

증류Distillation

증류 과정은 증류기 안에서 이루어지며 단식 증류기 또는 연속식 증류기에 따라 알코올 함량과 풍미의 차이가 발생한다. 단식 증류의 경우 통상적으로 2~3회의 증류 과정을 거치며, 이때 처음 증류된 것을 로우와인Low Wine, 두 번째에 증류된 것을 스피릿Spirit이라고 한다.

숙성Maturation

증류를 통해 얻어진 무색투명의 증류 원액을 오크Oak통에 넣고 숙성을 진행한다. 숙성은 최소한의 기간인 3년을 기준으로 다양한 숙성기간을 거쳐 위스키로 생산되어 맛, 향, 색 모두에서 각각의 색다른 느낌을 준다. 제품에 따라서는 착색을 위한 캐러멜 색소를 사용하지만 일반적으로는 오크통에서 베어 나온 자연 착색 숙성이 많이 행해지고 있다.

Distilling

The wash is heated to the point where the alcohol turns to vapor, but the water remains liquid. The alcohol is then collected in a second container. This process is repeated to produce "high wine" or "new whiskey."

블랜딩Blending

오크통에서의 숙성을 마친 후 한 가지 종류의 숙성액 만으로 위스키 제품을 만들기도 하지만 몰트위스키 원액과 그레인위스키 원액을 제품별 특징을 살릴 수 있는 최적의 비율로 혼합하여 제품화하기도 한다. 이때 이와 같은 혼합을 통해 제품별로 전해 내려오는 비법과 특징을 살려내는 전문가를 마스터 블랜더Master Blender라고 한다.

Aging

Water is added to the high wine, which is is aged in wooden barrels, usually made from charred white oak. Here the whiskey ages at least three or four years, and some are aged up to ten or fifteen years.

메링Marring

블랜딩한 여러 가지 위스키의 원액이 최적의 조화를 낼 수 있도록 일정한 기간 동안 오크통에서 한 번 더 숙성시키는 일종의 후 숙성 과정을 말한다.

병입Bottling

숙성을 마친 위스키 원액에 물을 첨가하고 병입하여 제품화하며, 알코올 도수는 40~43%가 일반적이다. 제품은 브랜드별, 숙성연도별, 지역별, 원료별 등으로 다양하게 나눠져 생산 판매되고 있다.

Bottling

The resulting whiskey is stored in glass bottles, which do not react with the whiskey's flavor.

6 위스키의 분류

생산지에 따른 분류

스카치 위스키 Scotch Whisky

물과 발아 보리를 사용해 스코트랜드에서 증류된 것의 총칭으로서 위스키 생산량의 약 60%를 차지하며, 지리적 위치에 따라 하이랜드, 아이라, 캠벨타운, 로우랜드, 스페이사이드로 분류된다.

아이리쉬 위스키를 대표하는 부쉬밀스

아이리쉬 위스키 Irish Whiskey

아일랜드산 위스키의 총칭으로 대맥 맥아로 발효해 단식 증류기로 3회 증류하여 만들고 요즘은 수출용으로 옥수수로 발효해 연속식 증류기로 증류해 원래 위스키와 블랜딩하여 만든다.

아메리칸 위스키 American Whiskey

미국산 위스키의 총칭으로 금주법 시대 이후 발전을 시작했는데 단식 증류기가 사라지고 연속식 증류기가 사용하여 대량생산이 되면서 스카치 다음의 자리를 굳혔다.

- 버번 위스키Bourbon Whiskey : 독립전쟁 후 과중한 세금으로 인해 켄터키, 인디애나, 테네시 등과 같은 서부 지역으로 이동하여 밀주를 만들기 시작 했는데 이때 켄터키 주에서 옥수수를 이용해 나무통에서 숙성한 새로운 위스키를 제조하게 됐는데 이것이 버번 위스키의 시초다.
- 테네시 위스키Tennesse Whiskey : 위스키를 단풍나무 숯으로 여과 후 숙성하며, 특히 그 여과로 인해 특유의 향과 맛이 생긴다.

Tip

위스키의 생산지에 따른 분류의 또 다른 시각.

최근 들어 세계 4대 위스키 산지가 아닌 5대 위스키 산지로 말할 땐 제페니스 위스키(Japanese Whisky)를 포함 시키기도 한다. 서양의 문물을 일찌감치 받아들인 일본 위스키는 창시자인 '다케쓰루'를 통해 스카치 위스키의 제조 공법에 보리를 주원료로 하여 기술 성장을 이뤄 온 결과 현재는 독자적인 개성을 가진 위스키로 자리매김 하였다.

- 산토리(Suntory) : 일본식 음주 문화에 착안하여 위스키에 물을 타서 마시는 '미즈와리' 를 개발 보급하여 일본 양주 소비 문화를 창조하였다.
- 니카(Nikka) : 스코틀랜드의 위스키 제조법을 완벽하게 모방함으로써 최고의 품질로 일본 위스키 시장을 구축해 나가고 있다.

토리이 신지로 다케쓰루 마사타카

캐나디안 위스키 Canadian Whisky

캐나다산 위스키의 총칭이며 호밀, 옥수수, 대맥 등을 원료로 만든 블랜디드 위스키이다. 주로 호밀을 많이 사용하는 것이 특징이며, 대표 상표는 크라운로얄, 캐나디안클럽, 블랙벨벳 등이 있다.

Scotch Whisky

Irish Whiskey

Canadian Whisky

American Whiskey

Bourbon Whiskey

Tennessee Whiskey

7 원료에 따른 분류

몰트 위스키 Malt Whisky

보리에 싹을 낸 맥아 Malt 를 이탄(Peat ; 석탄의 일종)으로 건조하여 그 당액을 발효시키고 단식 증류기 Pot Still 로 증류한 후 오크 Oak 통 속에 숙성시켜 만든 위스키로 맛과 향이 강한 것이 특징이다.

Single Malt Whisky

- 싱글 몰트 위스키 Single Malt Whisky

  몰트 위스키 중 단일경작 품종의 보리를 사용하고 단일 증류소의 단일 증류기를 통해 증류해낸 위스키를 뜻한다. 또한 싱글 몰트 위스키의 브랜드에 정관사 'The' 가 붙는 이유는 1824년 의회에서 밀주시대를 마감하고 첫 번째 양조업자로 등록하고 출시한 술이라고 해서 The Glenlivet(그렌리벳은 리벳강의 계곡이란 뜻이다.)에 붙여졌던 것에서 유래 되었다.

Vatted Malt Whisky

배티드 몰트 위스키Vatted Malt Whisky

몰트 위스키를 증류하는 여러 증류소들의 몰트 위스키 증류액을 섞은 것으로 일종의 혼합 몰트 위스키이다. 또한 몰트의 원주끼리 섞는 것을 배팅Vatting이라고 하고 몰트와 그레인을 섞는 것을 블랜딩Blending이라고 구별하여 부른다.

Grain Whisky

그레인 위스키Grain Whisky

발아시키지 않은 호밀Rye, 귀리Oat, 밀Wheat, 옥수수Corn 등의 곡물Grain에다 맥아(보리싹)를 15~20% 정도 혼합하고 당화 발효하여 연속식 증류기Patent Still로 증류한 위스키로 몰트 위스키와 블랜딩Blending하여 블랜디드 위스키로 만들어 낼 목적으로 제조 된다.

Blended Whisky

블렌디드 위스키Blended Whisky

몰트 위스키에 그레인 위스키를 혼합하여 만들며 전 세계 위스키 시장의 가장 많은 부분을 차지하고 있고 몰트 위스키의 원액과 그레인 위스키의 원액을 혼합하는 비율에 따라 다양한 개성을 지닌 또 다른 위스키가 만들어 진다는 매력을 가지고 있다.

Corn Whisky

콘 위스키Corn Whisky

옥수수의 함량이 전체 원료의 80% 이상을 차지하는 위스키로 일반적으로는 안쪽 면이 그을려진 오크통을 사용하는 반면 전혀 태우거나 그을려지지 않은 새 오크통에 숙성한 위스키이다. 그로인해 옥수수의 함량이 높은 버번 위스키에 비해 옥수수 풍미가 강하면서도 부드러운 위스키로 만들어지고 있다.

라이 위스키Rye Whisky

원료 중 호밀이 51% 이상 포함된 곡물로 만들어지며 원액은 80% 미만으로 증류한 뒤 안쪽 면을 태운 새 오크통에 숙성시킨다. 버번 위스키와 비슷한 호박색 색상을 띄지만 버번 위스키에 비해 짙은 맛이 조금 더 난다.

Rye Whisky

8 증류방식에 따른 분류

단식 증류 위스키Pot Still Whisky

단식 증류기는 원형으로 구조가 비교적 단조롭다. 증류 원리가 한 번의 증류를 통해 얻어짐으로서 높은 알코올을 얻을 수가 없어 두 세 번의 추가 단식 증류를 거쳐야만 높은 알코올을 얻을 수 있다. 연속식에 비해 많은 시간과 원가가 든다. 고급 위스키나 브랜디 제조에 사용된다.(스카치 몰트 위스키, 아이리쉬 몰트 위스키)

초창기에 발명된 위스키 증류기

연속식 증류 위스키Patent Still Whisky

19세기에 만들어진 증류기로 단시간에 대량생산이 가능하여 원가를 낮출 수 있으나 원료의 좋은 성분과 향이 거의 남아있지 않아 순수한 알코올에 가까운 것이 단점이다.(아메리칸 위스키, 캐나디안 위스키)

위스키 증류기

스카치 위스키 증류 작업

Tip

숙성된 위스키의 잘못된 표현

OO년 숙성 위스키 : 해당되는 해 만큼 또는 그 이상 오크통에 숙성된 위스키의 경우

- 조니워커 18년
- 그랜피딕 21년
- 발렌타인 30년

OO년산 위스키 : 해당되는 해에 증류한 원액만으로 만들어진 위스키로 싱글 빈티지 위스키를 뜻하는 경우

- 멕켈란 빈티지 1946년산
- 글렌드로낙 1996년산 코리아에디션
- 고든앤맥페일스 스카파 2001년산

9 숙성 정도에 따른 분류

Standard Whisky

스탠다드 위스키Standard Whisky

일반적인 수준의 위스키로 숙성을 4년 이상 7년 이하로 한 경우를 말한다.

Premium Whisky

프리미엄 위스키Premium Whisky

숙성을 12년 이상 한 몰트 위스키와 그레인 위스키를 사용하여 블랜딩한 위스키로 고급 수준의 위스키이다.

Super Premium Whisky

슈퍼 프리미엄 위스키Super Premium Whisky

최고급 수준의 위스키로 17년 이상 숙성된 위스키의 원액만을 사용하여 만든다.

10 위스키의 상표

스카치 위스키Scotch Whisky

- 몰트 위스키Malt Whisky

글렌피딕Glenfiddich, 맥켈란Macallan, 글렌리벳Glenlivet, 글렌모란지Glenmorangie

- 블렌디드 위스키Blended Whisky

발렌타인Ballentine, 시바스리갈Chivas Regal, 커티샥Cutty Sark, 제이엔비J&B, 듀어스Dewar's, 조니워커Johnnie Walker, 로얄 살루트Royal

Salute, 화이트 호스White Horse, 올드파Old Parr

아이리쉬 위스키Irish Whiskey

제임슨Jameson, 올드부시밀Old Bushmills

아메리칸 위스키American Whiskey

짐빔Jim Beam, 와일드터키Wild Turkey, 올드그랜데드Old Grand Dad, 잭다니엘Jack Daniel's, 죠지딕켈George Dickel, 얼리타임스Early Times, 우드포드Wood Ford

캐나디안 위스키Canadian Whisky

캐나디안 클럽Canadian Club, 블랙 벨벳Black Velvet, 올드 캐나다Old Canada, 크라운 로얄Crown Royal, 씨그램 V.OSeagram's V.O

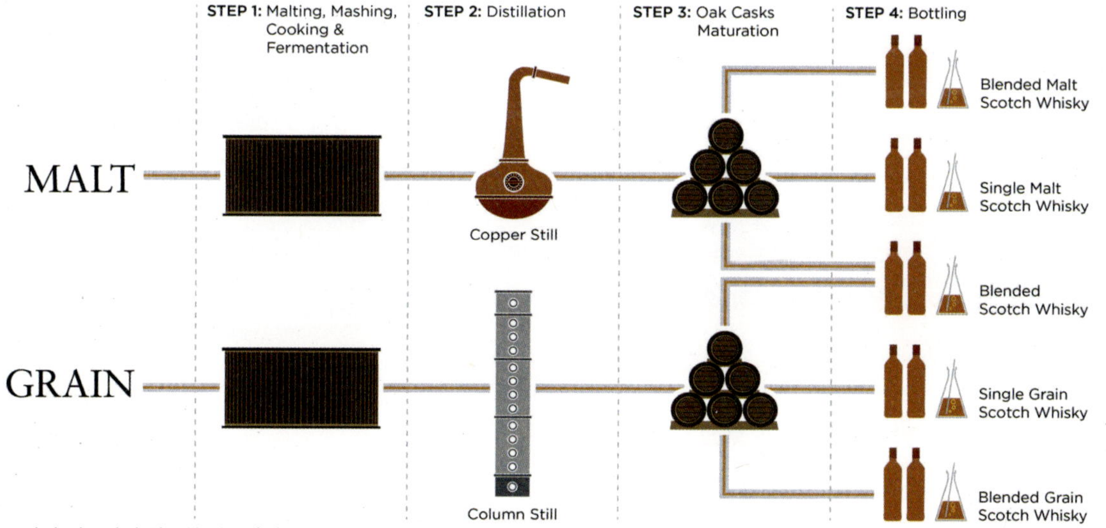

스카치 위스키의 원료별 제조방법

세계 양주 시장의 중심에 선「위스키」

양분화 된 위스키의 영문 표기

위스키는 일반적으로 Whisky라고 표기하는 경우가 많은 편이다. 하지만 어떤 위스키에는 Whiskey라고 표기되어 있기도 하다. 이는 지역에 의한 표기의 차이로 볼 수 있다. 스코틀랜드와 캐나다는 Whisky로 아일랜드와 미국은 Whiskey로 표기상의 차이를 보인다.

지역별 위스키 표시

스코틀랜드는 세계 최대의 위스키 생산자임을 내세워 자신들만의 Whisky라는 표기를 사용하였고 아일랜드는 스코틀랜드와의 위스키 정통성의 차별을 두기 위해 자신들이 위스키의 종주국임을 내세워 whiskey라고 별도의 표기 방법을 사용하게 되었다. 미국은 초창기 아일랜드 이민자들에 의해 위스키 제조기술이 알려지면서 자연스레 아일랜드의 위스키 표기인 whiskey를 사용하게 되었다. 또한 캐나다는 스코틀랜드의 표기법을 따라 Whisky로 표기하여 왔으나 최근 미국과 캐나다 일부 지역을 중심으로 세계 최대 위스키 생산지역인 스코틀랜드의 표기법에 따라 'e'자를 뺀 Whisky로 표기하는 경향도 나타나고 있다.

위스키의 생명주기와 숙성연도의 상관관계

라벨 칼라별로 숙성 정도가 다른 조니워커의 제품 라인업

증류주인 위스키도 발효주인 와인처럼 생명주기가 있다. 보통의 위스키들의 숙성연도가 6년, 8년, 10년, 12년, 15년, 17년, 18년, 21년, 30년 등으로 나누어져 있는 것은 이와 같은 주기가 숙성 대비 맛이 좋기 때문이다. 또한 오래 될수록 품질이 좋고 맛이 좋은 위스키가 탄생하느냐에 대한 부분은 많은 학자들에 의해 각기 다른 의견이 나오고 있다. 위스키는 보리의 질, 피트향, 발효정도, 증류기술, 숙성방법 등에 따라 품질이 정해지고 숙성기간은 오래 될 수 록 희소가치가 높아질 뿐 18년 이상의 숙성이 진행 될 경우 품질의 상승은 일어나지 않는다고 말하고 있다.

숙성 정도를 숫자로 표기하는 그렌리벳 제품의 라인업

장기 보관이 위스키의 맛과 품질에 미치는 영향

발효주인 와인은 병입 된 이후에도 맛의 변화에 여지가 남아 있다. 하지만 증류주인 위스키는 병입 된 이후엔 맛의 변화가 일어나지 않는다. 간혹 12년 숙성의 위스키를 구입해서 10년이 지난다면 22년 숙성 된 완제품 위스키의 맛과 가치에 버금가지 않을까 궁금해 할 수도

가격 세계5위, 현존 최고령(최소160년 전) 병입 위스키 그렌아봉(Glenavon) 하일랜드 싱글 몰트위스키

있겠지만 절대 그렇지는 않다. 만약 맛의 변화가 일어났다면 첫째 직사광선의 노출, 둘째 위스키 마개의 부식 또는 불량, 셋째 모조품일 가능성에 의한 맛과 품질의 저하만이 있을 뿐 좋은 변화는 기대할 수 없다.

오크통의 크기에 따른 명칭의 차이

오크통은 크기가 크면 담고 있는 증류 원액의 양도 많아지므로 숙성의 속도가 늦춰지고 크기가 작으면 숙성 속도도 그만큼 빨라지며 증류 원액을 담아 낼 수 있는 용량의 차이에 따라 오크통의 명칭을 구분해서 부르고 있다.

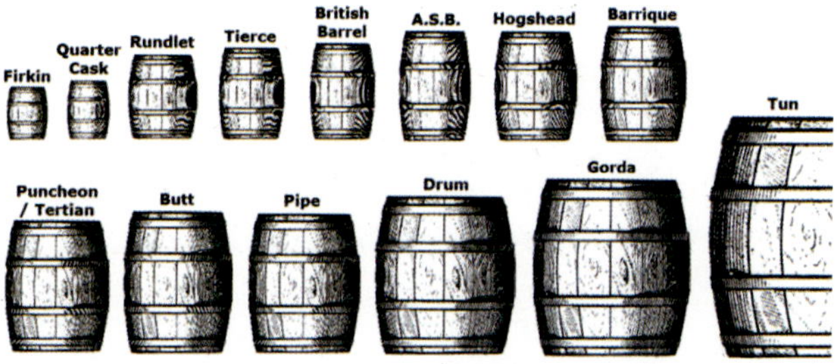

오크 배럴(Oak Barrel) 사이즈별 명칭

* 600리터 : 고르다Gorda 또는 보데가 버트Bodegta Butt
* 500리터 : 파이프Pipe
* 500리터 : 버트Butt – 주로 쉐리 오크로 사용
* 460리터 : 덤프 펀첸Dump Puncheon
* 250리터 : 혹스헤드Hogshead – 주로 위스키 오크로 사용
* 200리터 : 배럴Barrel – 주로 미국산 오크로 사용
* 82리터 : 킬더킨Kilderkin 또는 킨켄Kinken
* 45~80리터 : 쿼터Quarter 또는 퍼킨Firkin
* 40리터 : 앵커Anker
* 22.5리터 : 옥타브Octave

다양한 위스키 마개의 형태

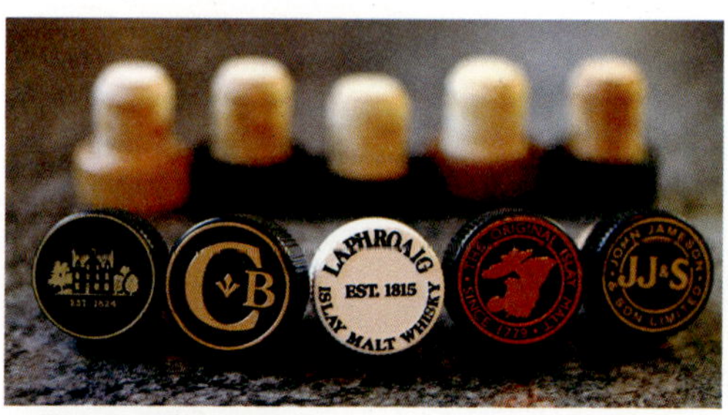

고급 코르크캡(Cork Cap)

위스키는 그 병에 담겨진 위스키의 발효, 증류, 숙성, 제조 등의 특성을 고려하여 세 가지 마개 중 하나를 선택하여 사용된다.

첫째로 코르크 마개이다. 코르크는 마치 와인만의 특별한 마개인 것으로 알고 있지만 사실 맛과 향의 유지를 통한 품질의 관리를 위해 고급 증류주에서도 사용되고 있다. 위스키의 코르크 마개는 와인의 보관과 같이 장기간 보관할 경우 코르크가 마르면서 수축이 일어나 외부 공기가 유입됨은 물론 위스키가 가진 알코올과 향이 증발 될 수 있으므로 눕혀서 보관하는 것이 좋다. 하지만 오랜 시간 눕혀서 보관할 경우 코르크가 물러져 오픈 시 으스러져 버리는 경우가 발생할 수 있으며, 그와는 반대로 대다수의 사람들은 고가의 위스키를 장식의 일부로 세워서 진열해 두기 때문에 마개가 건조해져 알코올과 향의 보존이 어려워지는 것은 물론 오픈 시 코르크가 부서지는 경우도 발생할 수 있다.

한국 위스키는 대부분 구알라 캡

키퍼 형태의 구알라 캡

일반 형태의 트위스트 캡

두 번째는 트위스트 캡Twist Cap으로 저렴하게 제작할 수 있으면서도 누구나 손쉽게 열고 닫을 수 있다는 강점을 가지고 있으며 다른 마개들과는 달리 알코올과 향의 손실도 거의 일어나지 않아 가장 대중적으로 많이 사용되는 마개의 방식이다.

세 번째로 구알라 캡Guala Cap은 일명 위조방지 마개라고 불리며 중국 또는 동남아 관광지를 중심으로 선호도가 높은 제품에 사용할 목적으로 개발된 마개이다. 이것은 위조방지는 물론 원병에 다른 술을 추가해 눈속임 할 수 없게 만들어 국내외 비즈니스형 주점에서 많이 판매되는 제품에 주로 쓰이고 있다.

몰트 위스키와 블렌디드 위스키의 품질비교

아메리칸 몰트위스키 제조과정

몰트 위스키는 보리로만 만들어지는 위스키를 말한다. 그로인해 강한 개성과 독특한 맛과 향을 지닌 위스키로 평가 받고 있고 블렌디드 위스키는 보리에 그레인이 혼합되어진 위스키로 몰트 위스키와는 다르게 복합적이면서 대중들에게 편안하게 다가갈 수 있으며 제품 간의 격차가 몰트 위스키에 비해 상대적으로 적은 편이다. 하지만 시중에 판매되고 있는 위스키의 가격대는 같은 연도의 숙성일 경우 몰트 위스키가 블렌디드 위스키에 비해 높은 가격에 판매되고 있어 가격 대비해서 맛과 향을 비롯한 품질면에서 몰트 위스키가 블렌디드 위스키 보다 좋은 위스키인 것으로 보여 질 수 있지만 개인적 취향의 차이에 의한 분류가 되어 질 뿐 반드시 그렇진 않다.

위스키의 성지처럼 불리는 스코틀랜드의 속담에 '이 세상에 나쁜 위스키는 존재하지 않는다. 단지 좋은 위스키와 더 좋은 위스키만이 존재할 뿐이다.' 라는 말이 있듯이 한 방울 한 방울 소중하게 만들어진 위스키의 좋고 나쁨의 가치를 논하는 것은 무의미하며 자신이 아끼고 사랑하는 제품만이 더 좋은 위스키로 비쳐질 것이다.

불법 제조자들이 만들어낸 문샤인

위스키 불법 제조업자(Moonshine)

문샤인Moonshine은 불법적으로 생산되는 높은 도수의 증류주를 일컫는 용어이다. 다른 말로는 화이트 라이트닝White Lightning, 마운틴듀Mountain Dew, 후치Hooch, 홈브루Homebrew, 화이트위스키White Whisky라고도 불린다. 문샤인은 주로 옥수수를 주원료로 해서 만들어진다. 그리고 문샤인이라는 단어는 과거 영국의 밀수꾼을 의미하는 문레이커Moonraker에서 파생된 용어로 추정된다. 또 미국의 애팔래치아 산맥에 있는 불법적인 증류소들에서 비밀리에 불법적으로 생산하고 유통되어지는 특징을 반영해서 붙여진 말로 여겨지고 있다. 눈에 띄지 않기 위해 불법 증류가 밤에 이루어졌었던 것이다. 문샤인은 특히 애팔래치아 산맥을 끼고 있는 지역에서 번성했다. 문샤인 제조업자들이 1700년대에서 1800년대 초기에 이 지역

1922년 달빛에 의지한 밀주 제조

으로 들어간 것으로 추정되고 있으며 그들은 스코틀랜드와 아일랜드계 이민자들로 그들의 전통적인 레시피를 가지고 이 지역에서 문샤인을 제조하였다. 특히 이들은 숙성Aging을 하지 않았는데 무 숙성 원칙은 이후 애팔래치아 지역 고유의 전통이 되었다.

20세기 초 문샤인은 애팔래치아 지역에 거주하는 사람들의 주요 수입원이 되었다. 이 지역은 도로 사정이 매우 열악해 수확한 옥수수를 운반하기가 무척 어려웠는데, 옥수수로 만든 화이트 위스키는 말 한마리가 싣고 운반할 수 있는 같은 무게의 옥수수보다 10배 이상의 값을 받을 수 있었기 때문이다.

현대에 이르러서 문샤인은 불법적으로 제조되는 술을 의미하는 대명사처럼 쓰이게 되었지만, 최근 일부 브랜드가 전통적인 방법을 유지하여 문샤인의 풍미를 그대로 간직하면서 합법화하여 상표로도 사용되기도 한다.

주로 밤을 이용해 불법 제조하는 화이트 라이트닝(White Lightning)

국내에서 생산하지 않는 국산 위스키

위스키의 원산지를 대한민국으로 인정받기 위해서는 발효, 증류, 숙성 등의 과정을 국내에서 진행해야 한다. 그렇다면 국산 위스키라고 불려온 위스키들은 어떤 이유에서 국산으로 불리게 된 것일까? 위스키 원액 100%를 수입해 병입한 경우, 몰트 원액 30%를 수입해 국내에서 희석하고 병입한 경우, 아예 스코틀랜드에서 국내 판매 목적으로 계약을 통해 생산해 완제품 형태로 수입한 경우의 3가지가 있다. 최종적으로 국내 브랜드로 옷을 입혀 국내에서만 판매했기 때문에 누구도 국산 위스키임에 의심의 여지가 없었을 것이다.

추억의 한국위스키 썸싱스페셜 (Something Special)

우선 우리에게 익숙한 임페리얼, 윈저, 스카치블루는 100% 스코틀랜드산 위스키 원액으로 만들어진다. 우리나라 사람들의 입맛에 맞춘 수입 완제품인 것이다. 행여나 국산으로 오인할까 하는 노파심에선지 광고에도, 라벨에도, 심지어 병 목에까지 여기저기 100% 스코틀랜드산 원액을 사용했단 걸 강조한다.

한국의 위스키 시장 발전사를 돌이켜보면 국산 위스키가 아주 없었던 것은 아니다. 오히려 지난날 우리는 위스키 생산의 '정석'을 밟고 있는 나라 중 하나였다. 시작은 보리를 가지고 술을 만드는 것이 가능해진 1970년대부터다. 위스키 수입이 금지되어 있던 시절, 스코틀랜드에서 수입한 몰트위스키 원액을 30%가량 함유한 국내 첫 위스키가

국내 최초의 한국 양주 캡틴 큐(Captain Q)

국내 로컬 위스키 시장의 양대산맥 임페리얼(Imperial)과 윈저(Windsor)

이 땅에 빛을 발했다. 지금도 유행가 노래에 자주 등장하는 도라지 위스키나 인삼 위스키가 등장한 것도 이때다. 쉽게 말해 스코틀랜드산 원액에 인삼주를 섞은 우리만의 위스키가 존재했던 것이다. 1983년엔 정부까지 나서 '국산 위스키 개발 계획'을 수립하기도 했다. 일본 위스키가 1964년 도쿄 올림픽에서 인기를 끌자 우리도 서울 올림픽을 대비해 우리의 위스키를 만들어보자는 취지였다. 그리고 이내 이 땅에 위스키 증류소들이 세워지기 시작했다. 최초의 한국산 몰트 원액이 생산되던 역사적 순간이었다. 이듬해엔 국산 대맥을 원료로 한 그레인위스키 원액을 제조했다. 그리고 그로부터 5년 뒤인 1987년 3월 1일 국내에서 생산된 원액을 사용한 위스키 '디프로매트'와 '다크호스' 그리고 '베리나인 골드'가 출시되기에 이른다. 국산 몰트 원액 9%와 국산 그레인 원액 28%, 주정 21%를 블렌딩 한 이 술을 우리는 '국산 특급 위스키'라 불렀다. 당시엔 100% 국산 위스키를 만들기에는 원액의 비축량이 모자랐기에 1989년까지 차차 국산화를 이룩하겠단 당찬 포부도 발표했다. 그런데 시장의 반응은 기대와는 전혀 달랐다. 주세가 높아 수입 원액을 사용한 위스키와 가격 차이가 적었고, 결정적으로 맛이 없었다. 겨우 3년 숙성의 몰트 원액으로 만든 위스키였으니 그럴 만했다. 거기에 설상가상으로 1989년 시바스리갈, 조니워커 등의 위스키 완제품이 수입되면서 판매량이 급격하게 떨어졌다. 결국 한국산 위스키는 1991년, 장기 숙성에 따른 재고 부담, 외국 수입 원액과의 가격 차이 등을 이유로 시작 5년 만에 원액 생산을 포기하기에 이른다.

국내 100% 스카치위스키임을 내세웠던 한국 브랜드 패스포트(Passport)

1억5천만원, 50년 숙성, 12병 한정판 한국위스키 윈저 다이아몬드 주빌리 (Windsor Diamond Jubilee)

02 브랜디(Brandy)

1 브랜디의 정의

포도주를 증류한 것은 보통 브랜디라 부르고 기타 원료를 사용한 것은 브랜디 앞에 과실이름을 붙인다. 좁은 의미로는 포도를 발효한 후 증류한 술이고 넓은 의미로는 모든 과실주를 발효 증류하여 만든 술이며, 주세법에선 과실주 지게미를 포함한 주류를 증류하여 나무통에 넣어 저장한 것으로 정의하고 있다.

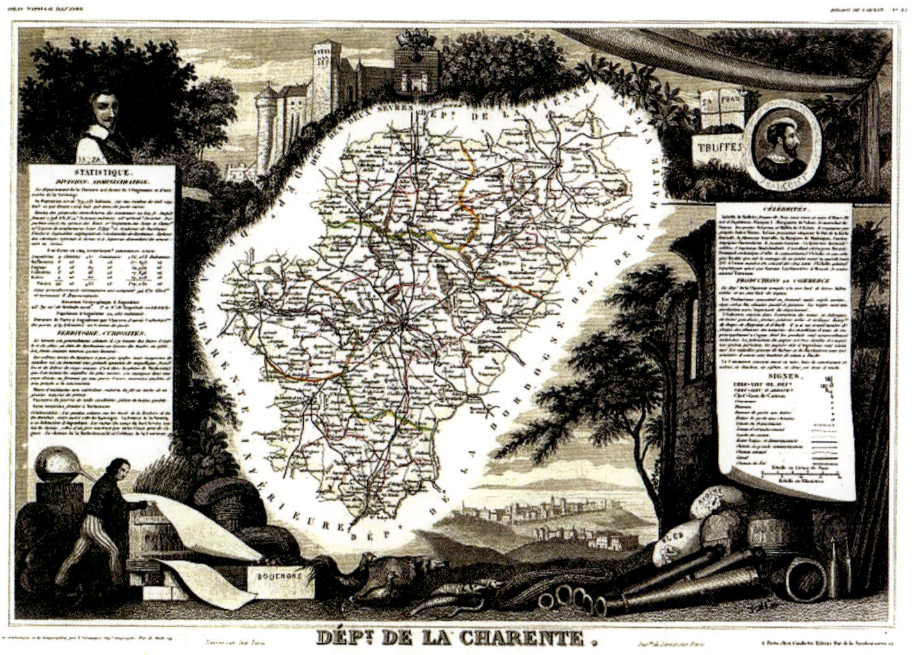

프랑스 꼬냑 및 와인 생산지역(France Cognac and Pineau Wine Region 1852)

2 브랜디의 어원

증류된 브랜디의 테이스팅

14세기경 연금술사가 와인을 증류하여 만들어 낸 것이 브랜디의 시초인데 이 술을 반 브루레Vin Brulle, Eau-de-Vie라고 불렀다. 이것을 네덜란드 상인이 직역해서 브란데웨인Brand-wijn이라고 이름지어 유럽에 널리 판매되었고 그것이 영국이나 프랑스에서 브랜디Brandy라고 불려지게 되었다.

3 브랜디의 역사

12세기경 이탈리아의 연금술사들에 의해 시작하여 13세기경 독일, 프랑스, 스페인 등의 연금술사가 증류해 낸 'Aqua Vitae(생명의 물)' 에 기원을 둔다.

프랑스 아르마냑 지방에서 발견된 문헌에 따르면 1411년에 이 지방에서 '생명의 물' 을 증류했다는 기록이 있다.

16세기에는 프랑스 각 지역(보르도, 파리, 알사스 등)에서도 증류하기 시작하였고 17세기에 이르러 프랑스 꼬냑 지방에서는 '오드비 드 뱅Eau-de-Vie de Vin' 으로 불리어 졌고 종교전쟁으로 인한 포도밭이 황폐되어 포도 품질이 좋지 않음으로 Wine을 증류하기 시작하여 현재와 같이 통에 저장 숙성하게 되었다.

4 브랜디의 원료

브랜디의 원료는 모든 과일이나 일반적인 브랜디의 원료는 포도이다. 세계적으로 가장 많이 사용되는 원료가 포도이기 때문인데 그렇다고 해서 다른 포도 이외의 과일로는 만들지 못하는 것이 아니다. 대표적인 과일로는 사과, 체리, 배, 살구 등이 있다. 포도를 원료로 만들 경우 브랜디Brandy라고만 표기 하지만 다른 과일로 브랜디를 만들 경우엔 사용된 과일의 이름을 브랜디라는 명칭 앞에 붙여서 사용한다. 예를 들어 사과로 브랜디를 만들었을 경우 애플 브랜디Apple Brandy라고 표기하면 된다.

5 브랜디의 제조

코냑Cognac

• 포도를 수확하여 알콜도수 7~8%의 White Wine을 만든다.

Cognac

- 다음해 3월말까지 증류를 완료(독특한 단식 증류기로 2번 증류)한다.
- 증류된 술은 화이트 오크통White Oak Cask에 저장 숙성된다.
- 오래된 원주에 오래되지 않은 신주를 블랜딩Blending한다.

아르마냑Armagnac

- 반 연속식 증류기로 1회 증류한다.(단식 증류법과 연속 증류법을 절충한 반연속 증류기)
- 블랙오크통Black Oak Cask에 저장 숙성시킨다.

Armagnac

6 브랜디의 분류

프랑스 브랜디France Brandy

코냑Cognac

프랑스 Cognac지방에서 A.C법의 규격에 맞게 생산되는 Brandy만을 코냑이라 부를 수 있다. 포도 품종으로는 쌩떼밀리옹St.Emilion 유니블랑Ugni Blanc을 사용한다. 토질의 영향을 받아 이곳 포도는 고산도 저당도이다.

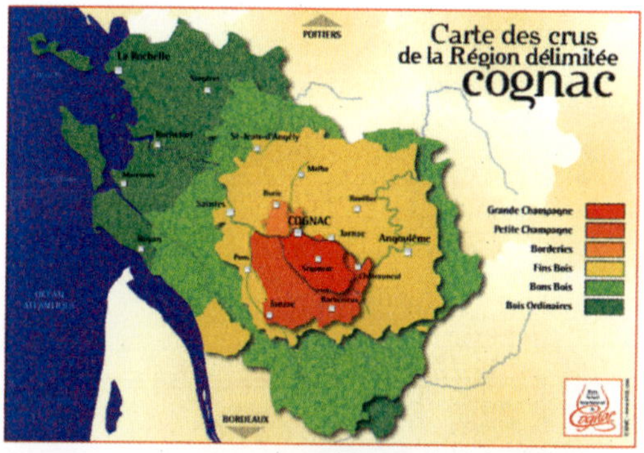

프랑스 꼬냑 지역 브랜디 지도

A.C법에 따라 6개 지역이 지정되어 있다.

- 그랑드 샹파뉴Grande Champagne : 최고급으로 석회질이 가장 많이 함유되어 있는 지역이며, 가장 우수한 코냑을 생산하는 곳이다. 브랜디의 향은 높고 전체적인 맛은 진하며 오랫동안 저장 숙성을 한다.
- 쁘띠뜨 샹파뉴Petite Champagne : 그랑드 샹파뉴 지방과 견줄만한 훌륭한 코냑을 생산하는 지역으로 부드럽고 은은한 맛을 내며,

꼬냑 알람빅 증류기

꼬냑 단식 증류기

아르마냑 브랜디 지도

장기간 숙성은 하지 않는다.

- 보르드리Borderies : 맛이 짙고 발랄하며, 매우 끈기가 강하고 저장 숙성기간이 짧다.
- 팽 부아Fins Bois : 약하고 젊은 느낌을 주는 경쾌한 코냑이며, 단기간의 숙성을 한다.
- 봉 부아Bons Bois : 술의 맛과 향은 가볍고 같은 종류의 술에 블랜드 용으로 사용하며, 고급품에는 사용하지 않는다.
- 부아 오디네르Bois Ordinaires : 보통급으로 거의 대부분이 모래땅으로 좋은 제품은 없으며, 같은 종류의 술에 블랜드시킬 때 사용한다.

아르마냑Armagnac

프랑스 아르마냑 지방에서 A.O.C법에 준하여 생산되는 브랜디이다.
포도 품종은 쌩 떼밀리옹St.Emilion 유니블랑Ugni Blanc을 주로 사용하고 그 외 몇 개 품종이 허가 되어있다.
저장연수표시는 Cognac에 준하여 사용하고 있다.

A.C법에 의하여 지정된 구역

- 바 사르마냑Bas-Armagnac : 에오즈를 중심으로 부드럽고 은은한 향의 브랜디가 생산된다.
- 오 타르마냑Haut-Armagnac : 바다로부터 멀리 떨어져 있는 지역으로 여기에서 재배된 포도로 만든 와인이나 브랜디는 일반적으로 평범하다.
- 떼나레즈Tenareze : 콘돔Condom지역이 중심지로 생산되는 브랜디는 향이 높고 강한 맛이 있어 부드러운 바 사르마냑의 브랜디와 섞어 밸런스가 좋은 아르마냑을 생산한다.

피느 샹파뉴Fine Champagne

그랑드 샹파뉴의 원주 50% 이상에 쁘띠뜨 샹파뉴를 블랜딩한 제품이다.

프렌치 브랜디French Brandy

코냑Cognac, 아르마냑Armagnac 지역을 제외한 거의 모든 지역에서 생산되는 포도로 만든 브랜디를 총칭하며, 코냑Cognac, 아르마냑Armagnac 주변 또는 기타 지역에서 생산 된다. 증류는 주로 연속식 증류기를 사용하며, 숙성은 단기간하고 오래 숙성하여도 품질 향상은 기대하기가 어렵다. 일반적이고 저렴한 브랜디Brandy이다.

French Brandy

오드비 드 뱅Eau-de-vie de Vin

A.R법에 의하여 국내 유명와인 산지의 잉여와인을 증류한 브랜디(12개 생산지를 지정)이다.

Eau-de-vie de Vin

오드비 드 마르Eau-de-vie de Marc

A.R법에 의하여 와인을 만들 때 압착과정 후 포도를 여과시키고 남은 포도 찌꺼기를 재발효시켜 증류하여 만든 브랜디(13개 생산지 지정)로 '마르' 라고 한다. 생산지명을 표기하지만 부르고뉴Bourgogne, 샹파뉴Champagne 지방은 없다.

Eau-de-vie de Marc

독일 브랜디German Brandy

바인브란트Weinbrand

85% 이상을 서독에서 증류한 것으로 고급품이다.(의무적으로 6개월 이상 숙성)

Weinbrand

우어알트Uralt

1년 이상 숙성한 것으로 우수하다.

Uralt

Italian Brandy

Grappa

이탈리아 브랜디Italia Brandy

이탈리안 브랜디Italian Brandy

숙성 기한은 3년을 의무로 하고 있으며, 단식 · 연속식 증류기를 병행하여 사용한다.

그라파Grappa

이탈리아에서 제조되며, 프랑스의 마르와 같이 와인을 만들고 남은 찌꺼기로 만든 브랜디로 숙성하지 않아서 투명하다.

Spain Brandy

스페인 브랜디Spain Brandy

스페인은 증류 기술이 오래된 나라로 와인을 양조하고 남은 부산물로 제조하는 것이 일반적이며, 향이 풍부한 것이 특징이다. 또한 대표적인 강화주인 쉐리 와인Sherry Wine을 만들 때 스페인 브랜디를 첨가하여 만든다.

포르투갈 브랜디Portugal Brandy

스페인과 마찬가지로 와인을 양조하고 남은 부산물로 제조하는 것이 일반적이며, 대표적인 강화주인 포트 와인Port Wine을 만들 때 포르투갈 브랜디를 첨가하여 만든다.

Portugal Brandy

아메리칸 브랜디American Brandy

약 200년 전 스페인의 신부가 캘리포니아California 지역으로 선교 차 오면서 전해왔으며 연속식 증류기를 사용하여 만든다. 중저가의 대중적인 브랜디가 많이 생산된다.

American Brandy

기타 과일 브랜디Eau-de-vie

Calvados

Eau-de-Vie de Cidre

칼바도스Calvados

프랑스 노르망디Normandy지역에서 생산되는 애플 브랜디Apple Brandy이며 향미, 향기가 좋다.

아펠라시옹 꽁뜨롤레 깔바도스 뒤 뻬이도쥐Appellation Controlee Calvados du Pays d'Auge법에 따라 통제 관리하에 생산된 것에 한하여 Calvados라고 표기한다. Apple Brandy(미국산), Apple Jack Brandy(영국산), Calvados Brandy(프랑스산) ; 사과가 주원료이다.

오드비 드 시드르Eau-de-Vie de Cidre

프랑스 내 칼바도스를 제외한 사과를 발효 증류한 술이다.

Apple Brandy

Kirsch

애플 브랜디Apple Brandy

사과를 발효하여 증류한 브랜디이다.

키르쉬Kirsch

체리를 발효하여 증류한 브랜디로 프랑스산이다.

Kirschwasser

키르쉬바서Kirschwasser

체리를 발효하여 증류한 브랜디로 독일산이다.

그 외에 배Pear, 나무딸기Raspberry, 살구Apricot 등의 Brandy가 있다.

브랜디 데우기

숙성 중인 브랜디

브랜디 오크통 태우기

7 브랜디의 등급

코냑 브랜디에 처음으로 별표의 기호를 사용한 것은 1865년 헤네시Hennessy사가 자기 회사 제품의 품질보증을 위하여 숙성기간에 따른 등급을 표시하기 시작하면서 부터이다. 회사마다 표시에 따른 숙성 연도가 다르지만 일반적인 표기 방법은 다음과 같다.

브랜디 숙성도의 표시

- V : Very
- O : Old
- S : Superior
- P : Pale
- X : Extra

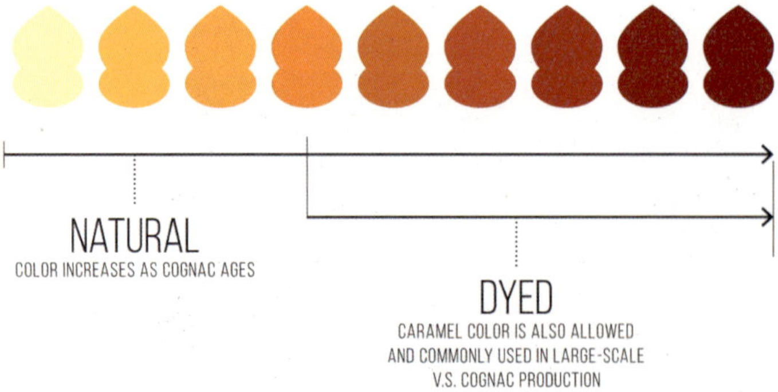

숙성기간에 따른 (년도)표시방법

- ★ : 1년 이하
- ★★ : 2년
- ★★★ : 3년
- ★★★★★ : 4년
- V.O(Very Old) : 5~6년
- V.S.O(Very Superior Old) : 7~8년
- V.S.O.P(Very Superior Old Pale) : 10~12년
- Napoleon : 15~17년
- X.O(Extra Old) : 21~25년
- EXTRA : 30년 이상

8 브랜디의 상표

코냑Cognac

- 마르텔Martell
- 헤네시Hennessy
- 까뮈Camus
- 오타르Otard
- 라센Larsen
- 폴리냑Polignac
- 비스키Bisquit
- 크로아제Croizet
- 하디A. Hardy
- 꾸르부와지에Courvoisier
- 하인Hine
- 레미 마르땡Remy Martin

대표적인 꼬냑 제품들

아르마냑Armagnac

- 마리약Malliac
- 마르끼 드 비브락Marquis De Vibrac
- 쟈노Janneau
- 몽테스키Montesquiou
- 샤마랑스Samalens
- 상뻬Sempe 샤보트Chabot
- 레인Reine
- 클레 드 듀크Cles Des Ducs

빈티지 아르마냑 브랜디

와인을 넘어 세계적인 증류주로 자리잡은 「브랜디」

유럽의 대표 증류주 브랜디의 탄생.

위스키의 경쟁자가 된 브랜디

브랜디와 위스키의 공통점으로 들 수 있는 것은 탄생과정이다. 브랜디는 13세기 연금술사들에 의해 제조되기 시작했다고 알려져 있으며 위스키는 14세기경 아일랜드 수도사들에 의해 증류가 시작되었다는 기록이 있다. 증류기술이 전파되기 시작하면서 과일이 잘 자라는 지역은 브랜디가, 곡물을 주로 생산하는 지역에는 위스키가 자연스럽게 발달하게 된 것이다. '증류'라는 신기술을 통해 함께 생겨날 수 있었던 술들인 셈이다. 또한 두 술 모두 처음 만들어 졌을 당시에는 그 쓰임이 술이 아닌 '약'이었으며 종교 또는 주술 행위를 하는데 사용되기도 했다.

그렇다면 브랜디가 위스키와 다른 특징은 무엇일까? 곡물이 원료인 위스키와는 달리 브랜디는 과실을 원료로 발효하여 만든 술을 증류하여 만든다. 브랜디의 본래 이름은 브랜디와인Brandywine으로, '불에 구운 와인Burnt Wine'을 뜻하는 네덜란드어 '브란데베인Brandewijn'에서 유래한 것이다. 구운 와인이라는 말에서 알 수 있듯이 처음에는 포도주를 증류한 것만을 가리키다가 과실주를 증류한 술을 가리키는 말로 확장되었다. 하지만 일반적으로 브랜디라고 하면 포도주를 증류한 것을 가리키는 경우가 많다. 특히 브랜디는 숙성을 통해 생성되는 알데하이드, 지방산, 오일, 페놀 등이 함께 어울려 풍미를 만드는 요소들을 통칭하는 칸저너Congener가 위스키의 10배에 이르는 술로 향의 강도가 위스키를 비롯한 다른 숙성 증류주Yellow Spirits에 비해 상대적으로 높은 술이기도 하다.

브랜디의 대명사로 불리게 된 코냑Cognac.

프랑스 중서부의 코냑 지방은 로마시대 때부터 와인으로 유명한 인접지역인 보르도 지방의 유명세에 와인에 있어서는 다소 아쉬운 평가를 받기도 했다. 보르도 와인이 최상품으로 평가돼 온 데 비해 코냑의 와인은 천대받아 왔기 때문이다. 17세기 유럽이 신대륙을 한창 개척할 무렵 와인의 수요가 급증했고 누구나 필수품으로 와인을 가져가길 원했기 때문에 보르도의 와인은 그 가치를 높이 인정받을 수 있었다. 이때 코냑의 와인은 저급품으로 분류돼 재고가 늘어갔고 궁지에 몰린 코냑의 와인 상인들은 와인을 이용한 새로운 형태의 술 개발에 연구를 거듭하기 시작한 끝에 증류와 숙성을 통해 코냑 지역만의 특별한 브랜디를 생산하기에 이른다. 코냑의 브랜디는 부드러운 향과 깊은 맛의 조화가 훌륭했으며, 그로인해 18세기부터 코냑에는 규모가 큰 증류소가 설립되기 시작해 오늘날까지

브랜디라는 명칭보다 더 알려진 코냑(Cognac)

그 전통이 이어지고 있다.

코냑 지방에서 가장 역사가 깊은 브랜디 회사는 마르텔과 헤네시다. 마르텔은 1715년 코냑에서 설립돼 8대에 걸쳐 가업이 전승된 회사로 코냑 브랜디를 세계적인 고급주로 개척한 주인공이다. 이 회사는 세계 최대 규모의 브랜디 회사로 1990년대부터는 브랜디 시장의 30% 이상을 점유하고 있으며 그 중심에는 마르텔Martel과 코르동 블루Cordon Blue와 같은 제품이 있다. 또한 루이 14세의 근위병이던 헤네시는 1765년 최초로 유리병을 이용해 제품을 개발한 회사로 라벨에 코냑이라는 지명을 전면에 표기함으로서 오늘날 코냑이 브랜디의 대명사로 자리매김하게 만든 주역이다.

마르텔(Martell)사의 대표 제품
코르동 블루(Cordon Bleu)

헤네시(Hennessy)사의 증류소

코냑과 함께 브랜디의 양대 산맥으로 평가되는 아르마냑Armagnac.

아르마냑은 프랑스 남부 스페인 접경 지역의 피레네 산맥 근처에 위치해 있는 프랑스 브랜디의 두 번째 유명 생산지역이다. 아르마냑 지역의 포도와 코냑 지방의 포도는 품질이 유사해 증류에 적합하다고 알려져 있다. 단지 아르마냑에서는 반 연속식 증류기를 개발해 1회 증류하는데 비해 코냑에서는 전통적인 2회의 단식 증류를 하고 있다. 코냑과 또 한 가지의 현격한 차이는 코냑 브랜디가 화이트 오크로 숙성을 하는데 비해 아르마냑 브랜디는 블랙 오크로 숙성한다는 점이다. 이런 차이로 아르마냑 브랜디의 향미는 비교적 가벼우며 신선하며 그 특징은 아르마냑의 대표 회사인 샤보Chabot의 제품에서 쉽게 느껴 볼 수 있다. 프랑스 브랜디 시장에서의 아르마냑은 코냑보다 늦게 출발하긴 했지만 지역 생산자들 간의 협업을 통해 품질관리가 잘 되어져 오늘날 세계 브랜디 시장에서 코냑과 함께 양대 산맥으로 인정받고 있다.

브랜디 단식증류기(Pot Distillation)

03 진(Gin)

1 진의 정의

네덜란드에서 약용으로 만들어진 술로 보리, 밀, 옥수수 등과 당밀을 혼합하여 증류 한 후 주니퍼베리Juniper Berry를 착미하여 만드는 솔향이 나는 증류주이다. 이뇨작용을 하는 약으로 시작하여 영국과 미국을 거치면서 전 세계인의 대중적인 술로 사랑받고 있으며 주니퍼베리 이외에 안젤리카Angerica, 코리엔더올리스Coriander, 리콜리스, 레몬 껍질, 오렌지 껍질 등이 첨가되어 특유의 향을 낸다.

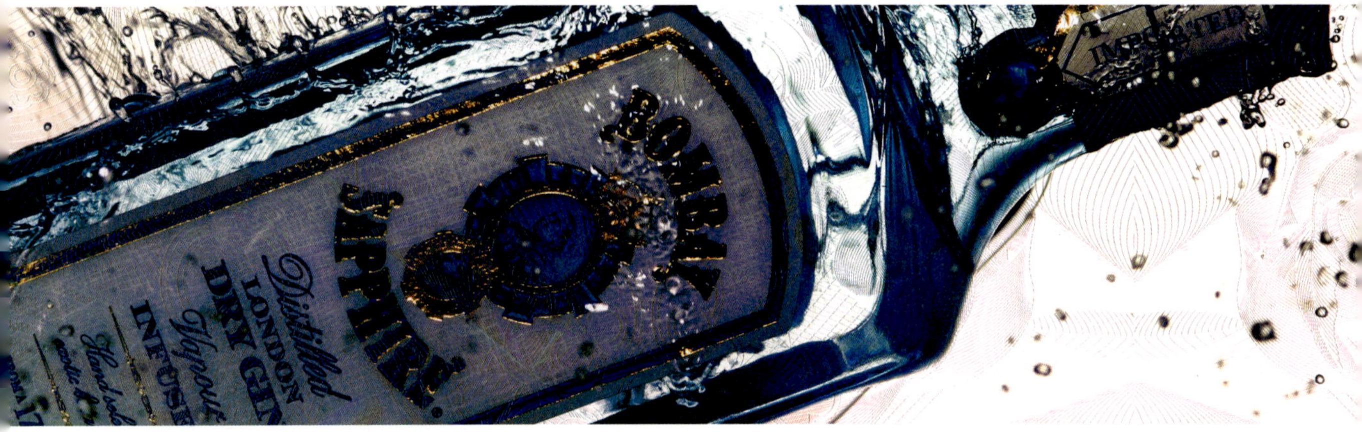

런던의 진 전문 매장

2 진의 어원

주 원료인 주니퍼베리를 뜻하는 프랑스어 즈니에브르Genievre라는 명칭을 붙이고 약국에서 팔게 한 것이 진의 시초이며 길고 흐린 날이 많은 네덜란드 사람들에게 스위스 제네바에서 온 술이라하여 제네바 와인Geneva Wine이라고 불리기 시작했고 술로서 사랑 받았으며 17세기 말 네덜란드를 통해 영국으로 전해지면서 진Gin이라는 이름으로 불리기 시작하였다.

영국의 왕과 귀족들

3 진의 역사

진 제조 공장

네덜란드

1660년경 네델란드의 라이덴Leiden대학 의학교수인 프란시스쿠스 실비우스Francisscus Sylvius에 의해 열대성 열병 치료약으로 개발 되었다.

네덜란드 선원들에 의해 두송자Juniper의 불어인 '쥬네브레Genievre'에서 생겨난 말로 처음에는 제네바Geneva, Jenever라고 불렸으며, 이뇨제로 약효가 있는 쥬니퍼베리Juniperberry를 Spirit에 넣었다가 재증류하여 진을 만들었다.

영국

드라이 진의 흥행을 가져온 런던

네덜란드에서 종교전쟁에 참가한 영국 병사들이 귀향하면서 제네바를 가지고 들어와 영국에 전파되었다. 이때부터 London Dry Gin이라고 이름이 바뀌게 되었다.

1831년 연속 증류기가 발명되면서 진의 대량 생산이 가능해졌다.

미국

미국에 전파되면서 칵테일의 기주로서 애용되면서 대중화가 이뤄졌다.

4 진의 원료

곡물(밀, 옥수수, 보리)을 원료로 하여 만든 발효주를 증류시켜서 만들어낸 증류주에 노간주나무 열매Juniperberry(두송자)와 코리엔더, 안젤리카, 아몬드, 레몬껍질 등의 향미 성분을 첨가하여 다시 증류시켜서 만든다.

진의 주원료인 주니퍼베리

5 진의 제조

보리, 밀, 옥수수를 발효, 증류한 다음 쥬니퍼베리Juniperberry를 첨가한 후 다시 증류해서 만든다. 이때의 주정은 40~45%로 하여 즉시 병입 한다.

대체적으로 저장, 숙성하지 않지만 일부 숙성하는 제품이 있는데 이것은 순하고 부드럽다.

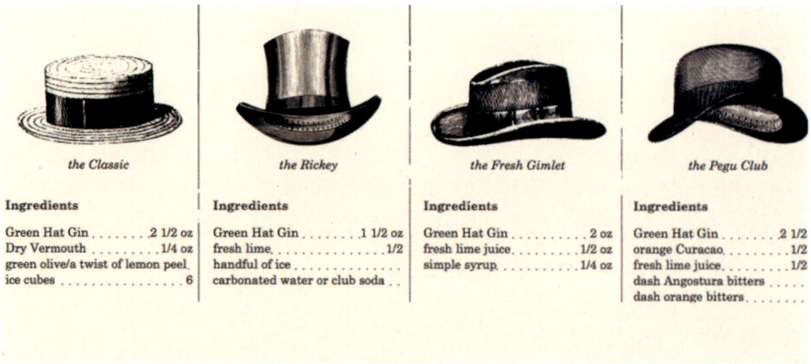

영국 런던에서 유행했던 진 베이스 클래식 칵테일 레시피

6 진의 분류

네덜란드 진Holland Gin, Geneva Gin

Holland Gin

맥아와 호밀의 비율을 1 : 2로 혼합하여 단식증류법으로 2~3회 증류하고 쥬니퍼베리Juniperberry를 넣고 다시 증류해서 만든다. 향미가 짙고 곡물의 냄새와 맛이 남아 있어 무거운 맛과 향을 가지고 있는 것이 특징이며, 네덜란드인은 쥬네바Genever라 부른다.

런던 드라이 진London Dry Gin

London Dry Gin

영국에서 생산하며, 원료는 대맥이고 연속 증류기로 증류해서 두송실과 쉐니과에 속하는 코리엔더Coriander라고 불리는 향을 첨가하고 다시 단식 증류기로 증류한다.
숙성하지 않으며, 진의 종류 중 가장 품질이 우수하다.

아메리칸 드라이 진American Dry Gin

American Dry Gin

영국에서 미국으로 건너온 진은 더욱 순하고 아주 부드럽게 만들어져 칵테일 베이스로 각광을 받게 되었다.

올드 톰 진Old Tom Gin

Old Tom Gin

영국에서 생산하며, 드라이 진에 2% 정도의 당분을 넣어 만들어서 감미가 나는 술로 단식증류 시대에 사랑받다가 연속식 증류법의 개발과 함께 시장성을 잃었다.

Flavored Gin

플레이버드 진 Flavored Gin

진에 두송자 대신 과일, 약초, 씨앗, 뿌리 등의 향을 첨가시켜 만든 진으로 혼성주에 속하는 진이다. 레몬 진, 진저 진, 민트 진, 체리 진, 애플 진 등이 있다.

Sloe Gin

슬로 진 Sloe Gin

유럽에서 주로 자생하는 야생자두인 슬로베리 Sloe Berry를 증류주에 우려낸 후 진의 주 원료인 쥬니퍼베리의 향을 첨가시켜 만드는 혼성주로 알코올 함량이 15~30% 이다.

7 진의 상표

네덜란드 진 Holland Gin

- 볼스 진 Bols Gin
- 실버 탑 진 Silver Top Gin

영국 진 England Gin

- 비피터 진 Beefeater Gin
- 고든스 진 Gordon's Gin
- 탱거레이 진 Tanqueray's Gin
- 길비 진 Gilbey's Gin
- 봄베이 진 Bombay Gin

24
EG
EDINBURGH GIN
No3
LONDON DRY GIN
GIN
WHITLEY NEILL
LONDON DRY GIN
CAORUNN
HAYMAN'S OLD TOM GIN
Geranium
BEEFEATER
LONDON DRY GIN
SW4
LONDON DRY GIN
BOMBAY SAPPHIRE
DRY GIN
HAYMAN'S
1850 RESERVE GIN
BLOOM
SACRED
GIN
TEN
BOTANIST
PLYMOUTH
SIPSMITH
DRY GIN
Tanqueray
IMPORTED
LONDON DRY GIN

의사의 연구가 만들어낸 증류주의 걸작「 진 」

약에서 술로 진화를 거듭해온 진Gin.

프란시스쿠 실비우스 박사

약술 문화가 우리에게만 있었다고 생각하기 쉽지만, 실은 그렇지 않다. 서양에서도 이미 그리스 신화나 로마 시대에 약술이 존재했던 것으로 나온다. 그 중 가장 상품화가 많이 된 술을 이야기하자면 바로 '진' 이다.

진은 두송자 열매인 주니퍼베리의 프랑스 말인 Genievre에서 유래되었다. 이것이 네덜란드어로 제네바Geneva가 되고 영국으로 건너가 진이 되었다. 진 역시 처음부터 술로 사용하기 위해 개발된 것은 아니었다. 네덜란드 라이덴 대학의 내과 의사이자 교수인 실비우스Franciscus D. Sylvius 박사에 의해 개발되었다. 주니퍼베리의 오일을 이뇨효과를 필요로 하는 환자에게 쉽게 투여하기 위한 방법으로 처음 개발되었던 것이 쥬네브Genever란 이름으로 약국에서 판매되었고, 약용이 아닌 음료로 일반인에게서 널리 이용되었다. 이것을 네덜란드에 주둔해 있던 영국군인이 본국으로 가져가 진이라는 이름으로 부르게 된 것이다. 1689년에 네덜란드의 윌리엄 3세가 영국의 왕으로 추대되면서 프랑스산 와인과 브랜디 관세를 대폭 인상한 것을 계기로 가격이 저렴하고 향과 맛이 뛰어난 진이 상승세를 타게 되었다.

약술 연구중인 프란시스쿠 실비우스

명예혁명이 만들어준 런던 드라이진London Dry Gin의 명예.

재미있는 것은 영국의 명예혁명 덕분에 네덜란드의 진은 영국으로 가게 된다. 명예혁명은 혁명 과정에 유혈사태가 없었기 때문에 붙어진 이름으로, 당시 의회와 대립하던 제임스 2세가 프랑스로 망명을 하게 되고, 뒤를 이어 네덜란드 귀족인 윌리엄 3세가 영국의 국왕이 된다. 윌리엄 3세는 이전 왕 제임스 2세가 프랑스로 망명을 한 이후 프랑스 문화 자체를 배척하기 시작했고 코냑마저도 프랑스 술이라는 이유로 싫어해 프랑스산 코냑 수입에 제한을 두는 법령을 시행한다. 그로인해 새로운 술에 대한 수요가 영국 내에서 들끓었고 네덜란드의 진은 자연스럽게 영국으로 진출을 하게 된다. 그렇게 해서 태어난 것이 바로 '런던 드라이진' 이었다. 그 당시 일반적인 진은 노간주나무 열매 대신 향료를 넣거나 설탕을 넣는 진도 있었지만 런던 진은 드라이한 맛을 자랑해서 맛이 깔끔했다. 이후 영국 런던의 진은 드라이한 맛에 강한 풍미를 가진 대표 진으로 세계인들에게 런던 드라이진London Dry Gin을 각인시킬 수 있었다.

영국의 명예혁명(1688년)

천연 원료들로 이루어진 진Gin의 원료 '보타니컬Botanical'

진의 원료는 주니퍼베리 열매와 '보타니컬'이라고 불리는 천연 원료들로 부터 만들어지는데 특히 프리미엄 런던드라이진은 원료 선정이 매우 엄격하고 까다로울 뿐 아니라 고유의 비밀스런 원료들이 추가로 첨가된다. 추가되는 재료들은 철저히 비밀에 붙여지고 있으나 진의 특징적인 맛과 향을 이뤄내는 천연 원료인 보타니컬의 구성은 안젤리카Angelica 뿌리나 씨, 코리엔더Coriander씨, 감초, 아몬드, 흰 붓꽃Orris 뿌리, 세빌Seville, 오렌지와 레몬 껍질 등이다. 진은 주니퍼베리를 포함한 보타니컬에 하루 동안 내추럴 스피리츠에 재운 뒤 8시간 이상 증류해서 만든다.

프리미엄 진의 보타니컬(Botanicals)

04 보드카(Vodka)

공산주의 국가 러시아의 생명의 물 보드카

1 보드카의 정의

러시아와 폴란드인의 국민주로 불리는 보드카는 슬라브 민족의 민속주로 12세기경부터 북 유럽의 스웨덴, 핀란드 그리고 동유럽의 우크라이나, 폴란드, 체코 등에서 향은 없고 알코올 도수가 높은 증류주로 시작되어 무색, 무미, 무취의 특징을 가진 감자와 호밀, 포도 등으로 만드는 술이다.

2 보드카의 어원

보드카는 "물"을 뜻하는 러시아어 "보다Voda"와 폴란드어 "보다Woda"에서 유래된 말로, 12세기경 러시아의 문서에는 위스키의 어원과 같은 "생명의 물"이라는 뜻의 지제니즈 붜타Zhiezenniz Voda라고 기록되어 있다. 15세기경 붜타Voda로 불리다가 18세기에 들어서 보드카라는 이름으로 불리기 시작하였다.

3 보드카의 역사

우표속 러시아 보드카의 증류기술 연구

러시아어의 Vodka는 물이라는 뜻으로 "생명의 물"을 의미하는 보드카는 11~12세기경 러시아, 폴란드인이 제조하기 시작하였다. 1810년 활성탄을 이용한 여과법을 개발하여 품질을 향상시켰으며 1917년 러시아 혁명이후 러시아인이 타국으로 망명하면서 세계에 전파되었다.

1933년 미국의 금주법 폐지로 보드카를 제조하게 되었고 1939년경부터 미국에서 칵테일을 만드는데 기본주로서 급격한 발전을 하였다.

보드카의 왕국 러시아의 증류소

4 보드카의 원료

최초에는 포도를 원료로 하였으나 그 후엔 감자를 사용하여 많이 만들어 왔다. 지금은 주로 호밀Rye, 밀Wheat, 옥수수Corn을 사용하는 것이 일반적이다.

5 보드카의 제조

감자, 고구마 등과 각종 곡물에 Malted Barley를 가해서 당화 발효시켜 연속 증류기로 95% 정도로 증류한 것을 자작나무 숯으로 만들어진 활성탄으로 수십차례 여과하고 끝으로 모래에 통과시켜 무취 상태로 만든다. 숙성과정을 거치지 않으며, 증류수로 40~50% 정도로 묽게 한다.

초창기 러시안 보드카 증류기

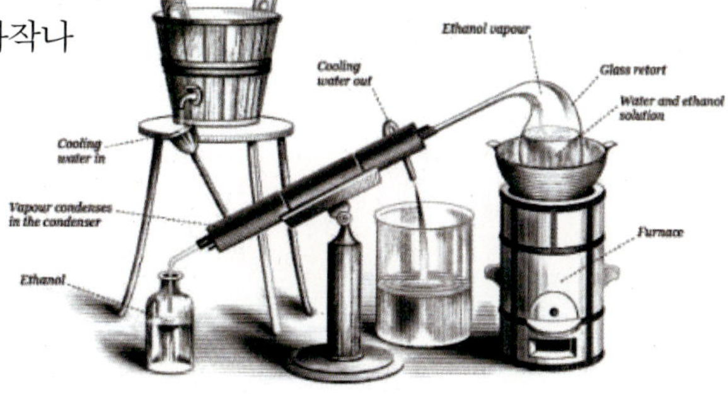

6 보드카의 분류

중성 보드카Netural Vodka

무색 투명한 것으로 보드카의 대부분을 차지하며, 증류 후 여과과정을 거친 후 별도의 숙성기간을 거치지 않고 바로 증류수로 희석시켜서 병입 한 제품이다. 칵테일을 만드는 베이스로 많이 이용된다.

골드 보드카Gold Vodka

증류 후 여과과정을 거친 다음 일정기간 오크통에 저장하며 숙성을 통해 연한 황갈색을 띈다.

Gold Vodka

즈브로우카Zubrowka, Zubrovka

폴란드에서 생산되는 보드카로 관목의 잎을 첨가하여 엷은 갈색과 소박한 맛을 곁들인 화주이며, 병속에 풀잎이 들어있다.

Zubrowka

플레버드 보드카Flavored Vodka

보드카에 여러 가지 과실의 향과 맛을 입힌 보드카로 스트레이트Straight로 마시기 적합하다. 원료로는 오렌지Orange, 레몬Lemon, 라임Lime, 민트Mint 등 다양하다.

Flavored Vodka

7 보드카의 상표

러시아 보드카

- 스톨리치나야Stolichinaya
- 스톨로바야Stolovaya
- 모스코프스카야Moskovskaya

잉글랜드 보드카

- 고든스Cordon's
- 길베이스Gilbey's

네덜란드 보드카

- 볼스Bols
- 디카이퍼De Kuyper

아메리칸 보드카

- 스미노프Smirnoff
- 스카이skyy

기타(스웨덴, 핀란드)

- 앱솔루트Absolute
- 핀란디아Filandia

순수함으로 대중에게 사랑을 받는「보드카」

너무나 닮은 술, 보드카와 소주

피요트르 스미노프

보드카를 처음 맛본 사람들은 이구동성으로 '이거 독한 소주 같다.'라고 말한다. 넓은 의미에서 보드카와 소주는 유사하지만 두 술 사이에는 제조과정상에 분명한 차이가 하나 있다. 그것은 활성탄 여과, 즉 자작나무 숯으로 여과하는 과정을 거쳤느냐 하는 것이다.

초창기 보드카는 투명했으나 지금의 무취한 맛과는 사뭇 달랐다. 주원료인 감자가 그 당시에는 존재하지 않았고 보드카 특유의 여과 과정 또한 19세기 중반 이후에 시작됐기 때문이다. 현재 보드카의 모습을 만든 이에 대한 근거는 두 가지로 정리할 수 있다.

18세기 화학자 테오도르 루이스Theodore Lowitz가 다량의 불순물과 좋지 않은 향을 포함하고 있던 보드카를 개선하라는 러시아 황제의 명령에 의해 자작나무 숯으로 여과하는 과정을 통해 무색, 무미, 무취가 특징인 현대적 보드카를 완성하였다고 전해진다.

19세기 러시아 귀족들을 대상으로 좋은 보드카를 공급하길 원했던 증류업자인 피요트르 스미노프 Piotr Smirnov는 숯이 알코올의 불순물들을 거르고 잔미를 제거하는 데 효과가 있다는 연구 결과를 접한다. 그 후 자신이 만든 보드카에 숯의 여과 과정을 도입해 순수하고 맑은 보드카를 추출하는 데 성공한다. 이후 스미노프의 보드카는 깨끗하고 상쾌한 맛으로 인기를 얻으며 상류층의 술로 자리를 잡게 된다. 1886년 보드카가 러시아 황실 공식 공급 술로 선정되며 최고의 술을 만든 공로로 스미노프는 귀족 작위까지 받게 된다.

다양한 맛과 향의 앱솔루트 보드카(Asolute Vodka)

무색, 무미, 무취는 옛말이 된 보드카

보드카는 알코올의 순수함을 극대화하기 위해 활성탄(자작나무 숯)으로 여과 과정을 거치는 것을 제조 공정에서 가장 중요한 작업 중 하나로 꼽는다. 또한 다른 증류주들 보다는 상대적으로 향과 맛의 두드러짐이 적어 과거에는 무색, 무미, 무취가 특징인 것으로 여겨왔다. 하지만 보드카 역시도 원료와 제조 방식에 따라 맛과 향 등이 달라질 수 있으며 브랜드만의 고유한 특징을 갖는다. 이미 현대에 들어와 다양한 향이 가향된 가향 보드카 Flavored Vodka 제품들이 보드카 시장에 큰 비중을 차지하고 있으며 최근에는 검정, 초록, 빨강 등의 색이 비치는 보드카도 출시되고 있다.

다양한 향이 가미된 그레이구스 보드카
(Grey Goose Vodka)

독하다고 알려진 보드카에 대한 오해

일반적으로 보드카는 독주라는 이미지로 사람들에게 기억되고 있다. 이는 보드카를 즐겨 마시던 러시아, 폴란드, 스웨덴 등의 북유럽 지역이 혹한의 기후조건을 가진 지역이었기 때문일 것으로 보인다. 과거 공산주의 국가였던 러시아의 혹한 속에서 차가운 잔에 보드카 한잔을 원샷 하는 장면은 영화나 광고 속에서도 우리가 손쉽게 볼 수 있었던 모습으로 우리들의 머릿속에 남아있기 때문이다. 하지만 국내를 비롯해 세계적으로 유통되고 있는 대다수의 보드카들은 알코올 도수가 40% 정도에 맞춰져 있어 우리가 떠올리는 이미지와는 사뭇 다르다.

세계에서 가장 높은 알코올 96% 보드카

보드카는 제조과정을 통해 최종 증류를 마치면 보통은 90% 이상의 순수한 알코올을 얻게 되지만 판매를 위해 증류수를 희석하는 방식으로 40% 정도로 낮추어 제품을 완성하게 된다.

'최고의 보드카' 브레드 와인 VS 냉동 와인

보드카는 9세기에 처음으로 만들어졌다고 전해지지만 문헌상에 등장하는 근거로는 1174년이 보드카를 생산하기 시작한 최초의 증류소가 존재했다고 전해진다.

사실 보드카는 냉동된 와인에서 알코올을 분리하여 만든 것이 최초였으며, '보드카'라는 명칭을 사용하기 전까지는 '빵으로 만든 술'을 뜻하는 브레드 와인Bread Wine으로 불리기도 했다. 1448년 러시아 생산업자들이 곡물을 사용해 보드카를 만든 사실이 알려졌고 이 새로운 제조방법은 러시아의 국민 음료인 브레인 와인의 서막을 열게 된다. 그리고 엘리자베스 여제Elizabeth Empress에 의해 법령이 공표된 1751년 부터는 '보드카'라는 명칭을 공식적으로 사용하게 된다.

포도를 원료로 만든 시락 보드카 (Ciroc Vodka)

현재 대다수의 서적을 통해서 알 수 있는 보드카의 주 원료는 호밀, 감자 등과 같은 곡물이 주를 이루지만 최근 포도를 원료로 만들어지고 있는 보드카 제품의 판매를 통해 보드카 원료에 대한 혼란이 가중되기도 한다. 그것은 냉동된 와인에서 알코올을 분리해 만든 것이 최초의 보드카였다는 근거에서 포도 역시도 보드카의 원료가 될 수 있음을 짐작케 한다.

브레드와인

05 럼(Rum)

1 럼의 정의

사탕수수Sugar Cane와 당밀Molasses을 주원료로 하여 발효, 증류시킨 증류주로 쿠바, 자메이카, 푸에르토리코, 서인도제도, 카리브 해 연안 등지에서 주로 생산되며 주요 생산지부근이 과거 무역선들이 다니던 해로였던 탓에 해적들이 주로 출몰하던 지역이었다. 이때 해적들이 즐겨마시던 술이라 하여 일명 '해적의 술'로 불리기도 한다.

해적의 술이라 불린 럼

2 럼의 어원

럼의 어원은 서인도 제도의 원주민들이 럼을 마시고 많이 취하여 영어로 "흥분"이라는 단어인 럼불리온Rumbullion에서의 어두인 럼Rum을 떼어내 사용하게 되었다는 설과 럼의 원료로 사용되어온 사탕수수를 라틴어로 사카룸Sa-ccharum이라고 하여 그 어미인 럼Rum이라고 부르게 되었다는 설 모두가 전해지고 있다. 오늘날엔 럼을 영어로는 럼Rum, 프랑스어로는 룸Rbum, 스페인어로는 론Ron이라고 달리 부르고 있다.

3 럼의 역사

럼의 원료인 사탕수수는 인도가 원산지로 스페인을 거쳐 서인도에 전파되었다. 17세기초 바베이도스Barbados에 이주한 영국인이 최초로 증류하기 시작하여 자메이카Jamaica섬을 중심으로 사탕공업의 발달과 함께 번창하게 되었다.

1862년 스페인Spain에서 쿠바Cuba로 이주한 바카디Bacardi에 의해 투명한 라이트 럼Light Rum을 생산하게 되었으며 1805년 영국 넬슨Nelson제독이 전사하여 럼Rum을 담은 큰 통속에 넣어 본국으로 운송하였던 일로 넬슨의 피Nelson Blood라는 별명을 얻게 되었다.

4 럼의 원료

럼의 원료인 사탕수수

럼의 원료는 사탕수수와 당밀이다. 사탕수수는 설탕을 만드는 원료로 설탕을 만들고 난 당밀만을 원료로 하여 럼을 만든다. 당밀을 발효시켜 알코올로 바꾸고 이것을 증류하여 오크통에 저장, 숙성한다.

5 럼의 제조

설탕의 원료인 사탕수수를 압착하여 액을 추출한 후 효모를 첨가하여 발효, 증류하여 주정을 얻는다. 주정에 태운 설탕Caramel으로 착색하여 쉐리와인Sherry Wine을 숙성하는데 사용되었던 오크통에 넣어서 수년간 저장, 숙성과정을 거친다.

럼을 숙성하는 베럴

라이트 럼Light Rum

당밀을 물로 묽게하여 발효시킨 후 이것을 연속식 증류기로 증류하여 스테인레스 통에 단기간 저장 숙성시켜 만든다.

미디엄 럼Medium Rum

라이트 럼Light Rum과 헤비 럼Heavy Rum을 혼합하는 방법과 헤비 럼과 같은 방법으로 발효한 후 연속식 증류기를 통해 증류해 내는 방법이 있다.

헤비 럼Heavy Rum

1회 증류하고 남은 발효액을 새로 만든 사탕수수 즙에 혼합 → 발효 → 단식 증류기 → 태운 통속에서 착색 → 3년 이상 숙성Full Body Rum한다.

6 럼의 분류

맛에 따른 분류

Light Rum

- 라이트 럼Light Rum

  드라이한 맛이 나는 럼으로 풍미가 가볍고 무색, 투명하여 칵테일 기주로 많이 이용된다.

Medium Rum

- 미디엄 럼Medium Rum

  골드Gold 색이 비치는 럼으로 감미와 향이 조금 느껴진다.

Heavy Rum

- 헤비 럼Heavy Rum

감미가 강하고 짙은 갈색을 띠며 자메이카Jamaica산이 유명하다.

White Rum

Gold Rum

Dark Rum

색에 의한 분류

화이트 럼 White Rum

숙성을 하지 않아 색이 무색, 투명하며 맛이 부드러워 칵테일의 기주로 많이 이용된다.

골드 럼 Gold Rum

연한 갈색이 마치 금빛과도 같다고 하여 골드 럼이라 불리고 깊은 맛이 나는 것이 특징이다.

다크 럼 Dark Rum

어둡고 짙은 갈색에 무겁고 달콤한 카라멜 향이 매우 강하게 느껴지는 럼이다.

7 럼의 상표

- 마이어스 럼Myers's Rum : 자메이카산
- 론리코 럼Ronrico Rum : 푸에르토리코
- 바카디 럼Bacardi Rum : 쿠바
- 하바나 클럽Havana Club : 쿠바
- 애플톤Appleton : 사메이카
- 올드 자메이카Old Jamaica : 자메이카
- 레몬하트Lemon Hart : 영국
- 발바도스Barbados : 서인도제도의 발바도스 섬
- 캡틴모건Captain Morgan : 영국

노예들의 애환과 해적들의 사랑으로 탄생된「 럼 」

카리브해 원주민과 노예들의 땀으로 키워낸 사탕수수.

사탕수수 플렌테이션 농장의 원주민

사탕수수즙을 발효시켜 술을 만든 것은 고대 중국에서 시작했지만, 발효된 사탕수수 즙을 증류하여 럼을 만드는 것은 17세기 카리브해 플렌테이션(원주민과 노예의 저렴한 노동력과 구미인의 자본 기술이 결합된 농업방식)에서 시작되었다고 한다. 17세기에 플렌테이션에서 착취당하던 노예들이 당밀Molasses을 처음 발견하였고 캐리비안에 위치한 서인도제도 중 가장 동쪽에 있는 섬나라인 바베이도스 섬에 증류기술을 기진 영국인이 이주해 오면서 만들어졌다는 설이 가장 널리 알려진 설 중 하나이다. 사실 럼 증류에 관한 가장 오래된 기록은 1620년대 브라질에서 나왔다고 한다. 브라질에서 처음 만들어진 럼이 캐리비안을 중심으로 유행하기 시작했고 북아메리카로 확장되면서 지금의 세계적인 증류주로 자리매김하기에 이르렀다.

삼각 무역을 통해 유럽과 미국까지 진출

럼은 사실 씁쓸한 세계 역사의 단면을 가지고 있다. 럼 산업의 폭발적인 성장에 혁혁한 공을 세운 건 바로 노예무역을 기반으로 한 삼각무역이었다. 럼이 처음 생산되기 시작했을 때 럼은 유럽의 선원들뿐만 아니라 북미 지역에서도 폭발적인 인기를 끌면서 보스톤, 뉴잉글랜드 등에도 수많은 럼 증류소가 생겨나기 시작했다.

그렇지 않아도 당시의 유럽에서 설탕의 수요가 기하급수적으로 늘어가고 있는데 그 부산물로 생산이 가능한 럼까지 폭발적으로 늘어나 영국 상인들은 카리브 해에서 사탕수수의 재배를 늘리기 시작했다. 그러다보니 사탕수수를 경작하기 위한 적지 않은 노동력을 필요로 했고 이를 위해서 아프리카에서 노예들을 대량으로 사 들여와서 사탕수수 농장에 투입하게 된다. 이를 배경으로 당시 영국 식민지였던 뉴잉글랜드는 아메리카 중부는 서인도 제도에서 당밀을 수입해 미국 럼 제조사에 넘기고, 그 대가로 럼을 받아서 아프리카 서해안으로가 럼을 팔아 노예를 구입해서 서인도 제도의 사탕수수 경작에 투입한다. 말 그대로 삼각 무역이 이뤄지게 된 것이다.

바다까지의 사탕수수 운반을 위한 수로

해적과 바다 사람들의 술 럼.

해적의 술 '럼'

캐리비언의 해적이 보물을 찾아 바다를 누비며 소동을 벌이고 해적을 소탕하기 위해 해군들이 바다를 향해 출발하는 모습을 우린 영화와 만화에서 쉽게 보아왔다. 왜 럼은 해적과 해군을 가리지 않고 사랑받던 술이 되었던 것일까? 해적이든 해군이든 바다사람들에게 있어서 럼은 의외로 술이 아닌 다른 이유에서라도 반드시 필요한 승선 준비물이었다. 장거리 또는 장기간에 걸친 항해를 하거나 배가 좌초되어 난파된 상황에서 럼은 술이 아닌 식수를 대신하는 역할을 했을 것이다. 또한 선상에서 선장이 규율을 어긴 선원에게 럼의 배급을 중지시키기도 했으며 비타민C 부족으로 괴혈병에 걸리는 것을 예방하기 위해 럼을 마시기도 했다고 한다. 아마도 럼은 그런 이유에서 일반인들에게 사랑받아 왔으며 그런 럼에 대한 애정이 영화와 만화를 통해 투영된 것이라고 판단할 수 있다.

오키나와의 특산주로 자리매김한 럼.

사탕수수 재배의 자연조건을 갖춘 일본 오키나와의 사탕수수 농장

일반적으로 럼의 주요 생산지는 쿠바, 자메이카, 푸에르토리코, 서인도제도, 카리브해 연안 등이며 그중 쿠바와 자메이카는 우수한 품질의 럼을 생산하는 지역으로 유명하다. 하지만 아직까지 럼에 대한 규정을 하나의 체계로 정리하진 못하고 있어 나라별로 40도에서 70도에 이르는 다양한 특징의 제품들이 생산되고 있다. 이는 통상적으로 잘 알려진 럼의 생산지역과는 사뭇 다른 일본에까지 럼을 생산할 수 있도록 만든 계기가 될 수 있었다. 일본 최남단에 위치한 오키나와는 지역 특산품인 사탕수수의 국제시세 폭등기에 맞춰 재배량을 늘렸지만 그 수요를 잘못 예측하여 남은 사탕수수를 처리하기 위해 1930년대부터 럼 제조를 시작했다고 한다. 처음에는 남는 사탕수수의 처리를 위한 돌파구를 찾기 위한 방안으로 시작되었지만 지금은 지역의 특산주로서 자신들만의 제조 기술의 차별화를 통해 독특한 맛과 향을 가진 오키나와를 대표하는 술로 자리매김하였다.

오키나와 특산주

06 데킬라(Tequila)

1 데킬라의 정의

라틴아메리카를 상징하는 술로 멕시코 "데킬라" 마을에서 시작된 토속주였다. 난과의 다육 식물인 '용설란'이 원료로 정확한 명칭은 '아가베 아즐 데킬리아나'이고 줄여서 '아가베Agave'라고 한다. 아가베는 전통 발효주인 풀케Pulque를 만들어 고대 아즈텍의 종교의식에 사용하거나 제물로 바쳐지면서부터 현대에까지 이르게 되었고 풀케를 증류해 메즈칼Mezcal이라는 증류주를 만들게 되었으나 멕시코 올림픽으로 인해 데킬라가 세계적으로 알려지면서 아가베로 만든 멕시코인의 국민주가 데킬라가 되었다.

2 데킬라의 어원

남미의 정열의 상징 데킬라의 이름은 멕시코의 자리스코 주에 위치한 마을 '데킬라'로부터 유래 됐다. 예로부터 인디언들은 사막에서 자라는 용설란이란 식물을 발효시켜 데킬라를 빚었다고 한다. 이들은 데킬라를 '생명의 물'이라 부르며 성스러운 음료로 여겼다.

3 데킬라의 역사

멕시코가 스페인으로부터 독립하기 전인 1795년 호세 쿠엘보의 아들인 안토니오 쿠엘보는 스페인의 왕 카를로스 4세로부터 데킬라를 상업용으로 생산해도 좋다는 허가를 받았다. 이후 데킬라는 세계적인 술로 자리를 굳혀 200여년이 지난 지금에도 여러 나라에서

잉카 문명의 발상지 멕시코에서 시작된 데킬라

사랑을 받고 있다. 멕시코 올림픽Mexico Olympic(1968년)이후 세계적으로 널리 알려졌으며, 현재는 멕시코인의 국민주로 자리매김 하였다.

데킬라의 대단위 아가베 농장

4 데킬라의 원료

데킬라는 고지대 사막에서 자생하는 용설란의 일종인 아가베로 만든다. 아가베는 가시와 넓은 잎을 가졌기 때문에 언뜻 보면 선인장으로 착각하기 쉬우나 사실은 백합과 식물이다. 데킬라 제조에 사용되는 것은 8년에서 10년 동안 재배돼 숙성된 '피냐Piña' 라는 아가베의 뿌리이다. 아가베Agave에서 당분을 추출해 발효시킨 풀케Pulque를 증류하여 오크통 속에서 숙성하고 활성탄으로 정제한 것을 메즈칼Mezcal이라 하고 이 메즈칼 중에서도 데킬라 마을에서 생산된 것에만 데킬라Tequila라는 상표를 표기할 수 있다.

데킬라의 원료 아가베

5 데킬라의 제조

용설란의 일종으로 멕시코 데킬라 지방에서만 재배되는 아가베Agave로 만든다. 아가베를 반으로 쪼개 증기 솥에 넣고 열을 가하여 당화시켜 발효해 풀케Pulque를 만들고 이 풀케를 단식 증류기로 두 번 증류 후 활성탄으로 정제해 오크통에서 숙성시키는데 이때 3개월~2년 숙성시 데킬라 호벤, 3년 이상시 데킬라 아네호, 7년 이상시 데킬라 레알레스라고 한다.

분쇄 - 압착 - 발효 - 증류(단식증류 2회로 55℃ 이내) - 단기저장 - 블랜딩

6 데킬라의 분류

Blanco

Reposado

Anejo

블랑코Blanco(화이트 데킬라)

무색, 투명하여 데킬라 실버라고도 하며 가볍고 샤프한 맛으로 인해 칵테일에 주로 사용된다. 용설란을 발효시킨 후 단식 증류기로 두 번 증류하여 스테인레스 통에 단기간 저장한다.

레포사도Reposado

오크통에 2개월 이상 숙성한 것으로 약간 황색을 띠며 골드라고도 한다. 숙성기간이 길진 않아 칵테일에 사용 빈도는 낮지 않은 편이다.

아네호Anejo

스페인어로 올드Old를 뜻하며 데킬라 블랑코와 만드는 방법은 같지만 1년 이상 오크통에 저장, 숙성하여 만들어 주로 스트레이트Straight로 마신다.

레알레스Reales **또는 엑스트라 아네호**Extra Anejo

프리미엄 데킬라로 오크통에서 3년 이상 숙성시켜 맛이 매우 부드럽고 무게감도 있다.

Reales

7 데킬라의 법규

데킬라는 멕시코 정부에서 법적 규제를 통해 엄격하게 관리하고 있으며, 그 내용은 다음과 같다. 원료는 아가베 아메리카나Agave Americana, 아가베 아트 로비렌스Agave Atrovirens, 아가베 아즐 데킬라나Agave Azul Tequilana 등 3품종으로 한정되어 있다. 아가베 아메리카나Agave Americana와 아가베 아트 로비렌스Agave Atrovirens를 발효해서 만든 술을 풀케Pulque라고 하며 양조주이다. 이것을 증류한 것은 메스칼Mezcal이라 부른다. 아가베 아즐 데킬라나Agave Azul Tequilana를 사용한 것을 51%이상 함유해야 데킬라라는 이름을 붙일 수 있다. 테킬라 생산지역은 3개 지역으로 한정되어 있고, 그 이외의 지역에서 생산되는 증류주는 Pinos라고 한다.

8 데킬라의 상표

- 페페로페즈Pepe Lopez
- 사우자Sauza
- 몬테알반Monte Alban
- 투핑거스Two Fingers
- 호세쿠엘보Jose Cuervo
- 에스페샬Especial
- 메스칼Mezcal

뜨거운 태양이 키운 아가베로 만든 정열의「 데킬라 」

선인장이 아닌 '난(蘭)' 과의 식물 용설란.

용설란의 꽃

용설란(龍舌蘭)은 학명으로는 아가베Agave 한자로 표기한 말로 선인장과에 속하는 알로에처럼 생긴 식물로 많이 알고 있다. 이는 1905년 독일의 식물학자 F.웨버F.Weber가 아가베를 선인장과의 식물로 잘못 학계에 보고한 것에서 시작되었으나 현재는 바로잡아 졌다. 멕시코어로 마게이Maguey라고 하는 아가베는 최소 9,000년 전부터 재배되어온 멕시코의 토착식물이다. 잎이 마치 용의 혀와 같이 뾰족하고 무섭게 생겼다하여 '용설란'이라고 불려지기 시작했으며, 10여 년 동안 꽃이 피지 않는 식물이라고 해서 '백년초Century Plant', 그리고 아가베의 뾰족한 잎은 잘라내고 식물의 몸통만을 사용하는 그 모습이 파인애플처럼 생겼다고 하여 피냐Piña라고도 한다.

데킬라의 아버지, 아스텍 왕국의 술 '풀케Pulque'

풀케를 즐겨 마시는 아즈텍(Aztec)인들을 묘사한 그림

아즈텍을 점령한 스페인 정복자들은 새로운 환경에 적응해야 했다. 그들의 눈에 들어온 재미있는 술이 바로 '풀케'라는 토속주였다. 멕시코 일대에 자생하는 아가베에서는 아구아미엘Aguamiel이라는 천연 당을 포함한 즙이 분비되는데, 이즙에 천연 효모가 작용하면서 자연 발효가 일어나 만들어진 술이 풀케였다. 아즈텍의 정복자들은 이 신기한 술을 스페인 본국으로 보내고 싶어 했지만 낮은 알코올 도수로 인해 맛의 변화가 일어나 운반할 수 없었고 결국 풀케를 높은 도수의 증류주로 만들기 위해 스페인의 증류 기술을 이용하여 증류된 풀케, 즉 메즈칼과 데킬라를 만들어 내기에 이른다. 결국 풀케가 아버지라면 메즈칼과 데킬라는 풀케로 부터 탄생한 아들이 되는 셈이다.

이제 세계적으로 사랑받는 증류주 중 하나로 꼽히는 데킬라를 멕시코인의 국민주로 여기고 있지만 사실 멕시코인의 국민주는 토속주였던 '풀케'인 것이다.

풀케를 마시는 멕시코 사람들

멕시코를 대표하는 증류주, 데킬라와 메즈칼Mezcal

데킬라는 술 이름인 동시에 마을 이름이기도 하다. 일찍이 데킬라의 상업적 가치를 인식한 멕시코 정부의 노력에 의해 지금은 국제적으로 데킬라 명칭 사용 독점권을 인정받고 있다. 데킬라의 원료인

블루 아가베Blue Agave는 재배시 식물의 높이가 약 210~360cm로 자라며 수명이 약 8년~15년 정도로 그 종류는 136종에 이른다. 데킬라는 법적으로 용설란 중 아가베 아메리카나Agave Americana, 아가베 아트 로비렌스Agave Atrovirens, 아가베 아즐 데킬라나Agave Azul Tequilana 등의 고급 아가베 3가지 품종으로 만들어진 경우에만 한정한다. 이중 특히 아가베 아즐 데킬라나가 51% 이상 함유되어있어야 하고 멕시코 할리스코 주에서 생산된 경우에만 '데킬라'로 정의 한다. 메즈칼은 에스파딘Espadin 품종을 포함한 8종의 용설란을 사용한다. 메즈칼은 대부분 옥사나Oaxana 지역에서 만들어지고 기타 내수용 제품은 다른 지역에서도 만들어진다. 또한 데킬라는 2, 3회 증류하는 데 비해 메즈칼은 단 1회 증류한다. 다만 최근 고급 메즈칼 제품 중에는 2회 증류하기도 한다. 용설란을 구울 때 데킬라는 증기(스팀)를 사용지만 메즈칼은 석탄 오븐을 사용하기 때문에 메즈칼에서는 강한 훈제향이 느껴진다. 메즈칼에는 구사노Gusano라고 하는 벌레가 들어 있는 경우가 많지만 데킬라에는 절대 넣지 않으며 데킬라에 비해 메즈칼은 대량 생산되는 것이 일반적이다.

메즈칼(Mezcal) VS 데킬라(Tequila)

메즈칼과 데킬라 지도(Mezcal and Tequila Map)

메즈칼에 애벌레가 들어가기 시작한 이유.

메즈칼에 들어 있는 벌레는 정확히는 용설란에 기생하는 나방의 애벌레다. 스페인어로 벌레를 '구사노Gusano'라고 하는데, 애벌레를 넣은 술에는 술병에 'Con Gusano(with Worm)'라고 표시한다. 어떤 경우에는 두세 마리를 넣고 자랑스럽게 이를 홍보하는 제품들도 있다. 메즈칼에 나방의 애벌레를 넣게 된 유래에 관해서는 여러 설이 있다. 과거 술의 농도를 정확히 측정하지 못하던 시절에 쉽게 구할 수 있는 애벌레를 넣은 뒤 만일 썩지 않고 잘 보관되면 술이 충분한 알코올 농도로 빚어진 것으로 여겼다는 설이 대표적이다. 또한 용설란 처리 과정에서 실수로 들어간 애벌레가 결과적으로 메즈칼의 맛을 좋게 하여 계속 사용했다는 설도 있고, 일종의 정력 강장제로 사용됐나는 설도 있다. 하지만 메즈칼이라고 해서 모든 술에 애벌레를 넣는 것은 아니다. 일부 고급 제품들은 오히려 애벌레를 넣는 것을 저급한 품질을 숨기려는 상업적인 의도로 여겨 애벌레를 넣지 않는 데킬라와 같이 애벌레와는 무관한 제품을 만들기도 한다.

아가베 식물에 기생하는 애벌레

메즈칼 병속 애벌레

07 아쿠아비트(Aquavit)

1 아쿠아비트의 정의

북 유럽 스칸디나비아Scandinavia지방의 특산주로 감자를 주원료로 하여 맥아를 당화, 발효시켜 만드는 증류주이다.

2 아쿠아비트의 어원

아쿠아비트는 라틴어의 아쿠아 바이티Aqua Vitae에서 유래되었으며 "생명의 물"이라는 뜻을 가지고 있다. 스웨덴에서는 스냅스Snaps, 덴마크에서는 셔냅스Schnapps라고도 불린다.

3 아쿠아비트의 역사

아쿠아비트에 관한 가장 오래된 기록을 살펴보면 15세기부터 그 근거를 찾을 수 있다. 하지만 당시의 아쿠아비트는 주원료가 감자가 아닌 와인으로 독일에서 수입된 와인을 증류하여 만든 것이었다. 16세기에 들면서 독일에서 와인의 생산량이 감소하여 원료를 곡물로 대체해 사용하였지만 18세기 추운지역의 척박한 땅에서도 재배가 가능한 감자가 북유럽에 보급되면서부터 지금의 주원료인 감자를 사용해 만들기 시작하였다.

아쿠아비트를 싣고
북 유럽을 항해하던 상선

4 아쿠아비트의 원료

감자, 곡류를 맥아로 당화시킨 후 발효와 증류 과정을 거쳐 얻어진 95% 이상의 주정을 물과 함께 희석시켜 만든다. 주원료인 감자와 곡류 외에도 캐러웨이 씨Caraway Seed로 향을 내지만 아니스 씨Anise Seed나 비타 오렌지Bitta Orange 등을 사용하기도 한다.

아쿠아비트의 원료인 감자

5 아쿠아비트의 제조

아쿠아비트의 제조방법은 두 가지로 감자의 전분질을 당화하고 발효시키는 경우와 맥아를 당화하고 발효시키는 경우가 있다. 이렇게 발효한 후 연속식 증류기로 1차 증류하여 얻어낸 증류액에 약초를 더해 2차 증류를 통해 알코올을 얻어낸다. 그 후 캐러웨이 씨로 향을 더하는 작업을 통해 아쿠아비트로 만들어 진다.
아쿠아비트는 숙성하지 않는 증류주로 북유럽의 나라들은 차게 보관한 아쿠아비트를 스트레이트로 마시는 것을 일반적인 음용법으로 즐긴다.

소중한 생명의 물 아쿠아비트를 위한 연구

6 아쿠아비트의 상표

- 올버그Aalborg : 덴마크
- 스카네Skane : 스웨덴
- 보멀룬더Bommerlunder : 노르웨이
- 오피앤더슨O.P Anderson : 스웨덴

Chapter 04

혼성주
(Compounded Liquor)

01 리큐어(Liqueur)

샤르트뢰즈 리큐어의 역사
(Chartreuse Herbal Liqueur)

수도원 리큐어 최장 역사의
샤르트뢰즈

1 리큐어의 정의

리큐어는 중세의 연금술사들이 증류주를 만드는 기법을 터득하는 과정에서 우연히 생성되어 탄생되었다. 그것은 과일이나 곡류를 발효시킨 술을 기초로 하여 증류한 증류주(Brandy, Whisky, Rum, Gin 등)에 당분을 더하고 과일이나 과즙, 꽃, 약초, 향료 등 초근목피의 침출물로 향미를 더한 혼성주이다.

프랑스에서는 알코올 15% 이상, 당분 20% 이상을 함유하고 향신료가 첨가된 술을 리큐어라 정의하고, 미국에서는 Spirits에 당분 2.5% 이상을 함유하며, 여기에 천연향(과실, 과즙, 약초, 향료, 등)을 첨가한 술을 리큐어라고 한다.

2 리큐어의 어원

리큐어의 어원은 "녹는다"라는 뜻의 라틴어인 리퀘파세르Liquefacere에서 유래되어 현재의 프랑스어로는 리큐르Liqueur, 영어로는 코디얼Cordial, 독일어로는 리코르Likor라고 부르게 되었다.

3 리큐어의 역사

고대 그리스의 의사인 히포크라테스(B.C. 460~377년) 때에도 약용으로 사용되어 오던 것을 증류에 의한 리큐르를 최초로 만든 것은 아르누드 빌누브Arnaude de Villeneuve(1235~1312)와 그의 제자 레이몽 류르Raymond Lulle(1235~1315)에 의해서였다. 당시에는 증류주에 레몬, 장미나 오렌지의 꽃 등과 향료류를 가하여 만들어져서 이뇨, 강장에 효과가 있는 의약품으로 사용되었다.

200년 후인 1533년 이탈리아 피렌체의 까뜨리네 드 메디치Catherine de medicis(1519~1589)가 프랑스 오를레앙 공작인 앙리 2세Henry Ⅱ의 왕비가 되었을 때 수행한 요리사가 포플로Populo라는 리큐르를 파리에 소개했다는 기록이 있다. 이후 각양각색의 리큐르가 제조되기 시작하였다. 중세기에는 각 지방의 수도원의 수도사들에 의해 약용 목적으로 여러 가지 약초를 넣어 자기 고유의 비법으로서 전수되어 특색 있는 리큐르들을 생산해 오다가, 18C부터 서구의 식생활이 눈부시게 향상되어 미식학의 싹이 트자 입에 부드러운 과일 향미를 주체로 한 단맛의 리큐르가 많이 출연하게 된 것이다. 19C에 이르러 고차원의 미각에 부합되는 근대적인 리큐르가 개발되었는데, 특히 19세기 후반에 개발된 연속식 증류기로 인하여 고농도의 알코올을 원료로 한 더욱 세련된 고품질의 리큐르가 생산되었다. 그 예로 커피, 카카오 등과 바닐라 향을 배합한 리큐르들이다.

증류주를 시작으로 혼성주까지 생산하게 된 존 디카이퍼사의 제네버진 올드보틀

4 리큐어의 원료 및 제조

리큐어의 제조는 증류주에 당분을 첨가하여 만들기도 하지만 알코올 함량이 높은 에탄올을 사용하기도 한다. 또한 다양한 맛과 색을 내기 위해 과일의 씨와 껍질, 식물의 잎사귀나 뿌리 그리고 견과류, 초콜릿, 달걀, 크림 등을 첨가 한다. 하지만 리큐어 제조시 원가를 낮추기 위해 상당수의 제품들이 천연 재료를 혼합하여 만들기 보다는 인공향료와 색소를 사용하여 제품 간의 질적 차이가 크다. 또한 단맛이 나게 만든 증류주에 체리를 더해 맛을 낸 체리 리큐어와 체리를 원료로 증류해 만든 증류주의 차이는 알코올 함량과 경제적 가치의 차이가 크다. 분류 기준에 따라 3가지로 나누는데 원료에 따라 과일계열 리큐어Fruits Liqueur, 종자계열 리큐어Beans & Kernels Liqueur, 허브세일 리큐어Herbal Liqueur, 기타 리큐어etc Liqueur로 나누고 품질에 따라 최고급 리큐어Extra Fine Liqueur, 고급 리큐어Fine Liqueur, 일반 리큐어Standard or Everyday Liqueur로 나누고 기능에 따라 식전용 리큐어Aperitif Liqueur, 식후용 리큐어Digestif Liqueur등으로 나눌 수 있다.

병입 중인 예거마에스터

침출법Infusion Process

증류하면 변질 될 수 있는 과일이나 약초, 향료 따위에 증류주를 가해 향미성분을 용해시키는 방법이다. 열을 가하지 않아 콜드방식이라고도 하고 코디얼이라고도 한다.

증류법Distilled Process

방향성물질을 강한 주정에 담아 부드럽게 한 후 침출 물을 증류 한 후 설탕 또는 시럽의 용액 등의 염료를 첨가해 감미와 색을 낸다.

에센스법Essence Process

주정에 천연 또는 합성 향료를 배합하고 여과한 후 당분을 첨가하여 만드는데 품질이 좋지는 않아 저렴한 편이다.

여과법Percolation Process

기계 윗부분에 재료를 놓고 증류주를 밑에 놓은 후 열을 가해 알코올 증기가 윗부분의 향료를 통하여 지나가면서 액화 시키거나 액체 증류주 자체가 위로 펌프되어 향료에 접하게 된다. 이렇게 향취를 얻은 증류주에 당분을 가미하고 색을 첨가시키는데 첨가 후 다시 여과한다.

디카이퍼 에그 리큐어
공장 라인

5 리큐어의 분류

과일 리큐어Fruits Liqueur

꼬엥뜨로Cointreau

프랑스 앙주Anju 출신의 꼬엥뜨로 형제에 의해 만들어진 화이트 퀴라소Curacao 중 최고급 제품으로 사탕수수 증류주에 쓴맛의 오렌지와 껍질을 첨가하여 만들며 알코올 함량은 40%이다.

Cointreau

퀴라소Curacao

네덜란드령 퀴라소 섬에서 자생하는 쓴맛이 강한 라라하스 오렌지Larahas Orange의 껍질을 첨가하여 만들며 블루, 레드, 오렌지, 그린, 화이트가 있다. 알코올 함량은 15~40%이다.

Curacao

트리플 섹Triple Sec

화이트 퀴라소에 해당하는 리큐어로 오렌지를 추가 혼합하여 향미를 높이고 3차례의 증류를 거쳤다고 하여 붙여진 이름이다. 햇볕에 잘 말려낸 아이티산 오렌지를 만 하루 동안 알코올에 침출시켜 만드는 프랑스산 리큐어였으나 지금은 네덜란드와 미국에서도 생산되고 있다. 알코올 함량은 15~30%이다.

Triple Sec

슬로진Sloe Gin

유럽에서 주로 자생하는 야생 자두인 오얏나무 열매Sloe Berry 스피리츠에 침출Infusion후 진의 주 원료인 쥬니퍼베리Juniperberry의 향을 첨가시켜 만든 리큐어로 알코올 함량은 15~30%이다.

Sloe Gin

애프리코트 브랜디Apricot Brandy

프랑스와 헝가리를 중심으로 가장 많이 생산되며 살구를 씨와 함께 발효, 증류 시킨 후 아몬드Almond성분을 첨가한 리큐어로 알코올 함량은 30~35%이다.

Apricot Brandy

Peach Tree

Apple Pucker

Midori

Banana Liqueur

Cherry Brandy

● 피치트리Peach Tree

네덜란드 디 카이퍼De Kuyper사에서 만든 제품으로 복숭아 계열 리큐어 중 가장 잘 알려져 있는 제품이다. 중성 알코올에 복숭아를 침출시켜 숙성한 후 여과한 리큐어로 알코올 함량은 17%이다.

● 애플퍼커Apple Pucker

중성 알코올에 신맛이 나는 서양 초록사과Green Sour Apple를 침출시켜 만든 리큐어로 칵테일 애플 마티니Apple Martini의 유행과 함께 더욱 알려지게 된 제품이다. 알코올 함량은 15%이다.

● 미도리Midori

일본 산토리Suntory사에서 생산하는 제품으로 산토리사는 이 제품 하나로 주력 상품이던 위스키를 리큐어로 바꾸는 계기가 될 만큼 멜론 계열의 리큐어 중 단연 최고로 인정받고 있다. 진하고 농후한 머스크 멜론의 풍미가 특징이며, 칵테일 준벅June Bug의 베이스로 쓰이면서 알려진 제품이다. 알코올 함량은 23%이다.

● 바나나 리큐르Banana Liqueur

바나나를 향료로 한 감미로운 리큐르 크림 드 바나나Cream de Banana라고 부르기도 한다. 주정도는 약 30° 전후이다.

● 체리 브랜디Cherry Brandy

증류주에 체리를 넣어 침출법을 사용하여 만든 리큐르이다. 여러 나라에서 생산하며, 맛과 향이 풍부하여 증류주이기 보다는 혼성주에 해당한다. 대표적으로 체리헤링Cherry Heering이 있는데 피터헤링Peter Heering이라고도 부르며, 덴마크에서 체리를 원료로 첨가하여 만든 것으로 품질이 좋아 널리 알려진 제품이다. 주정도는 약 30°이다.

● 크렘 드 카시스Creme de Cassis

구스베리Gooseberry에 속하는 Black Currants(까치밥나무 열매 : 검은 Gooseberry의 일종)의 열매를 증류주에 침전하여 맛과 향을 내게하여 다량의 당분으로 조미한 리큐르이다. 당분이 40%

이상인 아주 단맛의 것을 Creme de- 라는 명칭을 붙여 사용한다. 주정도는 약 26° 전후이다.

Creme de Cassis

그랑 마니에르Grand Marmier

프랑스에서 1880년 끄냑에 오렌지를 비롯한 여러 종의 과일을 원료로 첨가하여 오렌지의 맛과 향이 나는 리큐르로 품질이 우수한 세계 5대 리큐르 중의 하나로 꼽힌다. 그랑 마니에는 두 가지로 생산하며 Cordon Rouge는 적색으로 알코올 도수가 높으며, Cordon Jaune는 황색으로 알코올 도수가 낮은 것이다. 유사한 제품으로 Cointreau와 Curacaor가 있다.

Grand Marmier

그 밖에도 여러 회사에서 카시스Cassis, 바나나, 라즈베리, 크렌베리, 블랙베리, 마르멜로Quince, 워터 멜론, 리치, 망고, 그레이프 후르츠 등의 과일 계열 리큐어를 생산하고 있다.

종자 리큐어Beans & Kernels Liqueur

칼루아Kahlua

멕시코산 커피를 주원료로 럼과 함께 혼합하여 만든 리큐어로 단맛이 강하고 온더락스로 음용할 경우 맛과 향의 균형이 좋은 리큐어이며, 알코올 함량은 20%이다.

Kahlua

아마레또Amaretto

이탈리아에서 살구씨를 주원료로 복숭아, 체리 등의 씨를 함께 혼합하여 만들며 씨의 쓴맛을 보완하기 위해 아몬드를 첨가하기도 한다. 알코올 함량은 24~28%이다. 대표적인 상표는 1817년에 개발된 '아마레또 디사론노Amaretto Disaronno' 이다.

Amaretto

티아마리아Tia Maria

자마이카산 블루마운틴 커피를 주원료로 사탕수수 증류주에 바닐라와 당분을 혼합하여 만들며 알코올 함량은 20%이다.

Tia Maria

Creme de Cacao

◉ 크렘 드 카카오 Creme de Cacao

베네수엘라, 에콰도르 등의 카카오 씨드를 주원료로 계피, 바닐라 등을 혼합하여 만드는 리큐어로 브라운, 화이트 두 가지가 있으며 알코올 함량은 25~30%이다.

◉ 말리부 Malibu

Malibu

1981년부터 판매된 새로운 타입의 리큐르로서 자메이카산의 라이트 럼에 카리브해 지역에서 생산되는 코코넛과 당분을 넣어 만든 무색 투명한 리큐르이다.

그 밖에도 셰리단, 디사론노 오리지널, 아산티 골드, 사브라, 쇼콜라 스위스 등의 종자 계열 리큐어들이 있다.

허브 리큐어 Herbal Liqueur

Benedictine D.O.M

◉ 베네딕틴 디오엠 Benedictine D.O.M

16세기 초 베네딕트 사원에서 수도사에 의해 만들어졌으며, 브랜디에 안젤리카를 주원료로 박하, 쥬니퍼베리 Juniperberry, 계피, 너트멕, 바닐라, 벌꿀 등 27가지의 재료를 혼합하여 만들게 되었다. D.O.M Deo Optimo Maximo은 "최선 최대 신에게"라는 뜻으로 당대에는 강장제로 애용되었다. 알코올 함량은 40%이다.

Anisette

◉ 아니세트 Anisette

프랑스산 리큐어로 1755년 마리 브리자드 Marie Brizard사에서 아니스 열매와 레몬 껍질, 코리앤더 등의 향을 첨가한 리큐어로 단맛이 강한편이며, 알코올 함유량은 25%이다.

◉ 갈리아노 Galliano

이탈리아 전쟁영웅 주세페 갈리아노 소령의 이름을 따서 만든 리큐어로 밀라노 지방에서 자생하는 아니스, 감초, 팔각, 바닐라 등을 원료로 만들어지며 일반적으로는 밝은 노란색 제품이 많으나 어두운색이 나는 오팔Opal 제품도 있다. 알코올 함량은 42.3%이다.

Galliano

삼부카Sambuca

이탈리아 아니스 열매와 팔각의 열매를 혼합하여 만들며 증류 과정을 거친 후 스테인레스 통에 숙성하여 무색투명한 것이 대부분이지만 블랙, 레드 제품도 있다. 마실 때는 모든 일들에 대한 행운을 기원하는 의미로 3개의 커피 원두를 띄워 마신다. 알코올 함량은 38~45%이다.

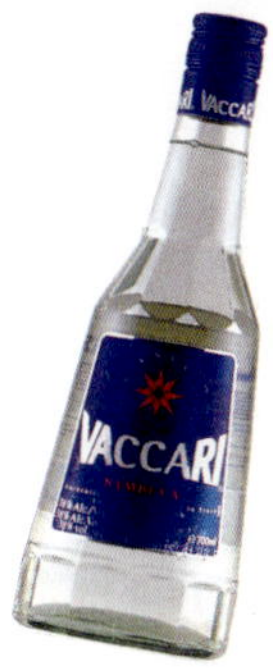

Sambuca

압상트Absinthe

프랑스 정부가 1915년 제조와 판매를 금지하기까지 했던 일명 "녹색의 마주"라고도 불리는 압상트는 아니스 열매를 주원료로 감초, 쑥 등의 배합을 통해 만들어지며, 햇빛을 받으면 7가지 색을 띈다. 과거 특유의 신비스러운 향미와 높은 알코올 함량으로 인해 중독될 경우 정신장애와 극도의 불안감을 느끼는 등의 부작용도 발생하기도 하였다. 알코올 함량은 45~68%이다.

Absinthe

캄파리Campari

이탈리아 노바라지역에서 1860년대부터 만들기 시작한 식전용 리큐어로 60여 가지의 식물껍질, 키니네, 대황뿌리, 인삼, 오렌지 껍질 등을 사용하여 쓴맛이 강하다. 칵테일 캄파리 소다Campari Soda의 베이스로 잘 알려져 있다. 알코올 함량은 38%이다.

Campari

앙고스투라 비터Angostura Bitters

1824년 베네수엘라의 앙고스투라시의 육군병원장 시거트Siegert박사가 만든 것으로 럼을 기주로 하여 용담에서 채취한 성분과 많은 약초와 향료를 배합한 술이다. 현재는 트리니다드 토바고에서 생산되며, 뛰어난 풍미와 향기에 있어서 다른 모든 비터를 능가하며 맨하튼을 비롯한 많은 칵테일의 재료로 사용되고 있다. 주정도는 45%이다.

Angostura Bitters

Jagermeister

Creme de Menthe

● 예거마이스터Jagermeister

1934년 쿨드 마스트가 허브, 과일 뿌리 등 56가지의 재료로 만든 리큐르를 개발하여 1935년에 '예거마이스터'란 이름으로 출시했다. 오랜된 천식, 위장병 등을 치료할 약용 리큐르로 개발되었으며 달콤한 맛을 가지고 있다. 독일에서는 이 술을 가정상비약으로 구비해 놓은 집들이 많다.

● 크렘 드 망뜨Creme de Menthe

감미 있는 진에 박하Peppermint의 향료를 첨가한 리큐르로서 그린과 화이트가 있다. 그린은 인공 착색한 것으로 주정도는 약 25° 전후이다.

그 밖에도 페르노Pernod, 리까르Ricard, 시나Cynar, 듀보네Dubonnet, 예거마에스터Jagermeister, 운더베르그Underberg 등의 허브 계열 리큐어들이 있다.

기타 리큐어

Drambuie

● 드람뷔Drambuie

스카치 위스키에 꿀과 사프론Saffron, 아니스Anis, 너트맥Nutmeg 등을 혼합하여 1893년에 스코틀랜드에서 만들기 시작한 고급 리큐어 중 하나이다. 알코올 함량은 40%이다.

● 베일리스Bailey's

아이리쉬 위스키에 크림, 초콜릿 등을 원료로 만든 크리미한 연한 갈색의 리큐어로 위스키의 향과 초콜릿의 풍미 그리고 아이리쉬 크림의 부드러움을 조화롭게 이뤄낸 제품으로 알코올 함량은 17%이다.

Bailey's

아이리쉬 미스트Irish Mist

아이리쉬 위스키에 10여종의 허브와 히스 꽃의 꿀을 혼합하여 숙성시킨 아일랜드산 리큐어로 알코올 함량은 35%이다.

아드보카트Advocaat

네덜란드에서 브랜디에 계란 노른자와 허브, 설탕을 혼합하여 만든 점성이 강하고 크리미한 거품이 특징인 리큐어이다. 알코올 함량은 14~15%이다.

Irish Mist

Advocaat

그 밖에도 크림이 혼합된 아마룰라Amarula, 요거트가 혼합된 요거리토Yogurito, 쿠키가 혼합된 비스코타Biscota 등의 많은 리큐어들이 있다.

다양한 맛과 향 그리고 컬러로 세계인을 매혹시킨「 리큐어 」

리큐어Liqueur와 리쿼Liquor의 의미 차이.

과일, 씨, 허브 등의 여러 가지 식물에 당분을 넣어 만든 술로 알코올 함량이 일반적인 발효주보다 높은 술을 혼성주, 즉 '리큐어'라고 한다. 그렇다면 '리쿼'와는 어떻게 다른 것일까? 우선 리큐르는 술의 분류 3가지 중 하나인 혼성주에만 국한된 용어로 불어이다. 그와는 달리 리쿼는 '술'이라는 말의 통칭으로 사용되는 영어로 언어 자체도 다르지만 그 의미 또한 혼성주를 포함한 모든 술을 뜻한다. 즉 모든 리큐어는 리쿼가 되지만 반대로 모든 리쿼는 리큐어가 될 수 없다.

혼성주를 뜻하는 리큐어르(Liqueur)

리큐어는 불어이므로 발음상 리큐어 또는 리큐르로 혼용해 사용하고 있으며 프랑스를 중심으로 한 유럽에서 만들어진 술이므로 불어식 표현인 리큐어Liqueur로 가장 많이 불리고 있으나 독일어로는 리코르Lokor, 영어로는 코디얼Cordial로도 불리고 있다.

집에서 만든 '담금주'는 혼성주로 분류.

인삼, 더덕 등과 같은 약초의 뿌리류와 포도, 오디, 석류, 오미자 등과 같은 열매류 그리고 도마뱀, 뱀, 자라, 지네, 전갈 등과 같은 동물류로 담근 술들은 어떤 술로 분류할까? 인삼 또는 포도 등의 재료로 봤을 땐 대부분의 사람들이 와인이라고 생각할 것이다. 결국 와인은 발효주이니 인삼주, 포도주는 와인이라고 판단 할 수 있을 것이다. 하지만 제조 과정을 살펴보면 그 오해는 분명히 해소된다. 발효주는 원료에 효모를 첨가하고 발효를 돕기 위한 당 만을 소량 넣은 뒤 일부 물을 첨가하는 방식으로 만들어 지는 반면, 혼성주는 원료에 발효와 단맛을 내기위한 당을 넣은 뒤 증류주를 혼합하여 만든다. 쉽게 말해 기본적으로 증류주와 당분을 추가 투입해야 하는 것이다. 이와 같은 혼성주의 제조 방법은 혼성주의 제조방법에 의한 분류 4가지 중 하나인 침출법에 의한 방법으로 혼성주에 해당한다. 우리 가정에서 쉽게 만드는 술 담금주는 포도나 인삼과 같은 주 원료에 설탕과

다양한 재료 사용이 가능한 담금주(Infusion Liquor)

소주를 부어 만드는 것이 일반적인 제조 방법이라는 가정 하에 본다면 분명 혼성주인 것이다. 그렇다면 발효주로서 인정 될 수 있는 포도주와 인삼주는 어떻게 만들어야 하는 것일까? 그것은 그 술을 완성하는데 필수적인 알코올이 인위적으로 추가된 것인지 효모에 의한 자연 발효로 인해 생성된 것인지에 따라 구분되어진다. 결국 우리가 알고 있는 발효주의 와인은 원료인 포도의 당분에 효모가 작용하여 생성된 자연 알코올 이라는 것이며 이 기준이 발효주와 혼성주를 분류하는 첫 번째 요소이다.

인퓨전 키트(Infusion Kit)

마트와 편의점에서도 판매하는 혼성주 칵테일

RTD Ready to Drink

음료 분류에 있어 사실상 혼성주에 가까운 RTD 음료는 보드카, 럼, 데킬라, 진, 버번위스키 등의 스피리츠를 베이스로한 케이지비KGB나 크루져Cruiser, 스미노프 모스코뮬Smirnoff Moscow Mule, 바카디 브리져Bacardi Breezer 등과 같이 전 세계적으로 사랑 받아온 클레식 칵테일 메뉴를 바텐더의 수작업이 아닌 공장에서 사전 조합하여 믹스함으로서 손쉽게 즐길 수 있도록 만들어졌다. 즉, RTD 음료는 캔, 컵, 병 형태로 주변에서 쉽게 구입해서 마실 수 있도록 고안된 기성품화된 칵테일이라 할 수 있다. 5~8%의 낮은 알코올 함량으로 인해 바 이외의 공간에서도 가볍게 즐길 수 있는 새로운 패턴의 음료이며 이제는 스피리츠 뿐만 아니라 와인, 커피 등과 혼합된 제품도 생산되며 새로운 음료 제품의 한계를 실감하고 있는 세계 음료 시장에서 그 영역을 넓혀가고 있다.

바카디 럼 베이스의 RTD 제품인 브리저(Breezer)

스피리츠에 다양한 맛과 향이 가미된 RTD 제품들

RTS Ready to Serve

공장에서 제조를 마친 완성 음료를 마시던 시대에서 바텐더가 직접 혼합해 주는 칵테일을 즐기던 시대를 거쳐 세계적인 반향을 불러 일으킨 RTD 음료는 칵테일을 바에서 가 아닌 마트와 집에서 쉽게 마실 수 있다는 장점을 내세워 성장해 오던 음료 문화였다. 하지만 최근 세계는 RTS음료의 시대를 맞이 한 듯 하다. 그것은 손쉽게 직접 만들어 마실 수 있는 음료로 소비자가 직접 칵테일을 만든다

손쉽게 만들어 마시는 RTS 음료

는 참여의 개념과 문화로서의 꺼리를 제공했다는 의미에 RTS[Ready to Serve] 음료이다.

세계 판매 1위 프리미엄 럼 브랜드인 바카디에서는 여름을 대표하는 칵테일인 '바카디 클래식 모히토[Bacardi Classic Mojito]'를 출시했다. 모히토 칵테일의 주재료인 라임과 민트는 시중에서 구하기 어렵고 라임과 민트를 함께 으깨는 '머들링[Muddling]' 작업이 번거롭기 때문에 집에서 모히토 칵테일 제조가 어려웠다. 바카디 클래식 칵테일 모히토의 출시로 오리지널 레시피 그대로의 정통 모히토를 단 3초 만에 즐길 수 있게 됐다. 또한 예거마에스터도 꾸준한 인기다. 섞어 마시는 음료의 종류에 따라 '예거 라임', '예거 토닉', '예거 밤' 등 부르는 명칭도 다양하다. 주스나 음료와 예거마이스터를 각각 3 : 1 비율로 섞게 되면 35도의 술이 17도 정도로 순해지고 단맛을 음미하며 천천히 즐길 수 있어 젊은 고객층의 파티용 음료로서의 선호도가 높다.

이미 호주, 러시아, 일본의 경우 1차 제조 된 칵테일 재료를 병입 한 음료[Ready to Serve]의 제품이 인기가 높아 전 세계 시장의 75%를 차지할 정도로 홈파티 문화의 주축을 이루며 다양한 제품을 출시하고 있다.

국내 첫 RTS 홈믹싱주 맥키스(Mackiss)

Chapter 05

전통주
(Traditional Liquor)

01 전통주 (Traditional Liquor)

1 전통주의 정의

한국의 전통주는 탁주, 약주, 소주로 대표된다. 이 세 가지 가운데 제조방법으로 볼 때 탁주가 가장 오랜 역사를 가지고 있고 탁주에서 재(滓)를 제거하여 약주가 되었으며, 이를 증류하여 소주가 만들어졌다.

법 규정에 명시된 전통주는 사실상 민속주이며, 전통문화의 전수, 보존에 필요하다고 인정하여 문화체육관광부 장관이 요청하여 주류의 심의회 심의를 거친 주류를 말하며, 농수산물 가공 산업 육성 및 품질관리에 관한 법률 규정에 의하여 농림수산부 장관이 주류 부분의 전통 식품명인으로 지정하고 국세청장에게 요청하여 제조 허가를 받은 주류를 말한다.

2 전통주의 역사

관리들만 즐길 수 있었던 술

술은 인류의 역사와 더불어 존재하였으며, 저마다 그 나라의 풍토와 민속을 담고 있다. 수렵시대에 바위틈이나 움푹 패인 나무 속에서 술이 발견되었다고 하는데 이것은 과실이 자연적으로 발효해서 술이 된 것이다. 이어서 유목시대와 농경시대 사이에 곡류에 의한 술이 만들어져 술은 다양화되었다.

술은 효모균Yeast이라는 미생물에 의해 알코올이 만들어지고, 전분을 분해해서 주정 당분을 만드는 당화과정을 먼저 거치는데, 이 당화에 이용된 것이 동양과 서양이 서로 다르다.

우리나라는 계절풍의 영향을 많이 받아 곰팡이가 잘 피게 되므로 누룩을 이용하게 되었고, 서양에서는 곰팡이가 잘 피지 않아 엿기름을 가지고 당화시켰던 점이 다르다.

당분이 알코올로 변할 때 탄산가스가 방출되므로 거품이 나오는 이른바 발효현상이 일어나게 된다. 그래서 발효를 우리말로 "술이 끓어 오른다"라고 표현해 왔다. 발효될 때 거품이 많이 나는데 거품이 멎게 되면 당분이 거의 알코올이 된 것이므로 술이 만들어진 증거가 된다. 술독에 촛불이나 성냥불을 켜보아 그 불이 쉽게 꺼지게 되면 발효가 아직 진행 중이라는 것을 알게 되었던 것이다.

삼한시대의 술

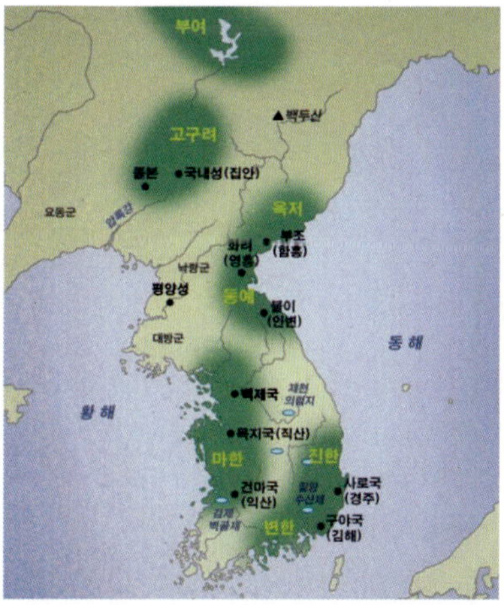

삼한시대 지도

삼한시대의 술 제조법은 곡주를 바탕으로 제조하였는데 그 방법은 알 수 없으나 누룩을 사용한 것 같은 흔적은 엿볼 수 있으며, 위지동이전에 의하면 이 땅의 영고, 동맹, 무천의 군중대회에서는 밤낮으로 식음하였다고 기록되어 있다.

삼국 및 통일신라의 술

삼국사기 고구려 본기 대무신왕 11년 편에 의하면 지주(旨酒 : 맛 좋은 술이란 뜻)란 말이 나온다.

동해석사(東海釋史)와 지봉유설에서는 당대의 시인 옥계생(玉溪生)의 "한 잔 신라주(新羅酒)의 기운이 새벽바람에 쉽게 사라질까 두렵구나." 라는 시를 소개해 놓았다. 당대 문인들 사이에 신라주의 인기가 사뭇 높았음을 알 수 있다.

중국의 제민요술(齊民要術)에 술 빚기가 우리나라에 전파되고 동화되면서 독특한 술까지 빚게 된 것으로 짐작되며, 실제로 일본고사에는 백제인 '인번' 이 쌀로 술 빚는 방법을 전래하였다고 기록되어 있다.

고구려 귀족의 술 접대

고려시대의 술

고려 시대의 술 제조법은 송 · 원대의 양조법이 도입되었으며, 전래 곡류 양조법이 발전되어 국(麴 ; 누룩)의 종류도 소맥국(小麥麴)과 미국(米麴)으로 이루어질 뿐 아니라 주품도 다양해졌다.

고려 때에는 사찰이 여행자의 숙박지로 이용되었을 뿐 아니라 술을 판매하는 풍속이 있어 사찰을 중심으로 다양한 술들이 발달된 것 같다.

현종(顯宗 ; 1140년) 때에는 그 폐단이 심하여 사찰에서 술을 빚고 마시는 것을 금하게 된다. 고려 후기에 접어들면서 증류주 문화가 유입되는데, 이는 몽고의 침입(1274년)으로 소주 고리의 이용 방법이 도입되면서 급속하게 발전하였다. 또한 고려시대에는 발효된 술덧을 압축하거나 걸러내어 맑은 술을 빚었고 이미 덧술법도 사용하여 알코올 농도가 제법 높은 청주를 빚었다. 즉, 발효가 끝난 술덧을 잘 걸러 내어서 부드럽게 마실 수 있고 맑게 한 술이 청주라는 이름으로 불리었을 것으로 생각된다.

조선시대 객주

조선시대의 술

제조법

우리나라 주조 사상 주목할 일은 조선 시대에 오면서 지금까지 유명주로 손꼽히는 술들이 이 시기에 정착되었다는 것이다.

술의 고급화

술은 고급화 추세를 보여 제조 원료도 맵쌀 위주에서 찹쌀로 바뀌고 발효 기술도 단사입에서 중양법으로 바뀌면서 양보다는 질 좋은 술들이 제조되었다.

술 빚는 장인

조선의 술들

이때 양반주로 손꼽히던 술로 품질이 뛰어났던 것으로는 삼해주, 백로주, 이화주, 부의주, 하향주, 춘주, 국화주 등 이었다. 특히 이 시대의 증류주는 국제화 단계로 일본, 중국 등에 수출이 빈번하였다. 그 당시 중국에서는 관이 제조를 관장하게 됨에 따라 우리 술의 수출이 용이하여 더욱 발전되었던 것 같다.

조선시대에 유입된 외래주

이 시대에 유입된 외래주로는 천축주(天竺酒), 미인주(美人酒), 황주(黃酒), 섬라주(暹羅酒), 녹두주(綠豆酒), 무술주(戊戌酒), 계명주(鷄鳴酒), 정향주(程香酒) 등이다.

우리나라의 대표 술 탁주

조선후기로 접어들면서 지방주가 전성기를 맞이하는데 지방마다 특색과 멋과 맛을 가진 술들이 발전하였고 이때의 명주로는 서울의 약산춘, 아산의 호산춘, 충청의 노산춘, 평안의 벽향주, 김천의 청명주, 과하주, 전라도의 이강주 등이 유명하였다.

근대사회의 술

조선후기에는 자가 제조 및 판매가 자유로웠던 관계로 술도 다양하였으며 제조하는 장소 또한 무수하여 당시 제조장 수는 155,832장(場)이나 되었다. 그러나 국권이 일본으로 넘어가고 조선 총독부가 수탈 작업의 일환으로 주세법(1907년)을 공포하여 주세가 세금원으로 이용되면서 전통 향토주는 그 자취를 감추게 되고 신식 술이라는 획일적인 술들이 일제의 통제 하에 제조되기 시작한다. 그래도 밀주가 성행하게 되자 1916년 1월에 주류 단속이 강화되는

한국 근대사회의 술

백화양조의 삼바25

백화양조의 죠지드레이크

한국 1970~1980년대 소주

소주 알코올 도수 변천사

가운데 모든 주류를 약주, 탁주, 소주로 획일화시켰다.

이로 인하여 전래의 전통주는 몰살당하고 1917년 각 지방마다 대단위 주류 제조업 공장이 새로 선정되었다. 여기에 수반하여 1920년을 기점으로 신기술이 도입되어 재래식 누룩을 사용하던 방법에서 흑국, 황국의 배양균을 사용하는 입국법이 활용됨과 동시에 전통주는 맥이 끊기게 되었다.

현대사회의 술

주세법에 의해 자가 제조 소비와 판매가 엄격히 구분되어 그 명맥을 간신히 유지하던 전통주류는 해방 후 또 한 번의 큰 시련을 맞이하게 된다. 해방이후의 부족한 식량사정에 따른 양곡정책으로 인하여 쌀을 이용하여 술을 제조하지 못하게 엄격히 규제하여 우리나라 고유주라 할 수 있는 민속주들은 명맥이 완전히 단절되었다. 이에 대안으로 부상한 술이 현재 국민 알코올 소비량의 대다수를 차지하는 주정을 희석하여 제조한 희석식소주가 주류를 이루게 된다. 그러나 88서울올림픽 개최를 계기로 우리나라 전통문화를 전수 · 보전하고, 외부적으로는 외국인 관광객에게 우리나라 술을 널리 알리기 위하여 관련 법조항을 개정하여 전통 민속주 제조의 길을 열게 되었고, 현재 우리나라의 민속주 제조장은 탁주, 약주, 소주류 등을 통틀어 52개 제조장이 존재한다.

3 전통주의 분류

탁주

오늘날에도 널리 애음되고 있는 막걸리인 탁주는 약주와 함께 가장 오랜 역사를 가지고 있으며 도시의 서민층과 농민에게까지 널리 기호층을 가지고 있는 우리 민족의 토속주이다. 탁주는 예로부터 자가제조로 애용되었기 때문에 각 가정마다 독특한 방법으로 만들어져 그 맛도 다양한 것이 특징이었으며, 대중주로서의 위치도 오랫동안 유지되어 왔다. 탁주는 지방 방언으로 대포, 모주, 왕대포, 젓내기술(논산), 탁배기(제주), 탁주배기(부산), 탁쭈(경북)라는 이름으로 불리었다.

삼국시대 이래 양조기술의 발달로 약주가 등장했지만 탁주와의 구별이 뚜렷하지 않았다. 같은 원료를 사용해서 탁하게 빚을 수도 있고 맑게 빚을 수도 있기 때문이다. 고려시대 이래로 대표적인 탁주는 이화주(梨花酒)였다. 이 이름은 탁주용 누룩을 배꽃이 필 무렵에 만든 데에서 유래했으나 후세에 와서는 어느 때나 누룩을 만들었으므로 그 이름이 사라지고 말았다. 일반에 널리 보급된 탁주는 가장 소박하게 만들어진 술로서, 농주로 음용되어 왔다.

탁주와 약주는 곡류와 기타 전분이 함유된 물료나 전분당, 국 및 물을 원료로 한다. 여기에서 발효시킨 술덧을 여과제성(濾過製成)했는가의 여부에 따라 탁주와 약주로 구분된다.

약주

약주는 탁주의 숙성이 거의 끝날 때쯤, 술독 위에 맑게 뜨는 액체 속에 싸리나 대오리로 둥글고 깊게 통 같이 만든 '용수'를 박아 맑은 액체만 떠낸 것이다.

약주란 원래 중국에서는 약으로 쓰이는 술이라는 뜻이지만 우리나라에서는 약용주라는 뜻이 아니다. 한국에서 약주라 불리게 된 것은 조선시대 학자 서유거(徐有渠)가 좋은 술을 빚었는데 그의 호가 약봉(藥峰)이고, 그가 약현동(藥峴洞)에 살았다 하여 '약봉이 만든 술', '약현에서 만든 술'이라는 의미에서 약주라고 부르게 되었다고 한다.

약주에 속하는 술로는 백하주, 향은주, 하향주, 소국주, 부의주, 청명주, 감향주, 절주, 방문주, 석탄주, 법주 등이 있다. 이밖에 보다 섬세한 방법으로 여러 번 덧술한 약주에는 호산춘, 약산춘 등이 있

는데, '춘(春)' 자를 붙인 것은 중국 당나라 때의 예를 본뜬 것이다. 그리고 비록 '춘' 자는 붙지 않았어도 같은 종류의 술로 삼해주, 백일주, 사마주 등이 있다.

청주

청주는 백미로 만드는 양조주로서 탁주와 비교하여 맑은 술이라고 해서 이름이 붙여졌다. 청주는 음료로서 사용되지만, 육류와 생선요리 등 각종 요리에 조미용으로도 사용된다.

청주는 삼국시대부터 만들어진 한국의 술이다. 일본「고사기(古史記)」에는 백제의 인번(仁番)이 응신천황(應神天皇, 270~312년) 때 일본에 건너와 새로운 방법으로 미주(美酒)를 빚었으므로 그를 주신(酒神)으로 모셨다고 전한다. 여기에서 말하는 미주는 청주의 전신인 듯하다.

고려시대「동국이상국집」의 시(詩)에서는 "발효된 술덧을 압착하여 맑은 청주를 얻는데 겨우 4~5병을 얻을 뿐이다."라고 했고「고려도경」에서도 "왕이 마시는 술은 양온서에서 다스리는데 청주와 법주의 두 가지가 있으며 질항아리에 넣어 명주로 봉해서 저장해 둔다."라고 했다.

이로 미루어 보아 고려시대에는 발효된 술덧을 압착하거나 걸러내어 맑은 술을 빚었고 이미 덧술법을 사용하여 알코올 농도가 높은 청주를 빚은 듯하다. 즉, 발효가 끝난 술덧을 잘 걸러내어 부드럽게 마실 수 있게 맑게 한 술이 청주라는 이름으로 불리었을 것으로 짐작된다. 우리나라에서 현대식 청주가 만들어진 것은 1900년 이후이다.

소주

소주는 오래 보관할 수 없는 일반 양조주의 결점을 없애기 위해서 고안된 술로서 발효원액을 증류하여 얻는 술이다.

소주는 인도나 이집트 등지에서 지금으로부터 4,000년 전이나

2,800년 전부터 만들었다는 설이 있으나 확실하지 않다. 국내문헌에 의하면, 600년 전 중국 원나라 때 처음 생산되었다. 이때는 감로(甘露), 아라키(亞刺吉)라고 불렀다고 한다. 이 술을 만주에서는 이얼키(亞兒吉)라고 하고 아라비아에서는 아라크Araq라고 했다. 아라키라는 이름은 아라비아의 아라크에서 유래한 것이다.

우리나라에서 소주는 징기스칸의 손자인 쿠빌라이가 일본 원정을 목적으로 한반도에 진출한 후 몽고인의 대본당이었던 개성과 전진기지가 있던 안동, 제주도 등지에서 많이 빚어지기 시작했다. 원나라가 고려와 함께 일본을 정벌할 때 안동을 병참기지로 만들면서 안동소주가 알려지게 되었는데 안동소주는 조선시대에 들어와 더욱 발전했다. 당시 원나라는 페르시아의 이슬람 문화를 받아들였으며 세력이 중국은 물론 한반도에도 미쳤다. 원의 이러한 세력 확장에 따라 페르시아 증류법이 한반도에 들어온 것이다.

한반도에 들어온 소주는 지역마다 명칭을 달리했다. 개성에서는 '아락주' 라고 했고, 평북지방에서는 '아랑주' 라고 했다. 경북과 전남, 충북 일부에서는 '새주', '세주' 라고 했다. 진주에서는 '쇠주', 하동과 목포, 서귀포 등지에서는 '아랑주', 연천에서는 '아래지', 순천과 해남에서는 '효주' 라고 불리었다.

고려시대 중국에서 전래된 소주는 오랫동안 약용으로 음용되다가 조선시대에 와서야 '술' 로서 일반인들이 마시게 되었으며 '약소주' 라는 이름으로 불리기도 했다. 한반도에서는 평양에서 만든 '감홍로(甘紅露)' 가 최초의 소주이고, '재소주' (두 번 증류하여 강도가 높은 소주)는 태국으로부터 들어왔다고 전해진다.

가향주(加香酒)

술에 독특한 향을 주기 위해서 꽃이나 식물의 잎 등을 넣어 만든 술이다. 진달래꽃을 쓰는 두견주를 비롯하여 여러 가지 화주(花酒)가 있는데 빚는 방법으로는 일반 처방에다 가향재료를 넣어 함께 빚는 것과 이미 만들어진 곡주에 가향재료를 우러나게 하여 빚는 가향 입주법이 있다.

징기즈 칸Chingiz Khan의 술 아라크Araq에서 시작된 값비싼 술 「소주」.

징기즈 칸(Chingiz Khan)

소주는 징기즈 칸이 즐겨마시던 '아라크'라는 몽골의 증류주에서 영향을 받은 술로 알려져 있다. 몽골이 유라시아 대륙을 지배하면서 동방 세계로 전파 되었고 그렇게 몽골을 통해 전파된 소주는 몽골군이 물러난 뒤에도 여전히 우리 민족과 함께 발전하고 전파되어 왔다. 단, 전파의 대상이 다소 한정적이었다.

소주는 곡식을 원료로 해 만들어지고 사용 되는 원료의 양에 비해 얻을 수 있는 술의 양이 탁주보다도 적었기 때문에 값비싼 술로 여겨질 수밖에 없었다. 때문에 일반 서민층은 접근하기가 어려웠다. 지금으로 본다면 고급 양주와 비교 될 수 있을 것이다.

고려 말에 전래된 소주는 조선시대를 거쳐 일제강점기 초반기까지 제조법에 큰 변화 없이 전통소주의 길을 걷게 된다. 그러던 것이 1919년, 평양에 기계식 증류기를 이용한 소주공장이 세워지고 이어 인천 · 부산에도 연이어 건설되어 재래식 누룩을 이용한 소주보다 저렴한 개량누룩을 이용한 대량생산이 가능해졌고 1952년부터는 값싼 당밀을 수입해 만들게 되면서 조금씩 서민들에게도 알려지기 시작한다. 그러던 것이 1965년 정부의 식량 정책 중 하나로 나온 양곡관리법이 시행되면서 소주 제조에 일대 변혁이 시작된다. 우리 고유의 맛과 향기를 즐길 수 있었던 증류식 순곡주가 역사의 뒤안길로 사라지고 그 빈자리를 고구마, 당밀, 타피오카 등을 원료로 해 만든 주정을 희석한 희석식 소주가 차지하게 된 것이다. 1970년이 되자 소주는 또 한 번의 대변화를 맞이하게 된다. 당시 전국에 퍼져 있던 254개의 소주 업체를 대대적으로 정리해 주류회사 통폐합 작업에 들어간 것이다. 이런 주류 회사의 통폐합으로 1977년 각 지방별 제조장 기준으로 각도마다 한 업체씩 총 열 업체가 희석식 소주 영업 허가권을 얻어 오늘에 이르게 된다.

몽골의 소주

단종에게 원로대신들이 「소주」를 권하다.

단종 어진(조선 제6대 왕: 재위 1452~1455)

"사람들이 검소할 줄 모르고 소주나 비단 또는 금이나 옥그릇에 재산을 탕진하니 앞으로 이 모든 것들을 일절 금한다."

〈고려사(高麗史)〉에 나오는 내용이다. 보통 왕이 즉위하면 사회 분위기 쇄신 차원에서 풍속 정화의 영을 내리게 되는데, 이때 당당히 그 이름을 올린 것이 소주였던 것이다. 이때부터 소주는 사치품으로 분류된다. 그러나 늘 이렇게 부정적으로만 여겨졌던 것은 아니다.

황보인, 남지, 김종서, 정분, 이양, 허후, 강맹경 등이 조계청(朝啓廳)에 나와 문안하고 인하여 아뢰기를, "사람이 비록 장성한 나이로 있더라도 거상을 하면 반드시 마음이 허하고 기운이 약하게 되는데, 지금 주상께서 나이 어리시고 혈기가 정하지 못하시니, 청컨대 타락(우유죽)을 드소서. 또 바야흐로 여름 달이어서 천기가 찌고 무더우니, 또한 청컨대 소주(燒酒)를 조금 드소서." 하니, 그대로 따랐다.

– 〈조선왕조실록〉 단종 즉위년(1452년) 6월 1일의 기록 중에서 –

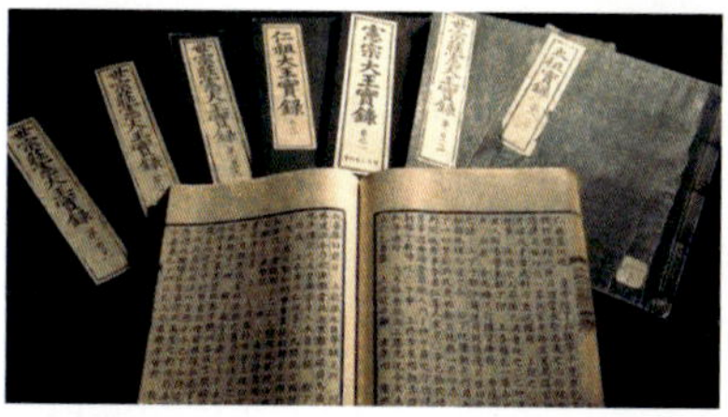

조선왕조실록

막 걸러서 마신다고 하여 불리어진 이름 「막걸리」

막걸리는 술이 맑지 않고 탁해서 탁주(濁酒)라 하기도 하고 농부들이 주로 마셨다고 해서 농주(農酒), 색이 희다고 해서 백주(白酒), 맑은 청주를 떠내지 않아 밥알이 동동 떠 있다고 해서 동동주나 부의주(浮蟻酒) 등으로 불렸다. 술이 익으면서 떠오르는 청주의 알코올 도수는 대개 15도 안팎이고 막걸리는 여기에 물을 타서 알코올 도수를 5~6도 정도로 늦춘 것이다.

삼국시대에 이미 우리는 술 빚는 기술이 능숙하다하여 중국의 서적에도 우리나라 술에 대한 기록이 나오고, 백제의 수수보리라는 사람은 일본에 처음으로 누룩을 가지고 가서 술 빚는 방법을 전해주어 후에 일본의 주신(酒神)이 되었다고 하니, 우리나라는 막걸리의 종주국이라고 할 만하다. 우리 술의 삼총사인 탁주(막걸리), 청주 그리고 증류주인 소주로 분류되는 것은 고려시대로 추정된다.

막걸러서 마셨던 탁주 '막걸리'

영양음료나 다름없는 「막걸리」

떠먹는 막걸리 '이화주'

막걸리를 마시는 것은 알코올 성분만 제외하면 영양제를 먹는 것과 다름없다. 80%를 차지하는 물을 제외한 나머지 20%는 알코올 6~7%, 단백질 2%, 탄수화물 0.8%, 지방 0.1%이며, 나머지 10%는 식이섬유와 비타민 B, 비타민 C, 유산균, 효모 등이 혼합된 물질인 만큼 '영양의 보고'라고 불릴 만하다.

막걸리 1ml에는 희석시키지 않은 생 막걸리의 경우, 수백만에서 일억 마리 정도의 유산균이 들어 있다고 한다.

Chapter 06

기호 음료

01 커피(Coffee)

칼디의 전설

1 커피의 유래

커피의 기원은 에티오피아에서 찾을 수 있다. 전설에 따르면 기원전 6~7세기경 에티오피아의 아비시니아 지방 산골에 칼디Kaldi라는 염소 치는 소년이 살고 있었는데 칼디는 자신의 염소들이 나무에 달린 빨간 열매를 먹고 흥분하여 이리저리 뛰어다니는 것을 보고 가까운 곳에 위치한 이슬람 사원의 승려에게 이 열매를 전해 주었고, 이후 승려들이 밤 기도를 할 때 잠을 깨기 위한 음료로 음용하게 되었다고 한다.

칼디의 전설은 정확한 역사적 증거를 제시하지 못하여 신빙성에 다소 많은 의문들이 제기되고 있으나, 전문가들은 커피가 아프리카대륙의 에티오피아에서 유래되었다는 사실은 정설로 인정하고 있다.

커피의 어원에 대한 기록은 없으나 커피의 최초 발견지라고 알려진 에티오피아의 지명 카파Kappa에서 유래되었을 것으로 추정되고 있으며, 이후 에티오피아에서 아라비아국가들을 거쳐 17세기 초 유럽으로 전해지면서 프랑스에서는 Cafe, 독일에서는 Kaffe, 스페인에서는 Kape, 이탈리아에서는 Caffe, 그리스에서는 Kafes, 네덜란드에서는 Koffie 등으로 다양하게 불려 지다가 영국에 이르러 지금과 같이 Coffee라고 불리게 되었다고 한다.

2 커피의 산지

세계적으로 대부분의 커피나무가 자라고 있는 곳은 남, 북위 25° 사이이며 연간 강수량이 1,500mm 이상의 열대 및 아열대 지역으로 지도상에 하나의 띠를 형성하고 있는데 이를 커피벨트Coffee Belt 또는 커피존Coffee Zone이라고 한다.

커피경작에 적합한 토양은 용암, 응회암, 화산재 등이 섞여진 화성암 풍화지대로 표토층이 깊고 투과성이 좋아 비옥하고 배수가 잘 되는 약산성 지역이다. 근대 들어서 커피의 대량 소비가 이루어지고 있는 유럽이나 미국이 커피의 경작을 할 수 없는 이유는 바로

커피벨트(Coffee Belt)

기후조건으로 아무리 이상적인 기후조건을 갖추고 있다 하더라도 서리가 내리는 곳에선 불가능하기 때문이다.

대표적인 생산국으로는 브라질, 콜롬비아, 인도네시아, 인도, 케냐, 멕시코, 자메이카 등의 60여개국에서 전 세계에서 소비되는 커피의 대부분을 생산해 내고 있다.

커피의 맛을 결정짓는 첫 번째 요소는 어떤 품종의 생두Green Bean를 사용했느냐다. 커피의 품종은 모두 아프리카가 원산지로 아라비카Arabica는 에티오피아에서, 로부스타Robusta는 콩고에서, 리베리카Liberica는 라이베리아에서 생산된다.

커피 체리

아라비카 종은 에티오피아에서 발견된 오리지널 종으로 고지대인 원산지의 특징을 그대로 가지고 있는 맛과 향이 뛰어난 질 좋은 커피종이다. 카페인 함량이 1~1.7% 정도로 낮으며, 전 세계 커피생산량의 70% 정도를 차지하고 있다.

로부스타 종은 고습지대에서 자라는 종으로 열과 병충해에 강하나 맛과 향의 질이 떨어지고 가격이 저렴하여 인스턴트 커피제조에 적합한 종이다. 쓴맛이 강하고 향기와 맛이 다소 약한 것이 단점이며, 전 세계 커피생산량의 30% 정도를 차지하고 있다.

리베리카 종은 야생종으로 병충해에 강하나 나무가 높아 수확하기 힘들어 점차 멸종되어가고 있다.

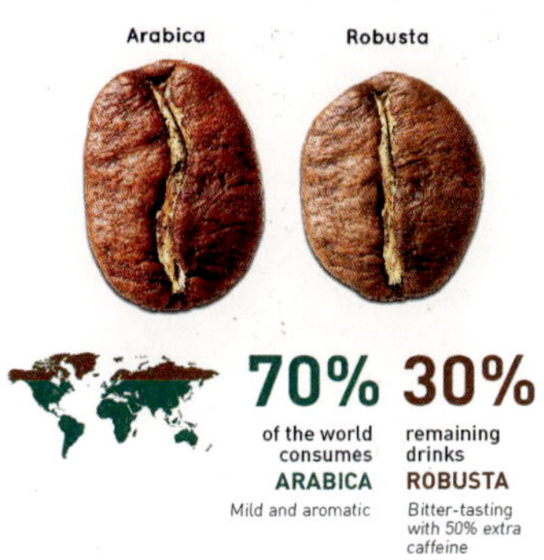

커피 품종별 생산량의 차이

3 커피의 분류

아라비카종

아라비카 원두

아라비카는 가장 많이 소비되는 품종이며, 우리가 현재 즐겨 마시고 있는 원두커피의 대부분을(70%) 차지하고 있다. 원산지는 아프리카 에티오피아로 알려져 있으며 재배조건이 까다로워 건조한 기후, 서리, 병충해에 약하나 높은 지역에서 재배되어 밀도가 좋기 때문에 품질이 우수하다. 헥타르당 평균 1500~3000kg 정도 생산되는 품종이며, 씨앗을 발아시켜서 수확까지 3~5년이 걸린다. 단맛, 신맛, 감칠맛이 뛰어나 대체로 가격이 비싼 편으로 성장속도는 느리지만 향미가 풍부하고 카페인 함유량도 낮은 편이다.

아라비카 종은 자연변이나 교배에 의해 각양각색의 품종으로 다시 나눠진다. 대표적으로 타이피카 종, 버본이 가장 오래되고 널리 알려진 품종이며, 전 세계적으로 카투라, 카투아이, 문도노보, 마라고지페, 카티모르 등의 변종이 생겨났다.

로부스타종

로부스타 원두

로부스타는 19세기말 콩고에서 발견 되었으며, 평지와 해발 800m 이하의 저지대에서 자란다. 전체 생산량의 30% 정도를 차지하는 품종으로, 전체적으로 동그라며 센터 컷이 일자이고 위가 평평한 모양이다. 아라비카에 비해 병충해에 강하고 성장이 빠르며, 고온다습한 저지대에서도 무난하게 자란다. 생육조건이 까다롭지 않으나 아라비카 품종에 비해 향기가 부족하며 신맛이 거의 없고 쓴맛이 강하기 때문에 원두커피보다는 대부분 인스턴트 커피나 다른 커피와 배합하여 저렴한 레귤러커피의 재료로 많이 쓰인다. 그러나 품질과 맛이 뛰어난 일부 로부스타 생두는 아라비카보다 비싼 가격에 거래되기도 한다. 주요생산지는 베트남 등 동남아시아 국가이다.(마다카스카르, 우간다, 콩고, 카메룬, 코트디부아르, 인도,

인도네시아, 타이, 베트남)

리베리카종

리베리카는 서부열대의 고온 다습한 저지대에서 재배가 가능하고 수확량도 많다. 쓴맛이 강해 수요가 주로 자국에서 소비되고 있으며, 종자개량을 위한 연구용으로 재배되고 있다. 주요 생산지는 리베리아, 수리남, 가이아나 등지이다.

리베리카 원두

4 커피의 로스팅

그린빈Green Bean

로스팅하지 않은 생두의 초기 단계로 색은 연녹색에서 짙은 초록색까지 산지별로 다양하다.

라이트 로스팅Light Roasting

생두를 로스터에 투입해 생두가 열을 흡수하면서 수분이 빠져나가도록 하는 초기단계로 색은 누런색으로 변화하며 커피를 추출하면 쓴맛, 단맛은 거의 느낄 수 없다.

커피 로스팅

시나몬 로스팅Cinnamon Roasting

뛰어난 신맛을 내는 원두로 색은 계피색을 띄며 커피 생두의 외피Silver Skin가 왕성하게 제거되기 시작한다.

미디엄 로스팅Midium Roasting

'아메리칸 로스트' 라고도 하며, 신맛이 특징인 아메리칸 스타일의 커피는 이 단계의 원두가 최적으로 색은 다갈색으로 추출해서 마실 수 있는 기초단계의 커피이다.

하이 로스팅High Roasting

신맛이 없어지고 단맛이 나기 시작하는 가장 일반적인 단계로 색은 갈색을 띈다.

시티 로스팅City Roasting

'저먼 로스트' 라고도 하며, 균형 잡힌 강한 느낌에 풍부한 맛과 향 그리고 색은 갈색을 띈다.

풀시티 로스팅Full City Roasting

신맛은 거의 없어지고 쓴맛과 진한 커피의 맛이 정점에 올라서는 유럽스타일의 에스프레소 커피에 적합하며, 색은 짙은 갈색을 띈다.

프렌치 로스팅French Roasting

기름이 표면에 끼는 단계로 쓴맛과 중후한 맛이 특징이며, 색은 검은 갈색을 띈다.

이탈리안 로스팅Italian Roasting

쓴맛과 진한 맛의 최대치에 이르며 원두에 따라서는 타는 냄새가 나기도 하며, 과거엔 에스프레소용으로 많이 애용되었으나 점차 줄어드는 추세이다.

5 커피의 메뉴

에스프레소Espresso

영어의 익스프레스Express와 같은 의미의 이탈리아어로 '빠르다' 라는 뜻을 가지고 있으며 25초 전후로 빠르게 추출하는 커피로 모든 커피 메뉴의 기본으로 사용된다.

Espresso

아메리카노Americano

에스프레소에 뜨거운 물을 혼합하여 묽게 마시는 커피로 아메리카노라는 이름과 같이 '미국 남성들이 즐겨 마시는 스타일' 이라는 의미를 가지고 있다.

Cafe Latte

Americano

카페라떼Cafe Latte

이탈리아어인 라떼는 우리말로 우유를 의미한다. 에스프레소와의 상호 보완을 통해 만들어지게 된 메뉴로 1685년 프랑스의 내과 의사가 진한 커피로 인해 속 쓰림으로 병원을 찾은 환자들에게 우유를

Con Panna

Macchiato

권하면서부터 시작되었다.

마키아토Macchiato

'점을 찍다' 라는 뜻의 마키아토는 에스프레소에 얹어진 우유거품에 점을 찍듯이 만들어 내는 메뉴로 다양한 시럽이나 소스를 추가하여 마시기도 한다.

콘 파냐Con Panna

콘Con은 이탈리아어로 ' - 을 넣은', '추가한' 이라는 뜻을 가지고 있으며, 파냐Panna는 영어의 크림과 같은 뜻으로 콘 파냐는 에스프레소 위에 휘핑크림을 얹어서 만드는 커피를 말한다.

카푸치노Cappuccino

에스프레소에 우유와 거품을 얹은 메뉴로 카푸친 수도원의 의상에서 영감을 얻어 붙여진 이름으로 지금까지도 사랑받는 커피 메뉴가 되었다. 카페 라떼와 유사하지만 라떼에 비해 거품이 많이 얹어진다.

카페모카Cafe Mocha

예맨의 항구 이름으로 커피 무역의 중심지였던 모카항의 이름에서 유래되었다. 에스프레소에 데운 우유를 넣고 생크림을 얹고 초콜릿을 첨가하여 만든다.

비엔나 커피Vienna Coffee

비엔나를 침공한 오스만제국의 군대가 퇴각하며 남겨 놓은 커피 500포대의 전리품을 맛보고 유럽 최초의 커피하우스를 열게 되면서 만든 메뉴로 실제 비엔나엔 존재하지 않는 커피 메뉴로 알려져 있기도 하다.

Cappuccino

Vienna Coffee

Cafe Mocha

언제, 어디서나 함께하는 라이프 메이트「커피」

커피는 문화와 경제 그리고 군사력의 척도

전쟁자금의 토대가 된 커피

커피는 6세기경 에티오피아에서 최초로 발견되었지만 오래지 않아 강대국이었던 사라센제국에 의해 독점되어 진다. 이슬람 국가였던 사라센제국에서의 커피는 국가의 중요한 재원이었으며, 특히 성지순례자들에게 사막을 종단할 때 잠을 깨워주고 힘을 낼 수 있도록 도와주는 효능으로 인해 없어서는 안 될 필수품이 되었다. 이때까지 커피는 마시는 음료로서가 아닌 과육Pulp과 씨앗Bean을 함께 으깨어 음식에 발라 먹거나 약(藥)으로 조제하여 먹는 방식으로 음용되었다. 사라센제국에 이은 오스만투르크에 와서야 커피는 비로소 음료의 형태로 즐겨 마시기 시작하였고 지식인들은 정치, 경제, 사회, 문학 등을 논하는 자리에 반드시 커피와 함께하기 시작하였다. 16세기의 한 시인은 "거품이 가득한 뜨거운 커피에 한잔을 마시는 지성인만이 진리를 깨달을 수 있다."며 커피에 대한 예찬론을 펴기도 하였다.

이 같은 분위기는 당시 전 유럽국가들을 문화적 융성기에 접어들게 하기에 충분했으며 이탈리아 르네상스에 까지 많은 영향을 미치게 된다.

유럽인들을 변화시킨 커피문화

십자군 전쟁과 르네상스를 통해 커피문화가 유럽사회 전역으로 퍼져나가기 시작하는 한편 동인도회사를 출범시킨 네덜란드와 영국의 중요한 해상무역 자원으로 커피가 급부상하게 됨에 따라 유럽전체의 변화를 가져오게 된다. 가장 눈에 띄는 변화는 도수가 높은 술에 취해 지내던 유럽인들을 깨어나게 했다는 것이다. 즉, 그들로 하여금 생산적인 활동에 몰두하게 하고 올바른 사고를 할 수 있는 계기를 마련해 주었다는 의미를 가지게 된 것이다.

유럽사회의 가교 역할을 하던 커피

그렇기 때문에 커피를 접하게 되는 나라는 상류사회 사람들이나 지식인들로부터 안목이 높고 교양 있는 사람으로 여겨져 국제관계에서도 우호적인 상황의 유지를 가능케 하였다.

영국의 커피하우스 유행을 불러일으킨 한 퇴학생

17세기 중반의 영국에서는 커피의 유입이 정식으로 허가되지 않아서 발생한 일화가 있었다. 영국의 옥스퍼드대학은 당시 학생들 전원이 기숙사 생활을 하고 있었다.

그들은 매일 학교에서 일정량의 포도주를 지급받아 마셨고 학교 주변에도 350여개의 선술집이 있을 만큼 지성인들의 높은 문화적 수준을 유지하는데 술은 반드시 필요한 것이었지만 알코올이 주는

영국의 커피 하우스(Coffee House)

영향으로 인해 커피가 조금씩 그 자리를 대신해 가고 있었다. 하지만 영국에서는 정식절차를 통해서는 커피를 접할 수가 없었기 때문에 기숙사 생활을 하는 학생들에게 커피는 그 가치가 날이 갈수록 커져만 가는 최고급 음료가 되어가고 있었다.

그러던 어느 날 크레타섬에서 유학 온 한 학생이 고향에서 보내준 커피콩을 기숙사에서 몰래 끓여 마시다가 발각되어 퇴학을 당하게 되고 이에 반발한 퇴학생의 아버지는 옥스퍼드대학 인근의 상인들에게 커피의 상품성을 알리게 되었고 이는 옥스퍼드대학 인근을 시작으로 영국전역에 수많은 커피하우스를 열게 만든 시발점이 된다.

" 커피는 우리에게 황금과도 같다. "

오스만제국에서부터 커피숍들은 탄생하였다. 이 커피숍들을 '카프베Kaveh' 라고 불렀는데 훗날 프랑스의 커피숍이 카페Cafe라고 불려지게 된 것이 카프베라는 발음에서 파생된 것이라는 설이 있다. 이 곳에서는 많은 사람들이 커피를 마시며 만담이나 그림자 연극 등을 보는 즐거움을 누렸다. 그러나 커피숍이 사람들에게 주었던 가장 큰 매력은 커피가 사교 수단으로서의 역할을 해준다는 것이었다. 역사가 페체비는 1641년에 지은 역사서를 통해 "카프베는 지식인들 뿐만 아니라 모든 계층의 사람들이 휴식 할 수 있는 장소"라고 기록하고 있다. 또한 한 권력자가 자신이 살고 있는 도시에서 모든 커피숍들을 폐쇄하고 커피금지령을 내리자 이에 그 도시에 시민들이 "커피는 우리에게 황금과도 같다. 커피를 마실 수 있는 곳엔 가장 고귀하고 관대한 사람들을 만날 수 있다."라고 말하며 저항했다는 기록도 남아있다.

오스만제국의 커피 문화

성배 대신 카페를 통해 탐구의 대상을 찾아나서

프랑스의 커피문화는 프랑스 대혁명에서 출발하여 보헤미안 문화로 이어지며 찬란하세 꽃을 피우게 된다. 프랑스 대혁명 때는 각 파벌마다 특정 카페에 모여 그들의 주장을 전개하였고, 나폴레옹 시대의 탄생과 함께 외무부 장관에 임명된 탈레랑은 "커피는 악마처럼 검고, 지옥처럼 뜨거우며, 천사처럼 아름답고, 사랑처럼 달콤하다."라는 명구를 남기기도 하였다. 또한 프란체스코 수도회인 카푸친 수도원의 의상에서 영감을 얻은 '카푸치노Cappuccino' 는 카푸친 수도원의 두건 달린 갈색 성직자복의 색상이 카푸치노와 비슷하다고 하여 붙여진 이름으로 지금까지도 사랑받는 커피 메뉴가 되었다. 미술인들 또한 커피와 카페에 대한 열정이 대단하여 아일랜드의 미술학도였던 조지무어는 "중세의 젊은이는 성배를

성배 대신 카페를 통해 탐구의 대상을 찾아나서는 카푸친 수도원의 성직자

카푸친 수도원

찾아 나섰지만, 오늘날의 젊은이들은 카페에서 탐구의 대상을 찾는다. 그래서 나는 옥스퍼드나 캠브리지를 가지 않고 카페 누벨아테네를 선택했노라." 라고 말했다고 한다.

커피숍에서 하루일과를 시작했던 베토벤Ludwig van Beethoven(1770~1827).

커피숍에서 하루를 시작했던 바흐(Johann Sebastian Bach)

커피는 문화와 밀접한 관련이 있었다. 이탈리아는 교황이 앞장서서 커피에 세례를 주었고, 독일에서는 바흐가 커피 칸타타라는 송가를 작곡하기도 하였으며, 음악과 미술이 발달했던 오스트리아에서는 커피하우스가 제국의 중심이자 문화기관의 역할을 담당하기도 하였다. 또한 커피광 이었던 슈베르트는 카페 보그너에서 음악의 구상하였으며, 베토벤 역시 커피숍에 들르는 것이 하루일과의 시작이었다고 한다. 이후 오늘날 까지도 우리는 아침에 일어나 따뜻한 커피한잔으로 하루를 시작하고 또 하루를 마무리한다.

커피숍에서 하루를 시작했던 베토벤
(Ludwig van Beethoven)

인스턴트 커피, 커피문화의 대중화를 앞당겨

1950년대 말부터 1960년대 초까지 미국 샌프란시스코에서는 카페가 문화의 중심지로서 역할을 했다. 대부분의 사무실과 공장에서는 직원들을 위해 기계로 커피를 끓여 제공하였고 커피를 끓여 마시는 문화는 그렇게 생활속에 깊숙이 자리하고 있었다. 하지만 산업화와 함께 정치, 사회, 경제, 문화 등의 변화가 가속화 되면서 간편하고 편리한 것에 대한 요구 또한 커피문화에 불기 시작하게된다.

우리나라 커피 대중화의 선두주자 동서식품 맥스웰

인스터트 커피가 처음 개발된 것은 미국의 남북전쟁 당시로 당시 커피 마시기를 열망했던 일부 병사들이 총의 개머리판 안쪽에 분쇄한 커피를 넣어두었다가 물을 부어 마셨던 것에서 착안하여 시작되었다. 그 후 병사들에게는 초기형태의 인스턴트 커피가 지급됐는데 곱게 간 커피를 설탕 우유와 잘 혼합해 농축 시킨 다음 분말형태로 포장해 만든 캔 제품이였다. 분말 한 스푼에 뜨거운 물만 부으면 병사들은 빠르고 간편하게 커피를 즐길 수 있었다.

전쟁의 화마속에 피어난 새로운 커피문화

이러한 분말 형태의 인스턴트 제품을 처음 만든 것은 영국인 화학자 조지워싱턴으로 그는 끓여 만든 커피에서 결정체를 정제시키는 방식을 개발 해냈다. 그 후 뉴욕으로 건너가 미국 시민이 된 워싱턴은 자신의 이름을 딴 커피를 판매하기 시작했고, 탈수 건조 시킨 이 제품은 처음엔 그 생소함에 사람들에게 외면당했으나 1차 대전을 기점으로 미 육군이 재고를 모두 사들이면서 사업은 잠시 고비를 넘기게 된다. 그러나 종전 후 군소비가 급감하게 되면서 두 번째 고비를 맞는다. 하지만 역사는 또 한번의 전쟁으로 인스턴트 커피의 기반을 만들어 주는 역할을 하게된다. 2차 대전이 발발 한 것이다. 당시 미군 측에는 조지 워싱턴과 맥스웰하우스, 네스카페 등의 12개 업체 인스턴트 커피를 군 휴대 식량 리스트에 포함 시켰고 이는 전쟁에 지친 병사들에게 큰 위로가 됐다.

이후 인스턴트커피는 미군에 의해 전 세계로 퍼져 나갔고 미국이 주둔한 유럽과 아시아 등지에서도 큰 인기를 끌게 된다.

전시 중 커피를 마시는 군인

새 냉동 건조법으로 맛과 향을 유지하다.

그 후 수십 년간 인스턴트 커피는 분말 건조법으로 제조 되었다. 분말 건조법이란 농축된 커피 액을 고온에서 뿌리면서 건조시킨 다음 남아 있는 물기를 모두 증발시켜 커피의 결정체만 바닥에 남도록 하는 제조법이다. 하지만 분말 건조법의 단점 중 하나는 열을 이용한다는 점이다. 열은 커피의 맛과 향을 크게 감소시키기 때문에 이를 보완하기 위한 기술의 개발을 요하게 되었고 1960년대에 이르러 네슬레는 냉동 건조법이라는 새로운 기술을 선보이게 된다.

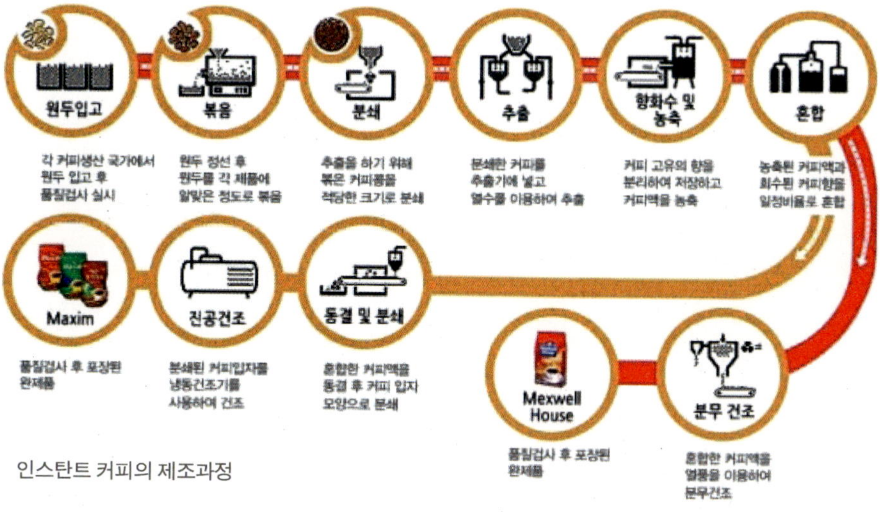

인스탄트 커피의 제조과정

냉동 건조법은 갓 뽑아낸 커피를 농축 시킨 후 동결시키고 이것을 다시 작은 조각으로 분해시킨 다음 진공관에 넣는다. 그리고 다시 얼음 조각 형태에서 건조시키면 결정체만 남게 되는 것이다. 인스턴트 커피를 만들 때 향을 유지하는게 가장 힘든 문제 였다. 그래서 제조사들도 새로운 제조방식에 대한 많은 노력을 기울였고 냉동 건조법이 개발되기 전까지 몇몇 회사들은 자구책으로 로스터에서 나오는 연기를 액체의 형태로 농축시키고 포장의 마무리 단계에서 그것을 다시 분말 형태로 만들어 첨가 하기도 하였다.

절대적 단점을 보완한 디카페인 커피Decaffeine Coffee의 등장

디카페인 커피의 대명사 '상카(Sanka)'

디카페인 커피를 처음 만든 사람은 독일인 무역상 루트비 루셀리오스로 그는 1906년 직접 제조 회사를 세운다 로셀리우스는 커피 감식가였던 자신의 아버지가 카페인을 지나치게 섭취한 탓에 사망한 것이라고 믿었고 그것은 새로운 커피의 등장을 가속화한 연구의 시작이 된다.

그는 먼저 커피 원두에 고열의 스팀을 가하고 용매제인 벤조를 부어 카페인이 제거 되도록 그대로 두었다. 그런 다음 물로 용매제를 깨끗이 헹궈냈다. 카페인이 제거된 커피는 곧 독일과 프랑스 미국 등지에서 판매되기 시작했다. 프랑스에는 이것을 카페인이 없다는 뜻에 '센스카페인' 이라는 말을 줄여 '쌍카Sanka' 라고 불렀다. 그리고 이는 곧 세계 공용어가 된다. 오렌지 색 포장재에 담긴 쌍카커피는 지금도 슈퍼마켓의 한 코너를 당당하게 차지하고 있으며, 수많은 사무실과 레스토랑에서 디카페인 커피를 뜻하는 오렌지색의 커피포트를 지금까지도 쉽게 발견할 수 있다. 이는 수십 년 전부터 쌍카의 제조사가 수 천개의 레스토랑에 커피를 무료 배포하면서 애써온 결과일 것이다. 최근에는 물만 이용해 카페인을 제거한 제품이 나오고 있지만 대부분의 디카페인 커피를 제조하는 회사들은 여전히 용매제를 사용하고 있다.

상카의 우수성을 내세운 광고

1 차의 유래

02
차(Tea)

중국에서 기원한 차는 당나라 때부터 주변국가로 전파되기 시작하였다. 이조의 '당국사보' 에 의하면 티베트에서는 찬보왕 때(781)에 당나라의 수주차, 서주차, 고저차 등을 마시고 있었다. 당나라의 숙종과 태종을 도와서 도읍을 회복한 회흘에도 다마 무역에 의하여 차가 전파되었다.

몽골에는 13세기에 차가 전파되었고 서부아시아의 아프가니스탄, 이란, 터키에는 19세기에 러시아의 다관인 사모바르samovar에 의한 음다풍습이 전파되었다. 아라비아의 무역상은 9세기에 중국차의 존재를 알고 있었으며, 사우디아라비아의 베드윈족은 독특한 음다풍습을 간직하고 있다.

동남아시아의 차 재배는 유럽인의 식민지 지배하에서 시작된 것이다. 인도네시아는 1823년 일본에 살던 P.F.시볼드로 하여금 일본의 차 씨를 수입하게 하여 블루메가자바의 식물원에 심은 데서 비롯되었다. 인도에는 바라문교의 〈베다경전〉에 차가 적혀 있고 인더스 골짜기에서는 BC 300~200년경부터 마셔 왔다는 마야차가 전해온다.

그러나 인도가 세계 최대의 차 생산국으로 부상한 것은 영국 동인도회사의 R.브루스 형제가 1823년에 아삼차를 발견한 데서 비롯되었다.

유럽에 중국의 차가 알려지기 시작한 것은 1559년 베네치아의 저술가인 G.라무시오의 〈항해와 여행 : Navigationi e Viaggi〉에 의

귀족 중심의 유럽 차 문화

당나라의 차 재배

티 서비스

차를 즐기는 유럽 귀족

해서였다. 1609년부터 세계의 해상제패권이 에스파냐와 포르투갈로부터 네덜란드와 영국으로 넘어가자 두 나라의 동인도회사는 동양의 차를 유럽 각국에 운반하는 한편, 동남아시아에서의 차 재배에도 손을 대었다.

네덜란드의 동인도회사는 1610년에는 일본차를, 1637년에는 중국차를 실어 갔으며, 스칸디나비아 제국과 독일, 프랑스, 영국 등지에도 전파시켰다. 프랑스에는 1648년, 독일에는 1635년, 영국에는 1630년대 중반에 네덜란드의 동인도회사를 통하여 차가 전파되었다.

홍차의 기원은 적도를 지나 아프리카 남단의 희망봉을 돌고 다시 적도를 지나 본국으로 가는 정도였던 당시의 뱃길에서부터 연유한다. 태양열의 뜨거운 지대를 지나는 긴 항해로 배에 실려진 동양의 귀한 나뭇잎은 그만 자연적으로 발효되어 하역할 때에는 새카맣게 변해버린 상태였다.

이를 버리기를 아까워한 상인들이 뜨거운 물에 우려내어 마시곤 했는데, 맛은 약간 떫지만, 향기도 좋고 뒷맛의 상쾌함에 반해 붉은 물에 우러난 차를 '블랙티' 란 이름을 붙이고 즐겨 마시기 시작했다고 한다.

그 뒤 영국은 홍차문화의 발상지가 되었고 으뜸가는 차의 소비국이 되었다.

러시아에는 명나라에서 돌아온 여행가인 I.메트로프와 B.얄리세프에 의하여 중국의 차가 알려졌다. 그 후 중국차는 청나라 태조의 사신에 의하여 1618년 모스크바에 들어갔다. 러시아는 중국과 네르친스크 조약(1689)과 카흐타 조약(1727)을 체결하고 낙타로 중국차를 수입하여 1847년 그루지야에서 차 재배에 성공하였다. 미국에는 17세기 중엽 네덜란드 이주민이 지금의 뉴욕인 뉴암스테르담에 이주하면서 차가 전파되었다.

1690년경에는 보스턴에서도 차가 판매되었으나 영국은 7년 전쟁(1756~1763) 후 아메리카 식민지의 자주적인 움직임에 대하여 탄압적인 법령을 시행하였다. 즉, 영국은 영 · 프 간의 식민지전쟁으로 소비된 전쟁비용을 식민지인들로 하여금 분담 보상시키는 시책으로 식민지에 대한 동인도회사의 차 전매권을 인정하는 법령을 시행하였다.

이에 반발한 보스턴 다회The Boston Tea Party 회원들은 인디언으로 분장하고 1773년 12월 16일 밤, 정박 중인 3척의 영국상선에 올라가서 차를 바다에 던져버렸다. 이 사건이 미국 독립전쟁의 도화선이 되기도 하였다.

2 차의 분류

차는 제조 시기나 발효 정도, 차 잎 형태, 시들기 정도, 재배 방법, 품봉, 생산지역 등에 따라 여러 가지로 분류된다.

찻잎의 모양에 따른 분류

순이 참새 혀를 닮았다 하여 **작설차(雀舌茶)**, 매 발톱과 같다하여 **응조차(鷹爪茶)**, 보리 낟알을 닮은 것을 **맥과차(麥顆茶)**라 부른다.

색상에 따른 분류

한·중·일 차문화

	맛을 중시하는 다례(茶禮)	향을 중시하는 다예(茶藝)	빛깔을 중시하는 다도(茶道)
문화	예절의 일종으로 바라봄.	차를 예술의 일종으로 바라봄.	지극한 경지에 이르는 도에 비유.
차의 색	꾸밈이 없고 소박한 우리의 차는 자연을 닮은 은은하고 투명한 색.	기름진 음식을 선호하는 중국은 차의 색깔도 진한 편으로 누렇고 붉은, 뚜렷한 색.	증기에 쪄서 만들어진 일본의 차는 고유의 연한 녹색을 그대로 간직.
다구	실용적이고 소박한 것이 특징으로 잎차용 두툼한 도자기 선호.	발효차를 즐기다 보니 다호를 비롯한 차 도구들이 작고 아기자기한 것들이 대부분.	찻잎이 잘 부서져 가루가 생기기 때문에 다관에 쇠로 된 거름망이 붙어 있다. 또 말차를 좋아해 다완이 유난히 발달.

제조시기에 따른 분류

차는 차 잎을 수확하는 시기에 따라 차 잎의 다양한 맛과 향을 느낄 수 있어 시기별로 달리 수확하여 그 품질에 맞게 쓰여지고 있다.

차 수확

우전차

곡우 이전에 수확하여 제조한 차로서 그 해의 제일 처음 수확하는 차이다. 차잎이 가장 연하고 맛이 제일 부드럽고 감칠맛과 향이 아주 뛰어난 차이다. 차잎이 너무 연하므로 늦서리가 있을 경우 피해를 받기 쉬워 수확하지 못할 때도 있다.

곡우차

곡우날(4월 20일) 차를 수확하여 제조한 차이다. 국내에서 녹차는 곡우 전과 곡우 후 수확하는 차의 품질을 다르게 취급하며 등급화하고 있다. 곡우 이전의 차를 최고급의 차로 여기고 곡우 이후의 차는 품질이 좀 낮은 차로 취급한다.

첫물차

차잎을 4월 20일 경부터 5월 중순까지 채엽하여 제다한 차를 말하며 차의 맛이 부드럽고 감칠맛과 향이 뛰어난 고급 제품의 차이다. 일반적으로 첫물차는 손으로 수확하는 경우가 많아 노력이 많이 들고 생산량은 적은 편이다.

한 잔의 차를 우려 내기 위한 정확한 계량

두물차

차잎의 수확시기를 6월 중순에서 하순 사이에 수확하는 차를 두물차라고 하며, 잎이 약간 거칠어 차의 맛이 강하고 감칠맛은 떨어진다. 경지정리가 된 포장에서는 주로 기계를 이용하여 수확하며, 수량이 많은 관계로 제다 과정도 기계로 하는 것이 보통이다.

세물차

차잎의 수확시기가 8월 초순에서 중순 사이에 따는 차를 세물차라고 하며, 이때는 여름의 무더운 관계로 차의 떫은맛이 강하고 아린맛이 약간 있으며, 차잎의 말림 정도가 거칠어 전반적으로 품질이 떨어진 제품이 많다.

네물차

차잎의 수확시기가 9월 하순에서 10월 초순까지 수확하는 차

발효정도에 따라 다른 차의 색

를 네물차로 분류하고 있다. 네물차는 차잎 중 섬유질이 많아 형상이 거칠고 아미노산 함량이 적어 번차용으로 사용한다. 네물차를 수확할 때는 다음해 차 수확을 생각하며 그 해의 마지막 관리가된다.

발효정도에 따른 분류

중국에서는 차의 제조 공정과 발효정도를 통해 제품의 색상이 백차, 녹차, 황차, 청차(우롱차), 홍차, 흑차 등의 6가지로 분류하고 있다.

백차

백차는 솜털이 덮인 차의 어린 싹을 따서 덖거나 비비기를 하지 않고 그대로 건조시켜 만든 차로서, 차잎이 은색의 광택을 낸다. 백차는 향기가 맑고 맛이 산뜻하며, 여름철에 열을 내려 주는 작용이 강하여 한약재로도 많이 사용되고 있다. 중국 복건성(福建省) 정화(政和), 복정(福鼎) 등이 주산지이다. 백차는 차싹이 크고 솜털이 많은 품종을 선택하여 24절기 중 청명(清明) 전후 2일 사이에 걸쳐 제조한다.

녹차

찻잎을 따서 바로 증기로 찌거나 솥에서 덖어 발효가 되지 않도록 만든 불발효차이다. 중국과 일본 등이 주요 녹차 생산국으로 중국에서는 덖음차가, 일본에서는 증제차가 주로 생산되고 있다. 우리나라의 경우는 덖음차가 주류를 이루고 있고 증제차에 마지막 덖음처리한 차가 전체 생산량의 25~30% 정도를 차지하고 있다.

황차(黃茶)

황차는 차잎의 색상과 우려낸 수색, 그리고 차엽 찌꺼기의 세 가지 색이 모두 황색을 띤다. 황차는 중국의 6대 차류중의 하나로 그 역사가 매우 오래 되었다. 녹차를 제조하는 과정에서 잘못 처리되어 황색으로 변화되면서 우연히 발견된 황차는 송대(宋代)에는 하등제품으로 취급되었으나 연황색의 수색과 순한 맛 때문에 고유의 제품군을 형성하게 되었다. 황차는 녹차와는 달리 차잎을 쌓아 두는 퇴적과정을 거쳐 습열 상태에서 차엽의 성분변화가 일어난 특유의 품질을 나타내게 된다.

민화속 우롱차를 즐기는 중국인

청차(우롱차)

청차인 오룡차의 중국 발음으로 통상 우롱차로 불려지고 있다. 우롱차는 중국 남부의 복건성과 광동성, 그리고 대만에서만 생산되고 있는 중국 고유의 차이다. 녹차와 홍차의 중간으로 발효정도가 20~65% 사이의 차를 말하며 반발효차로 분류된다.

홍차

홍차는 발효정도가 85% 이상으로 떫은 맛이 강하고 등홍색의 수색을 나타내는 차이다. 세계 전체 차 소비량의 75% 차지하는 차로서 인도, 스리랑카, 중국, 케냐, 인도네시아가 주 생산국이며, 영국과 영국 식민지였던 영연방 국가들에서 많이 소비된다.

흑차

중국의 운남성, 사천성, 광서성 등지에서 생산되는 후발효차로서 찻잎이 흑갈색을 나타내고 수색은 갈황색이나 갈홍색을 띤다. 차가 완전히 건조되기 전에 퇴적하여 곰팡이에 의해 자연히 후발효가 일어나도록 만든 차이다. 처음 마실 때는 곰팡이 냄새로 인해 약간 역겨움을 느끼기도 하지만 몇번 마시다 보면 독특한 풍미와 부드러운 차맛을 느낄 수 있다.

3 차의 발효

차를 만드는 방법에 따라 색, 향, 미가 달라지고 또 이름도 다르게 부른다. 찻잎을 발효시켜 만드는가 발효시키지 않고 만드는가에 따라 다르며, 또 쪄서 만드는가 볶아서 만드는가에 따라, 제조방법 및 품질에 따라서도 구별되어 진다.

차에서의 발효라 함은 적당한 온도와 습도에서 찻잎 속에 들어있는 탄닌(폴리페놀) 성분이 산화효소인 폴리페놀 옥시디아제에 의해 산화되어 녹색이 누런색(데아플라빈)이나 붉은 색(데아루비킨)으로 변하면서 복잡한 화학반응을 일으켜 독특한 향기와 맛이 만들어지는 과정이다. 발효가 많이 된 것일수록 마른 차는 검붉은 색이되고 차 탕은 홍색이 진하며, 발효가 적게 된 것은 차 탕이 녹황색이나 황금색이다.

살청 전 효소가 발효되는 것을 선발효라고 하며 살청 후에 일어나는 발효는 미생물발효로 후발효라고 한다. 6대 차류는 발효의 유·무를 기준으로 불발효차(녹차), 반발효차(백차, 청차), 완전발효차(홍차), 후발효차(황차, 흑차)로 분류할 수 있다.

불발효차

찻잎을 전혀 발효시키지 않고 엽록소를 그대로 보존시켜서 만든 차로 녹차계열(엽차, 말차)이 이에 속한다. 녹차는 가마에서 볶아내는 부초차(釜炒茶)와 시루에서 쪄내는 증제차(蒸製茶)가 있는데 부초차는 맛과 향이 좋고 증제차는 색이 곱다.

부분발효

찻잎을 햇빛이나 실내에서 시들리기와 교반을 하여 차잎의 폴리페놀 성분을 10~70% 정도 발효시켜서 만든 차로 중국의 푸찌엔성과 광동성, 대만에서 주로 생산되고 있으며 독특한 꽃향기와 체중 감소 효과 등으로 많은 사람들이 즐겨 마신다. 자스민차는 15~20%, 포종차는 30~40%, 오룡차는 60~70%, 황차는 85% 발효시킨 부분발효차이다.

실론티 수확

완전발효차

찻잎을 완전히 발효시켜서 만든 홍차계열이 이에 속한다. 각국에서 생산되는 홍차는 95% 이상을 발효시킨 차이며, 제조과정은 시들리기, 비비기, 발효, 건조의 순서이며 홍차의 특유한 향기는 시들리기와 발효에 의한 것이고 맛은 탄닌 성분에 의한 것이다.

후발효차

녹차의 제조방법과 같이 효소를 파괴시킨 뒤 차잎을 퇴적하여 공기 중에 있는 미생물의 번식을 유도해 다시 발효가 일어나게 만든 차로 보이차, 육보차 등이 이에 속한다.

중국 보이차

중국 보이차

먼저 '차(茶)'하면 빼놓을 수 없는 나라인 중국이다. 중국 차 문화의 역사는 약 5,000여 년이나 된다고 한다.

영토가 세계에서 가장 넓은 중국인만큼, 중국에는 아주 다양한 차들이 있다.

중국 10대 명차에 속하는 차들로는 중국 안휘성의 육안과편, 중국 녹차 중 가장 유명한 절강성의 서호용정, 동정산의 벽라춘, 황산의 황산모봉, 여산의 여산운무, 차운산의 신양모첨, 호남성 군산의 군산은침, 복건성의 안계철관음, 무이산의 무이암차, 운남성의 보이차, 안휘 기문의 기문홍차 등이 있다고 한다. 차에 관심 있는 분들이라면 이 중 몇 가지의 이름은 들어 보았을 것이다.

그 중 특히 일반인들이 한 번쯤은 들어보았을 법한 보이차는 오늘날 중국 현지는 물론 우리나라 차(茶) 애호가들 사이에서도 가장 인기를 끌고 있는 차 종류로 중국 변방의 소수민족들이 마시기 시작한 발효 흑차의 일종이다. 오래 묵을수록 맛이나 향, 약효가 더 뛰어나다고 알려진 보이차는 제조된 지 오래 된 차일수록 비싼 가격으로 판매되고 있다.

영국 홍차

영국 홍차

애프터눈 티로 대변되는 홍차의 나라로 불리우는 영국은 하루에 마시는 차의 양이 약 1억 6천만 잔에 이를 정도라고 한다. 얼마나 많은 영국인들이 홍차를 사랑하는지 알 수 있는 수치이다. 중국의 길고 긴 차 역사로부터 영향을 받은 영국의 홍차 문화는 유명한 아편전쟁을 발발시켰을 정도로 차를 사랑하는 영국인들은 다양한 종의 차를 새롭게 재배하고 탄생시키며 그들만의 차 문화를 만들어 왔다.

그런데 영국은 홍차를 가장 많이 소비하는 나라 중 하나지만 홍차를 직접 생산하지는 않는 나라이기도 하다. 현재 홍차를 가장 많이 생산하는 국가는 인도, 스리랑카, 케냐, 중국 순이라고 하니 아이러니한 일이 아닐 수 없다.

한국 녹차

우리나라는 삼국 시대 때부터 차를 마신 기록들이 있다. 우리나라의 차 문화는 중국에서 영향을 받아 궁중과 귀족 사회 위주로 전파되었으며, 곧이어 민간으로도 널리 퍼져 일반 백성들도 돈이나 물건으로 차를 사거나 마실 수 있었다고 한다. 고려시대에는 오늘날의 카페와 같은 '다점'도 길거리에서 심심찮게 볼 수 있었다고 하니, 차가 어느 정도로 대중화되었는지 알 수 있는 대목이라 하겠다.

한국의 차(茶) 하면 생각나는 보성 차(茶)에 관한 이야기는 세종실록지리지를 비롯해 여러 옛 문헌에도 등장할 정도로 그 유서가 깊다. 차가 잘 자라는 최적의 조건을 갖춘 보성은 무럭무럭 자라나는 초록의 싱그러운 녹차밭을 관광농원으로도 개방해 녹차를 이용한 관광지로의 역할도 도맡아 하고 있는 곳으로 우리나라 지리적 표시 1호로도 지정되어있다. 매년 최고급품의 녹차를 생산하고 있으며, 각종 세계 차 품평회에서도 선전하여 세계에 보성녹차의 우수성을 알리고 있다.

한국 녹차

일본 말차

쪄낸 찻잎을 그늘에서 말린 후 맷돌에 곱게 갈아 분말 형태로 타 먹는 차로 녹차를 가공하는 또 다른 방법을 찾던 중 발견해낸 방식이다. 말차를 마시는 법은 다소 까다롭다. 거품에 따라 차 맛과 향이 달라질 수 있으므로 고르게 거품이 일도록 솔로 저어야 하기 때문이다.

또한 말차는 일본에서만 발달한 차라고만 생각할 수 있으나 사실 말차는 조선 초기까지 우리 선조들이 흔히 마시던 녹차의 한 종류이기도 했다. 맷돌에 곱게 갈아내야 하는 가공 단계를 더 거치는 것이 다소 불편했기 때문에 한국에서는 이후 조금씩 사라지기 시작했던 것이다.

하지만 최근 녹차의 고장 보성의 '임광철 보림제다 다원' 한국 말차를 복원했다고 하니 그 동안 끊겨 있었던 우리 말차의 명맥을 잘 이어가게 될 수 있을지 기대된다.

일본 말차

Chapter 07

영양 음료

01 주스(Juice)

1 주스의 개요

과즙을 마시는 일은 옛 부터 행해졌지만, 과즙은 미생물이나 자가 효소에 의해서 변질되기 쉬우므로 오래 두고 먹기 위해서는 가공 처리해야 한다. 원료로는 레몬 · 오렌지 · 귤 · 포도 · 사과 · 딸기 · 파인애플 · 키위 · 토마토 · 당근 등 주로 즙이 많은 과실과 채소가 쓰이는데 최근에는 당미 · 향료 등을 가미하여 병조림 · 통조림 등으로 제품화한다. 보통 만드는 방법에 따라 천연과실 주스, 스쿼시, 과즙 시럽, 농축 주스, 탄산과즙 주스, 분말 주스 등으로 나누지만 대부분의 주스는 농축 여부에 따라 일반 주스와 농축 주스로 볼 수 있다.

2 주스의 제조

일반주스의 농축 가공 공장

일반 주스(비 농축 주스)

일반 주스는 다음의 파쇄와 착즙, 걸러냄, 여과, 살균 공정을 거쳐 제조된다.

생과일주스를 판매하는 카운터

파쇄와 착즙

원료에 따라 적당한 방법을 쓰되, 너무 강하게 착즙하면 쓴맛 등의 이미(異味) 성분이 섞이게 되므로 주의한다. 특히 감귤류는 쓴맛이 들어가지 않도록 액즙만을 취한다.

걸러냄

착즙된 과즙은 원심분리기, 균질기 등으로 과즙의 균일화와 점조성(粘租性)을 증가시킨다. 투명한 과즙을 얻기 위해서는 청징조작

(清澄操作)을 행한다. 특히 펙틴 함량이 많은 포도 · 사과 등의 과즙에서는 농축할 때 산이 당과 결합하여 젤리화하므로 이것을 방지한 후 청징 조작을 한다. 청징제로서는 펙틴 분해효소, 규조토(硅藻土) 등이 쓰인다.

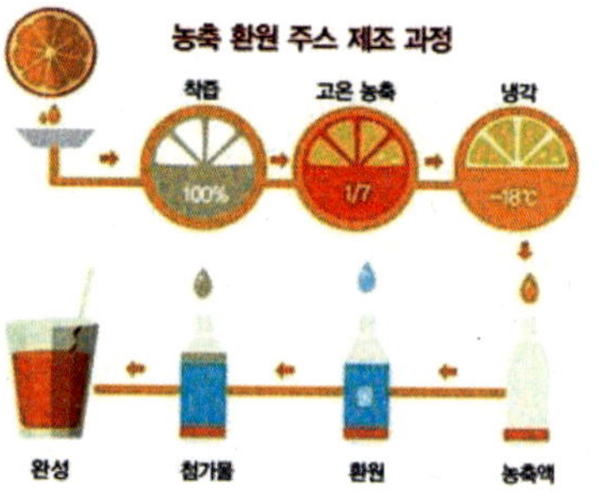

공기빼기

착즙된 과즙은 많은 양의 공기를 함유하고 있으므로 방치하면 산화 또는 갈변된다. 이를 방지하기 위해 과즙을 밀폐용기 속에 넣어서 진공화한다.

살균

고온순간 살균법으로 미생물을 멸균하고 동시에 효소의 활동을 중지시킨다. 93~94℃에서 30초 동안 가열살균 후 급속히 85℃ 이하로 냉각한다. 냉각 속도가 늦으면 과즙의 품질이 나빠진다.

농축 주스

농축 주스는 농축, 방향성분의 회수, 밀봉 · 저장 등의 공정을 거쳐 제조된다.

농축

과즙의 색조, 향미, 비타민C 등을 손상하지 않도록 저온에서 진공농축 · 동결농축 등의 방법을 취한다.

방향성분의 회수

농축시에 사과 · 포도 등에서는 방향성분이 휘발하므로 미리 방향성분을 회수해 놓고 농축이 완료된 다음 다시 넣는다. 회수법은 과즙을 일정한 속도로 예열기(豫熱器)와 가열기(加熱器)에 단시간 통과시킨 후 과즙 분리기로 과즙을 분리한다. 그리고 남은 방향성분을 정류(精留)하여 회수한다.

밀봉 · 저장

농축된 과즙은 순간살균 후 병조림한다. 저장은 0~5℃가 좋다.

3 착즙 주스(Fresh Juice)취급에 관한 연구자료

시트러스 계열 과일의 온도 차이와 롤링 여부에 따른 착즙 율

	GROUP 1: 냉장 보관하여 롤링하지 않은 경우	GROUP 2: 상온 보관하여 롤링하지 않은 경우	GROUP 3: 냉장 보관하여 롤링 한경우	GROUP 4: 상온 보관하여 롤링 한경우
샘플 레몬의 수량	15	15	15	15
보관 평균온도	6.1℃	19.4℃	7.6℃	18.7℃
착즙 전 레몬 중량	2.3 kg	2.3 kg	2.3 kg	2.3 kg
주스의 총량	945 ml	940 ml	879 ml	902 ml
주스의 총 중량	994 g	992 g	929 g	942 g
개당 주스 생성율	43.9%	43.5%	40.7%	41.1%
개당 주스 용량	63ml	62.6 ml	58.6 ml	60.1 ml

*Rolling이란 시트러스 계열의 과일을 착즙하기 전 과일을 양손 혹은 테이블 위에 올려두고 마사지 하듯 굴려줌으로서 착즙 과정이 용이하게 될 수 있도록 하는 것.(실제 착즙의 양과는 별개의 과정임)

시트러스 계열 과일의 착즙 후 최적 보관시간과 최대 보관시간

과일 주스	최적 보관시간	최대 보관시간
자몽(Grapefrult)	4시간~12시간	48시간
레몬(Lemon)	4시간~12시간	24시간
라임(Lime)	4시간~12시간	24시간
오렌지(Orange)	1시간 이내	4시간

*최적 보관시간이란 최상의 맛을 유지할 수 있는 시간을 뜻하며, 최대 보관시간이란 맛의 변화를 넘어 사용하기에 부적합한 시간의 최대치를 뜻하는 것.

02 우유(Milk)

1 우유의 개요

수의과학검역원고시 축산물 가공기준 및 성분규격을 기준으로 한 유가공품이란 원유 또는 유가공품을 원료로 하여 가공한 우유류, 저지방 우유류, 유당분해 우유, 가공유류, 산양유, 발효유류, 버터유류, 농축유류, 유크림류, 버터류, 치즈류, 분유류, 유청류, 유당, 유단백 가수분해식품, 조제유류, 아이스크림류, 아이스크림 분발류, 아이스크림 믹스류 등의 제품으로 규정하고 있다. 그 중 우유는 포유동물의 분만과 동시에 분비되는 액체로서 포유동물 첫 생애의 유일한 영양원으로 분류된다. 우유는 200개 이상의 조성성분을 함유하고 있으며 주로 수분, 지방, 단백질, 유당 및 무기성분으로 조성되어 있는 복합적인 생물학적 액체이다. 양적으로 가장 많이 차지하는 성분은 수분으로서 87.2%를 차지하며, 우유와 유제품에서 수분은 용액의 역할을 하는 자유수와 유당과 염류에 결정수로 결합되거나 유단백질 내부에 존재한다. 우유에서 지방질의 함량은 평균적으로 3.4% 정도이며 2~8%의 범위 안에 있다고 할 수 있다. 우리나라의 경우에는 우유의 지방질 함량을 3.0%로 규정하고 있으며 다른 나라에서는 그 나라의 특성에 따라 보통 3~3.8% 범위로 규정하고 있다.

우유는 기원전 47년경 의학의 아버지 히포크라테스가 세상에서 가장 완전한 식품이라고 말했을 정도로 그 영양성분과 효과를 인정받았으며, 고구려 평원왕(561~570년)때에 한방의학을 일본에 전한 지총의 아들이 일본의 왕에게 우유를 진상하여 화약역상의 관직을 받았다고 전해지고 있다. 또한 고려 우왕 때는 국가상설기관으로 유우소라는 목장을 설치하여 왕실과 귀족 등 높은 지위를 가진 사람들에게 우유를 공급하였으며, 조선 순조 때의 학자 홍석모가 지은 세시풍속서인(동국세시기)에도 "궁중의 내 의원에서 음력 10월 초하루부터 정월까지 왕에게 일종의 우유죽인 타락죽을 진상하였다."는 기록이 남아있다.

고대인들 벽화속 우유

우유 역사

우유의 제조과정

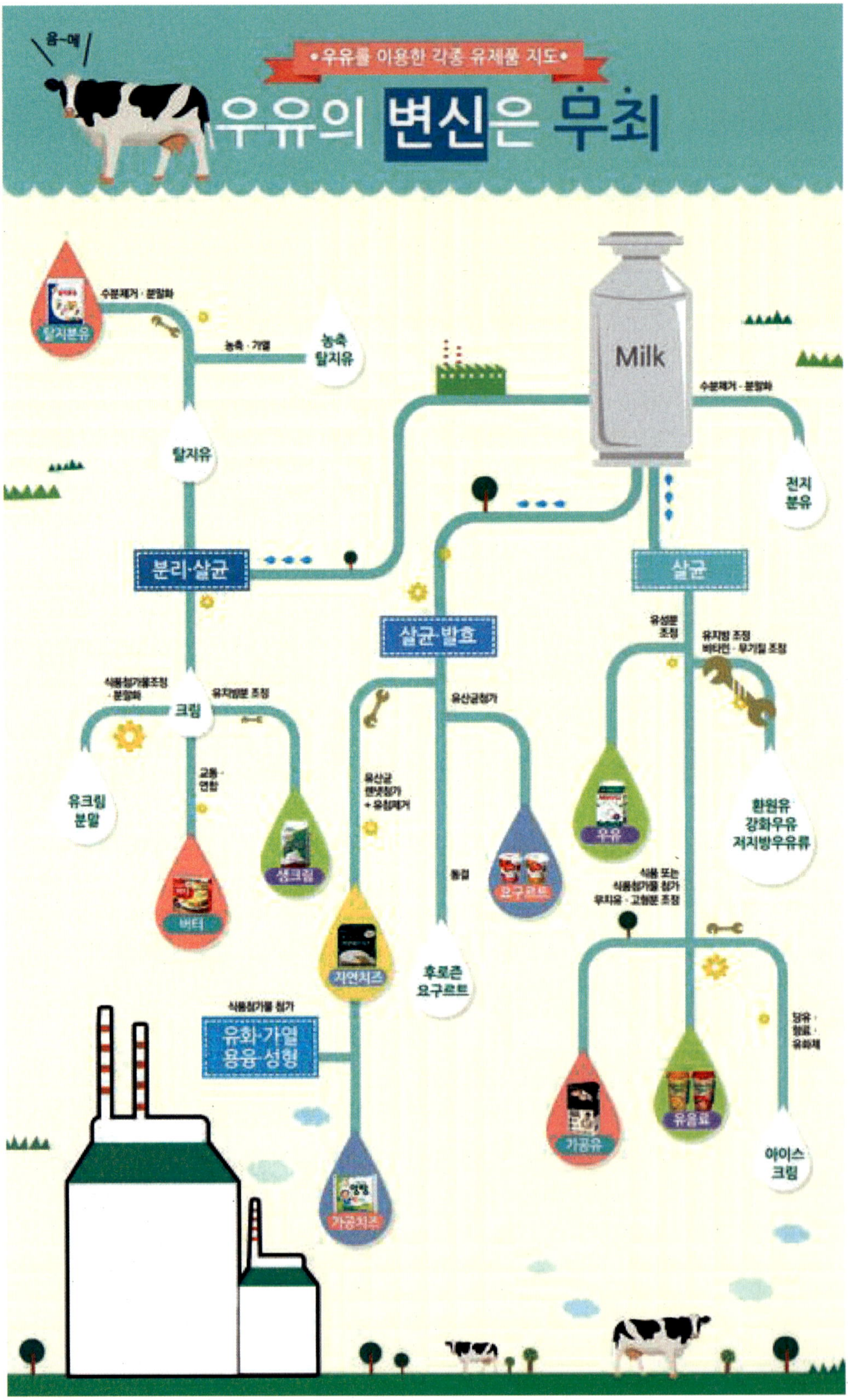
음~메
•우유를 이용한 각종 유제품 지도•
우유의 변신은 무죄
Milk
수분제거 · 분말화
전지 분유
살균
유성분 조정
유지방 조정
비타민 · 무기질 조정
우유
환원유 강화우유 저지방우유류
식품 또는 식품첨가물 첨가
무지유 · 고형분 조정
가공유
유음료
당유 · 향료 · 유화제
아이스 크림
살균·발효
유산균첨가
요구르트
동결
후로즌 요구르트
유산균 렌넷첨가 + 유청제거
자연치즈
식품첨가물 첨가
유화·가열 용융·성형
가공치즈
분리·살균
탈지유
농축 · 가열
농축 탈지유
수분제거 · 분말화
탈지분유
크림
식품첨가물조정 · 분말화
유크림 분말
유지방분 조정
생크림
교동 · 연합
버터

2 우유의 제조

우유는 여러 가지 가공공정을 거쳐 많은 종류의 제품으로 만들어지며, 응용 우유류와 유제품류로 크게 나누어진다.

응용 우유류를 시유(市乳Market Milk)라고 하는데, 우유를 가열・살균하여 소비자가 위생상 안전하게 마실 수 있도록 적은 단위용량으로 포장한 것이며, 매일 시중에 배달된다는 뜻에서 이러한 이름이 붙었다.

우유의 살균법에는 병원미생물은 완전히 없애지만 일반미생물은 약간 남게 하는 저온살균(파스퇴르 살균)과, 모든 미생물을 포자까지 포함하여 완전히 살균하는 완전살균이 있다.

저온살균은 예전에는 저온장시간법(62~65℃에서 30분)을 이용했었으나 지금은 고온단시간법(75℃에서 15초)이 이용되고 있다.

완전살균에는 최근 초고온법(UHT법 : 135~150℃에서 1~10초)이 개발되어 유럽에서는 수출용・열대용・피서지용에 사용한다.

환원우유란 크림・무염버터・연유・전지분유・탈지분유 등을 배합하고 물을 가해 우유의 상태로 환원시킨 것으로 가공우유에 속한다.

포장용기는 과거엔 유리병이지만 최근엔 종이나 플라스틱제 용기의 사용이 압도적이다.

우유의 종류

다양한 가공방법을 통해 만들어지는 6가지 우유의 종류는 공통적으로 우유의 중요한 성분은 거의 차이가 없으며, 단지 가공 방법에 따라 맛과 무게감이 다르다.

- 살균우유

영양 손실을 최소한으로 줄이는 범위 내에서 해로운 유산균과 지방분해효소를 완전히 사멸시킨 우유로 살균으로 인한 병원성 미생물로부터 안전성과 저장성이 높은 공법으로 만들어진다. 우리나라는 주로 초고온 순간살균법(0.5~5초간 순간살균)을 이용한다. 고온살균법은 열로 인하여 단백질과 당류가 일부 반응하여 구수하고 단맛이 나는 것이 특징이며, 저온살균법은 시간이 다소 오래 걸리지만 영양 손실이 거의 없는 것이 특징이다.

멸균우유

세균의 포자까지 사멸시킨 우유로 변질예방을 위해 특수포장을 통해 제품화 한다. 장점은 장기보관이 가능하다는 것이지만 단점은 맛이 다소 떨어진다는데 있다.

무균질우유

유지방을 분해하지 않고 우유 고유성분 그대로를 제품화시킨 우유이다. 우유 속에는 약 3.4%의 지방이 '지방구막' 이라는 단백질로 쌓여 있으며 지방구막은 물보다 가벼워서 오래두면 위로 뜨는 것이 정상이다.

균질우유

우유 성분을 균질하게 구성시킨 우유로 무 균질 우유와는 반대의 개념이다. 지방분리 현상이 일어나지 않도록 만든 것을 뜻하며, 소화가 잘 되기 때문에 위 질환을 앓는 사람들에게 좋다.

탈지우유

우유 속에 있는 약 3.5%의 유지방을 0.1%까지 줄인 것으로 주로 요구르트의 원료나 탈지분유의 원료로 쓰여 지고 있으며 보존성이 높은 것이 장점이다.

저지방우유

우유 속에 있는 약 3.4%의 유지방을 2% 내로 줄인 것으로 주로 성인병, 비만, 고혈압, 고지혈증 환자의 식이요법에 활용되며 우유를 잘 소화하지 못하는 사람에게도 적합한 우유이다.

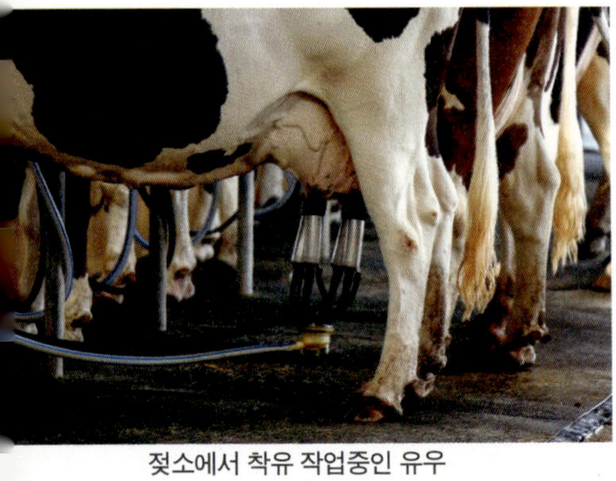

젖소에서 착유 작업중인 유우

03
요구르트(Yogurt)

1 요구르트의 개요

요구르트 또는 요거트는 유목민들이 동물의 젖을 발효시켜 만든 고대의 건강식으로서 우유나 산양젖(면양유, 緬羊乳) 등을 살균하여 반쯤 농축시키고, 이에 유산균을 번식시켜 발효, 응고시킨 음료를 가리킨다. 액체일 때도 있고 고체일 때도 있으며, 그에 따라 마시기도 하고 숟가락으로 떠서 먹기도 한다. 장수의 비결이라고 여겨지는 건강식으로 잘 알려져 있다.

요구르트라는 말은 터키어인 요우르트Yoğurt에서 유래하였다. 이 단어는 '응고하거나 굳어지고 진해진'을 뜻하는 Yoğmak에서 변형된 것으로 보인다. 고대 터키어에서는 ğ 자음이 약한 g 발음을 내었기 때문에 그리스어나 프랑스어 등에서는 g 음가가 탈락된 단어로 변형된 경우도 있다.

요구르트는 인도, 이란 문화권에서 첫 기록이 발견되는데 요구르트에 꿀을 더한 음식을 신들의 음식이라고 하였다. 고대 페르시아인들과 아랍 유목민들은 요구르트를 동물 젖의 우수한 양분을 보존하는 방법으로 여겼다. 발효 과정에서 생산되는 유산균은 젖이 부패하지 않도록 도와주었다.

러시아의 세균학자 메치니코프가 요구르트를 다량 포함하고 있는 식사를 하는 불가리아의 농민들이 평균 87세까지 산다고 발표했을 때, 많은 사람들은 이 음식에 더 많은 관심을 가지게 되었다.

요구르트를 즐기는 병사들

요구르트 생산 과정

2 요구르트의 종류

오늘날에는 첨가물과 추가 기능에 따라 플레인 요구르트Plain Yogurt, 과일 혼합 요구르트Fruit Yogurt, 칼슘 강화 요구르트Calcium Fortified Yogurt 등으로 나누며, 형태에 따라 액상 요구르트와 떠먹는 요구르트로도 나누어 생산되고 있다. 특히 맛을 가미하지 않은 요구르트는 저열량 식품으로 인기가 있다. 또한 건강식 셰이크를 만드는 데 사용되거나 아이스크림 처럼 얼려 먹기도 한다.

요구르트의 탄수화물 함량은 7~16%로 우유(약 5%)에 비해 높고, 지방 함량은 우유에 비해 낮다. 요구르트에 탄수화물 함량이 높은 이유는 발효 식품 특유의 신맛을 줄이기 위해 제조 과정에서 당분을 인위적으로 첨가하기 때문이다. 그러므로 비만, 고혈압, 동맥경화 등 성인병이 있거나 우려되는 사람, 당뇨병 환자의 경우 요구르트를 선택할 때 저(低)지방 또는 무(無)지방 제품을 먹는 것이 좋다.

요구르트

04
탄산음료
(Sparkling Beverage)

1 콜라

미국 조지아주 애틀란타의 약사였던 존스타인 펨버튼Johnstein Pemberton에 의해 개발된 음료로 신약 개발에 몰두 하던 중 제조하게 되었다. 열대지방에서 많이 재배되고 서아프리카가 원산지인 콜라 나무의 열매에서 추출한 농축액에서 쓰고 떫은 맛을 제거하고 당분을 포함한 캐러멜 색소와 향료 그리고 산미료 등을 넣어 혼합한 후 물과 탄산가스를 주입한 음료이다. 콜라 나무의 종자에는 다량의 카페인과 콜라닌 성분이 들어있어 아프리카 일부 원주민들은 이것을 피로회복제로 활용하기도 했다.

콜라의 대표 브랜드인 코카콜라는 코카인과 콜라 나무 성분을 혼합하여 만들었다 해서 붙여진 이름으로 현재는 코카인이 마약으로 취급되어 코카콜라 제조 시 재료에서 빠지게 되었으나 변함없는 맛의 유지와 시대별로 좋아하는 맛의 포인트를 잘 맞추어 지금까지도 전 세계를 통틀어 가장 사랑받는 탄산음료로 자리매김 하였다.

소다를 제조 중인 바텐더

코카콜라 광고

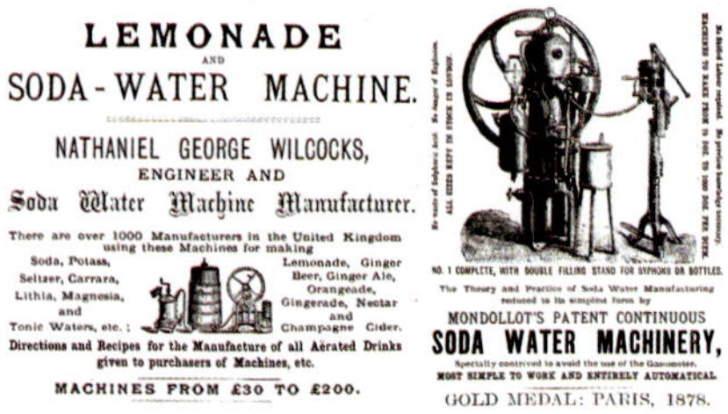

소다 제조기 판매 광고

2 사이다

사이다는 사실 사과발효주 즉 애플 와인을 뜻하는 시드르Cider를 미국식 영어 발음으로 불러 국내 롯데칠성 이라는 회사에서 탄산음료의 제품명으로 사용하기 시작한데에서 비롯되었다. 국내에서는 사이다로 불리지만 해외에서는 유명제품명인 스프라이트Sprite 또는 세븐업7up으로 불리고 있다. 우리나라의 사이다의 원조격인 스프라이트와 세븐업은 미국에서 사실상 탄산 주입기술을 개발한 펨버튼에 의해 소다수가 제조되기 시작한 이후 다양한 맛을 내기 위한 향료들과 당분이 첨가되면서 가속화 되었고 그 시기 스프라이트와 세븐업이 각기 다른 회사를 통해 만들어 졌다. 초기에는 물과 탄산에 당분과 레몬, 라임향 등이 혼합된 소다수 라는 의미로 레몬 앤 라임 리미티드 플레이버드 소다Lemon & Lime Limited Flavored Soda 라고 불렀다.

스프라이트 로고 디자인 변화

3 토닉워터

영국에서 개발된 무색투명의 음료로 레몬, 라임, 오렌지, 키니네, 과피 등의 농축액으로 만들어 당분을 배합한 것으로 식욕증진과 원기회복에 효과가 있는 강장음료인데 제2차 세계대전당시 인도에 주둔했던 영국군이 더위와 식욕부진을 해결하는데 이용하면서 널리 알려졌으며 전쟁 종료 후 미국을 중심으로 간단하게 혼합하여 즐길 수 있는 하이볼 타입의 칵테일인 진토닉을 통해 대중적으로도 사랑받는 탄산음료가 되었다.

4 진저엘

원래 진저엘은 생강주에서 시작되었으며 생강 맥주Ginger Beer를 거쳐 현재는 알코올이 전혀 없는 순수한 청량음료로 바뀌어왔다. 현재의 진저엘은 생강의 향을 함유한 탄산음료로 식욕증진효과가 있고 소화를 도우며 정신을 맑게 하는 효능 있는 것으로 알려져 있다. 국내에는 다른 탄산음료에 비해 상대적으로는 덜 알려져 있지만 해외에서는 마트는 물론 항공기, 레스토랑, 카페, 바 등의 다양한 장소에서 쉽게 접할 수 있는 탄산음료이다.

세계인의 소울 드링크Soul Drink 「탄산음료」

만병통치약으로 애용되던 '마법의 물' 탄산음료

다양한 색과 맛의 탄산음료

전 세계 탄산음료의 사업 규모는 2천9백억 달러로 미국에선 설탕 소비량의 40%이상이 음료 제조 회사에서 소비될 만큼 거대한 산업으로 성장했다. 그 매력의 근원이 무엇 때문이든 보통의 사람들은 1년에 50겔론이 넘는 탄산음료를 마시고 있으며, 이러한 수요에 맞춰 음료 제조 공장에서는 1분에 2천여 개의 캔 음료를 생산해 내고 있다.

이제 우리가 흔히 접할 수 있는 음료 제품들에 얽힌 사연들을 알아가다 보면 그 제품들이 더욱 재미있게 다가올 것이다. 그 이야기의 시작은 유명제품이나 매끄러운 용기, 수십억 달러의 광고가 나오기 훨씬 이전으로 거슬러 올라간다.

수세기 동안 인류는 기포가 자연 발생되는 탄산수가 의학적인 효험이 있을 것 이라고 믿었다. 통풍, 류머티스, 관절염 등과 같은 각종 질병의 치유 효과가 있으며, 소화불량이나 변비에도 효과가 있는 마법의 물이라고 생각했지만 그것은 마법이 아닌 과학이었다.

탄산가스는 지하수와 이산화탄소가 함유된 석회암 같은 물질이 닿으면 자연적으로 생성되며, 이때 높은 압력에 의해 물에 용해된 이산화탄소가 탄산 거품을 만들어 내는 것이다.

'고정공기' 의 연구로 개발된 인공탄산수

조셉 프리스틀리

자연 발생된 탄산수 이후 인공적으로 탄산음료를 만들게 된 것은 18세기에 이르러서 이다. 1767년 34세의 화학자 겸 목사였던 죠셉 프리스틀리Joseph Priestley는 영국 리즈에 있는 양조장 부근으로 이사를 하게 되고, 양조장 부근의 공기가 다른 지역과는 다르다는 사실을 느끼게 된다. 특별한 냄새가 난다기 보다는 공기의 성격이 다르게 느껴졌던 것이다. 발효 중인 맥주 통에서 나오는 가스는 이산화탄소였지만 그가 맡았던 공기는 분명 다른 것 이었고 그것을 '고정공기'라 정하고 실험을 시작했다. 이때 우연히 물을 맥주 통 위에 매달아 놓았는데 곧 물속에서 기포가 형성되어 탄산수가 된 것이었다. 인공적인 방식으로 물에 이산화탄소를 넣는 방법을 알게 된 것이다.

1772년 프리스틀리는 '고정공기가 포화된 물'이라는 주제로 연구결과를 발표했고, 과학계에서도 그의 공로를 인정하고 이 연구 결과를 공식화하게 된다. 이후 50년이 넘도록 도전적인 사업가들과 재능있는 기술자들이 프리스틀리의 연구 성과를 활용하여 탄산음료를 만들 제조기계를 앞 다투어 생산해 내기 시작한다.

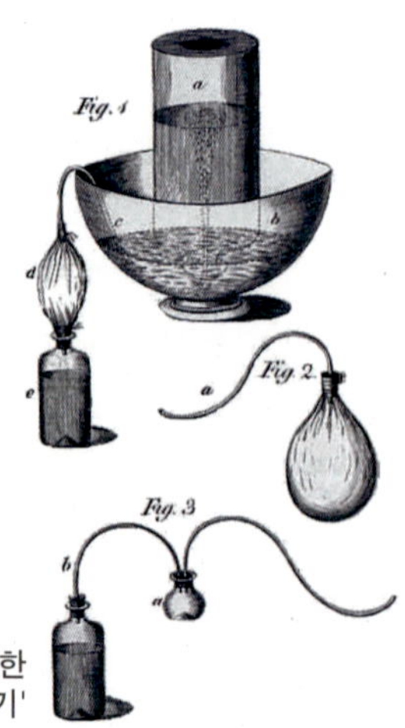

조셉 프리스틀리가 개발한 '인공탄산 주입기'

▷ 대중의 사랑을 받기 시작한 탄산음료

1832년 뉴욕으로 이주한 영국인 매튜스는 탄산음료 제조기 회사를 설립하였고, 대리석 가루와 황산을 조합하여 효과적으로 탄산음료를 제조하는 방법을 찾아낸다. 그 후 수십 년간 자신이 개발해낸 탄산포화기계를 판매하여 회사를 키워가게 되고, 1860년 광고를 통해 무쇠로 만들어진 자신의 기계가 쉽고, 빠르고, 경제적으로 탄산음료를 만들어 낼 수 있다고 알리며 탄산음료 업계의 선구자로 자리하게 된다.

약국에서 판매되던 탄산음료

기본적인 탄산수에서 부터 향이 첨가된 탄산수 까지 19세기의 미국은 탄산수의 매력에 빠져들었고, 과일, 견과류, 나무뿌리, 달걀, 쵸콜렛 등의 다양한 향이 첨가된 탄산음료들이 약국이나 탄산음료 판매점에서 불티나게 팔려나가기 시작했다.

탄산음료 판매점은 대중들의 만남의 장소로 애용되며 시내 중심가의 명소로 떠오른다. 하지만 성장하는 시장에 맞춰진 다양한 기호에 대한 연구는 부족한 상황이었다. 19세기말엔 제약업이 활기를 띄며, 다양한 효능을 가졌다고 알려져 오던 탄산음료가 약국에서 주로 판매되고 있었던 것이다.

▷ 세계 최초의 탄산음료 브랜드 '닥터페퍼' 와 '콜라' 등장의 서막

챨스엘더튼

1885년 텍사스 웨이코의 약사 챨스엘더튼는 다양한 재료의 혼합을 통해 만들어지는 음료의 미래를 확신하였다. 자신의 약국에 음료를 사기 위해 찾은 고객들이 어떤 맛의 음료를 선택할지를 고심하는 모습을 보고 그 당시 일반적으로 판매되고 있던 23가지의 맛을 혼합하여 보았는데 그 맛이 지금까지는 경험해 본적이 없는 전혀 새로운 맛이었던 것이다. 이 비밀스런 혼합 음료는 엘더튼의 약국에서 가장 잘 팔리는 탄산음료가 되었지만 이름을 가지고 있지 않아 지명을 딴 '웨이코' 라고만 불려지고 있었다.

1891년 이 음료가 텍사스 전역에서 인기를 끌면서 마침내 정식으로 이름이 붙여지게 된다. 그것이 바로 '닥터페퍼' 이다. 마치 의약품 명처럼 지어진 이 음료는 최초로 브랜드화 되어진 탄산음료로 지금까지도 생산되고 있다.

하지만 닥터페퍼는 1880년대 이후의 탄산음료 업계의 판도를 주도해 나갈 새로운 음료의 도전을 전혀 예상하지 못한다. 에틀란타의 한 약사에 의해 개발된 콜라나무열매와 코카인의 혼합으로 만들어진 이 음료는 기운을 돋우기 위한 약의 개념으로 만들어지며 커피를 대체 할 수 있는 음료로 탄생하게 된다.

닥터페퍼사(Dr. Pepper Co.)

코카콜라의 최초 개발자 '약사 존 펨버튼John Pemberton'

존 펨버튼

지난 몇 년 동안 코카콜라사는 매년 45억 개에 달하는 탄산음료 제품을 판매하며 세계 최정상의 음료 브랜드에 걸 맞는 위상을 이어가고 있다. 현재 그들의 연 매출은 230억 달러가 넘으며, 작은 나라의 국민 총 생산보다도 많고, 세계 어느 곳에 가서도 만날 수 있을 만큼 대중화된 음료로 자리 잡았다. 이 모든 것의 시작은 코카콜라의 전설적인 비밀 제조법에서 시작된다. 현재 코카콜라의 비밀 제조법은 애틀란타 시내의 한 은행 금고에 보관되어 있으며 회사의 주요인사 몇 명만이 금고에 출입할 수 있는 권한을 가지고 있다고 전해지고 있다. 이렇게 철저히 비밀에 붙여질 만큼 그 상업적 가치가 높아진 코카콜라는 미국의 남북전쟁으로 인해 세상에 선보이지 못할 뻔했다.

1865년 4월 로버트미 장군이 항복하고 일주일 후 남부군의 한 부대가 조지아주 콜럼버스의 작은 마을에서 마지막 교전을 벌이던 중 33세의 남부군 병사가 부상을 입게 되었다. 그 병사는 전역 후 애틀란타의 한 약국에서 근무하게 되는데 그가 바로 코카콜라를 최초로 개발해낸 존 펨버튼(1831~1888)이다.

코카콜라 로고의 역사

코카인과 콜라열매의 혼합으로 만들어진 '코카콜라Coca-Cola'

콜라 나무열매(Cola Nut)

존 펨버튼은 약사로 근무하며 염색약, 간장약 등의 제품들을 실험하며 연구 몰두하지만 성공을 거두진 못했다. 그러던 어느 날 그는 자신의 집 뒤뜰에서 40갤론 짜리 양동이에 여러 가지 성분의 물질들을 혼합하며 실험하던 중 기존에 없던 새로운 물질의 혼합을 떠올렸다. 평소 펨버튼은 각성성분을 혼합하여 사람을 항상 깨어있게 할 수 있는 커피를 대신할 새로운 음료의 개발을 꿈꿔왔다. 그 노력의 결과 1886년 카페인이 풍부한 아프리카산 콜라열매와 남미의 코카잎 추출물에 설탕과 기타 비밀재료들을 넣고 혼합한 음료 원액을 개발해내기에 이른다. 그는 이 시럽형태의 원액을 당시 유행처럼 번져 있던 탄산수 공급기에 넣어 탄산음료로 만들어 내게 된다. 세계인의 음료 코카콜라의 탄생이었던 것이다. 하지만 기존에 없던 전혀 새로운 맛의 탄산수였던 펨버튼의 음료는 마땅한 이름을 정하기가 어려웠다. 그러던 중 당시 펨버튼의 탄산음료 회사 경리담당 직원이었던 프랭크로빈스의 아이디어로 판매 전략에 걸맞는 이름을 짓게 된다. 그것은 의외로 쉽게 정해졌다. 음료 제조에 쓰인 코카잎과 콜라열매에서 따온 글자를 배열하여 '코카콜라'라고 짓고 글자를 로고화 하여 인쇄에 들어갔다. 하지만 제품명이나 로고 만큼 맛은 기억에 남지 못했다. 기존에 사용되지 않았던 재료의 혼합으로 인해 맛을 기억할 만한 기준점이 없어 쉽게 잊어버리게 되었던 것이다. 하지만 날이 갈수록 사람들은 자신도 모르는 사이 코카콜라를 찾기 시작했다. 이유는 코카콜라만의 매력과 함께 더해진 또 다른 성분

코카콜라의 코카인(Cocaine) 중독을 경고하는 공익광고

인 코카인Cocaine 때문이었다. 현재는 사용되고 있지 않지만 초기 코카콜라의 오리지널 제조법엔 소량이지만 외부엔 알려지지 않았던 성분이 있었던 것이다. 코카콜라의 코카인 혼합은 그 후 1906년 미국에서 식품의약품법이 제정되어 법으로 몇 몇 가지 음료의 첨가물들이 금지되기 시작하면서부터 멈추게 된다.

코카콜라 컴퍼니를 인수한 아사캔들러의 마케팅

아사캔들러

코카콜라 컴퍼니를 설립한 존 펨버튼은 코카콜라라는 음료업계의 걸작을 선보인 후부터 재정적인 어려움과 건강의 악화로 인해 회사의 지분을 팔게 된다. 이 후 코카콜라의 개발 1년 만에 자신이 개발한 코카콜라의 엄청난 성공을 보지도 못한 채 사망하게 되는 데 그의 죽음을 일부에선 몰핀 중독 때문이었다고 보고 있다.

코카콜라를 새롭게 인수한 아사캔들러(1851~1929)는 펨버튼이 미쳐 하지 못했던 것을 진행하기 시작한다. 그것이 바로 마케팅이었다. 그는 애틀란타에서도 이름이 알려진 약사였는데 약사로서 뿐만이 아니라 자신이 조제한 약을 잘 파는 방법에 대해 탁월한 능력을 가지고 있었다. 회사를 인수한 직후부터 신문과 잡지에 광고를 실고 달력과 포스터 등의 판촉물도 제작하여 적극적인 마케팅 활동을 시작하였다. 또한 대중적인 코카콜라 부터 프리미엄 코카콜라까지 다양한 제품을 만들어 판매 하였다. 그로부터 약 10년 후 그 노력에 힘 입어 코카콜라는 미국 전역에서 찾아볼 수 있는 인기음료로 자리하게 되었다. 19세기말 등장했던 제품으론 최고의 성장속도였다.

아사켄들러 인수 후 활성화 된 마케팅

펩시콜라Pepsi-Cola의 등장과 함께 시작된 탄산음료 전쟁

1898년 노스캐롤라이나 뉴번에서 케이렙 브래드햄 이란 약사가 두통치료제를 개발하였다. 처음에 이 음료는 개발자인 브래드햄 이란 이름을 따서 그냥 브래드 드링크라고 불렸지만, 이는 곧 소화효소인 팹신에 근거한 새로운 이름으로 바뀌게 된다. 코카콜라 처럼 한 명의 약사에 의해 소리 소문 없이 펩시가 탄생한 것이다.

케이렙의 약국은 펩시콜라를 판매하면서 엄청난 인기를 얻게 되는 것을 시작으로 1903년엔 8천 갤런의 펩시콜라 원액이 탄산음료 판매점으로 팔려나갔다. 초창기 탄산음료 제품들은 개발자가 시럽 형태의 원액을 만들어 탄산수 공급기를 가진 업자에게 판매하고, 기계업자는 탄산수 기계에 시럽을 넣고 혼합하여 탄산음료를 생산, 판매하는 방식이었다. 이렇게 만들어진 펩시콜라는 코카콜라를 위협할 만한 성장세를 보이는 듯 했지만, 각종 탄산음료들의 과열 경쟁으로 인해 1929년 부도위기를 맞게 된다.

코카콜라 대 펩시콜라

'세븐업7up' 콜라전쟁의 틈에서 살아남다.

리미티드 레몬소다 '세븐 업(7up)'

1929년 펩시는 당시 미국에서의 수많은 콜라 회사들과의 직접적인 경쟁과 자금난으로 인해 청량음료 시장에서 약세를 면치 못하고 있었다. 당시의 미국은 수많은 콜라 종류는 물론, 각종 탄산음료들로 넘쳐났고 그것을 대변하듯 상큼한 오렌지향이 풍부한 오렌지 크러쉬Orange Crush, 목마를 때 마시는 휘슬Whistle, 기운을 돋우기 위해 마시는 체리치어Cherry Cheer 등의 다양한 컨셉의 음료들이 약진에 약진을 거듭하고 있었다. 그러던 어느 날 이 모든 청량음료들의 상승세를 잠재운 새로운 음료가 등장하게 된다. 그것이 바로 '리티에이티드 레몬 앤 라임 소다Lithiated Lemon&Lime Soda'이다. 제품명에서 레몬과 라임의 과즙과 향이 첨가되었음을 알 수 있긴 했지만 결코 기억하기 쉬운 이름은 아니었다. 그리하여 제품의 개발자이자 사업가였던 씨엘 그리그는 현명한 판단을 내리게 된다. 제품명을 세븐업7up으로 바꾼 것이다. 제품명을 바꾼 이후부터 판매량은 더욱 늘게 되었지만, 세븐업은 콜라가 아니라는 원초적인 핸디캡을 극복해 내야만 했다. 당시 미국인들에게는 콜라가 이미 탄산음료의 원형처럼 자리 잡고 있었기 때문이었다. 하지만 탄산음료 첫 브랜드였던 닥터페퍼부터 현대의 수많은 탄산음료들 사이의 생성과 소멸 속에서 살아남은 세븐업은 현재까지도 건재함을 과시하고 있는 레몬 앤 라임 소다의 대표 브랜드로 살아남았다.

최고의 탄산음료를 만들기 위한 탄산유지 기술 연구

탄산음료는 한해에만 세계 수많은 탄산음료 브랜드들에서 평균 880억 개의 캔과 490억 개의 페트 제품이 생산되고 있으며, 초기 제조방식과 큰 차이 없이 시럽형태의 원액에 감미료와 탄산수를 첨가하는 방식으로 만들어 낸다. 하지만 현재의 탄산음료와 초기 탄산음료는 한 가지 다른 점이 있었다. 그것은 바로 음료를 담아내는 용기였다

1800년대 후반 탄산음료는 어떻게 하면 용기에 담은 후 오래 보관할 수 있을지에 대한 연구에 골몰하기 시작했다. 그때까지의 탄산음료는 병에 넣어 판매하긴 했지만 장기저장 및 보관을 위한 밀봉용기는 아니었기 때문이다. 탄산음료 판매가 사업성을 가진 것을 경험한 제조업자들은 이 문제를 해결하기 위해 애썼지만 주목 할 만한 성과를 내지는 못하고 있었다. 그러던 중 독일태생의 제이콥 슈웹이란 시계공이 업종을 바꿔 유리병 밀봉에 대한 연구를 시작하게 되는데, 1800년대 초 그는 유리 제조업자에게 아주 특이한 용기를 주문 제작한다. 그들 사이에서는 '술 취한 병'이라고 불리운 이 병은 밑 부분이 타원형으로 뾰족하게 생긴 것이 특징이었다. 마치 취객처럼 술 취한 병은 똑바로 세워지지 않았다. 대신 병의 입구에 코르크를 끼워 넣고 눕혀 놓아 코르크가 젖어 팽창하는 원리를 이용하여 탄산이 빠져나가지 못하도록 막아주는 것이었다. 그러나 세워둘 수 없다는 결정적인 단점은 실용성 면에서는 좋은 점수를 얻지 못했다.

제이콥 슈웹이 개발한 탄산음료 병

왕관마개Crown Cap 21개 톱니에 숨은 과학

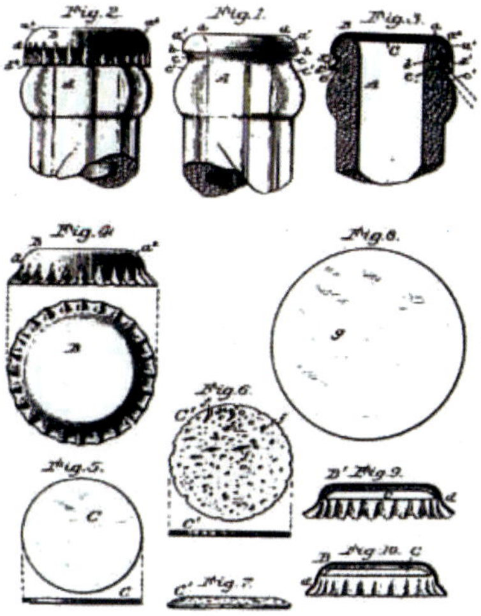
왕관 마개의 과학적 계산

1890년대 초 윌리엄 페인터가 마침내 이 문제를 해결해 내고 만다. 아일랜드 태생의 페인터는 스무살 때 매릴랜드 주 볼티모어로 이민을 온 후 다양한 종류의 발명품을 만들어 내기 시작했는데 기차여행객들을 위한 안전 탈출의자에서부터 위조지폐 탐지기 까지 발명이라면 분야를 가리지 않았다. 하지만 그가 이룩한 최고의 업적은 1892년에 특허 출원 된 '왕관마개'이다. 같은 크기 21개의 톱니로 이루어진 왕관마개는 발명당시 실험을 통해 21개의 톱니 수 보다 적으면 마개가 느슨해져서 음료의 부패를 초래할 수 있음을 알 수 있었고, 21개의 톱니 수 보다 하나라도 많을 경우 마개를 여는데 큰 힘을 가하게 되어 유리병이 파손될 우려가 있어 결정된 최적의 수치였던 것이다. 과학적으로 완벽한 21개의 톱니 안쪽엔 코르크로 되어 있어 병 입구와의 밀착이 가능할 수 있었다.

모양이 왕관과도 같다하여 불려진 페인터의 왕관마개는 밀봉 포장을 현실화 시키며 탄산음료를 비롯한 모든 음료산업에 역사적인 획을 그은 최고의 발명품으로 평가받고 있다.

왕관 마개(Crown Cap)

콜라와 탄산음료 발전의 숨은 공신 "유리병, 캔, 페트병"

1920년부터 유리병 공장에선 매년 1억 7천 5백만 개가 넘는 음료수 병을 생산해 내기 시작했고, 사람들은 음료수를 담아오기 위해 더이상 판매점에 직접 찾아갈 필요가 없어졌다. 단지 유리병의 회수를 위한 환불 제도가 있어 병의 보증금을 탄산음료 구입 시 함께 지불해야만 했다. 하지만 이 모든 번거로움 들을 해결해줄 새로운 용기가 1950년대에 이르러 선보여지게 된다. 당시는 일회적이고 소비적인 분위기였던 탓에 사람들이 보증금을 내고 재활용이 가능한 유리병을 구입하여 사용하고 난 뒤 그냥 쓰레기통에 버리는 일이 다반사였다. 이를 해결하고자 탄산음료 회사들은 더욱 가벼운 일회용 병을 만들어 내긴 했지만, 이후 개발될 캔 용기에 비할 바는 못 되었다.

코카콜라 공장 생산라인의 캔

음료 공장 생산라인의 페트

1950년대 말까지 매년 3억 6천만 개가 넘는 탄산음료용 캔이 생산되었고, 1963년도엔 더욱 튼튼하고 가벼우면서도 탄산가스의 압력은 잘 견뎌낼 수 있는 알루미늄 캔이 개발 되었지만 여전히 한 가지 문제점이 남아 있었다. 캔 용기는 끝이 날카로운 둥근 고리로 캔 음료를 따야만 했기 때문에 이로 인해 캔을 딸 때 날카로운 뚜껑 테두리에 손이 베이지 않도록 조심해야했고, 해변을 걸을 때도 버려진 캔 뚜껑에 발이 베이지 않도록 조심해야 했으며, 심지어는 날카로운 뚜껑 고리를 아이들이 삼키는 사고까지 발생하게 되었다. 그 후 수많은 탄산음료 회사들이 이 문제를 해결하고자 노력했지만 결국 탄산음료 회사가 아닌 레이놀드메탈사의 기술자인 댄커드직이 5년에 걸쳐 캔 고리 문제의 해법을 찾아내게 된다. 1974년 공식적으로 발표된 커드직의 캔 부착 형 고리는 이후 안전성과 경제성을 모두 갖춘 발명품으로 모든 음료업계에 기본 기술로 활용되게 된다.

오늘날 캔이 탄산음료의 용기로서 각종 장점들을 종합해 성공을 거두며 발전해 왔지만 보다 생산비용이 저렴하고 취급이 간편한 용기 개발에 대한 욕심은 계속되어 왔다. 1970년대에 이르러 대중적으로 사용되기 시작한 플라스틱은 탄산음료의 용기로 활용하기에는 보완해야할 부분이 많았다. 가장 큰 문제는 탄산음료가 플라스틱과 맞닿으면 플라스틱 고유의 냄새가 배어 나오면서 맛이 없어지는 것이었다. 하지만 이 문제는 화학기술자인 나다니엘 와이어스에 의해 해결된다. PET 또는 페트병으로 우리에게 잘 알려진 그의 폴리에틸렌 테레프탈레이트PolyEthylene Terephthalate병은 플라스틱 특유의 냄새도 없고 투명한 데다 거의 깨질 염려가 없는 획기적인 용기로 현재 우리가 사용하고 있는 용기들 중 마지막으로 발명되어 지게 된다.

콜라를 통해 본 유리병의 진화(Bottle-Line-up)

조국에 대한 충성심을 코카콜라에 대한 사랑으로 이어가다.

코카콜라 광고에 등장하는 군인

탄산음료 뿐 만이 아니라 세계의 식음료 브랜드 역사상 최대의 라이벌은 단연 코카콜라와 펩시콜라일 것이다. 탄산음료의 개발 이후 닥터페퍼 다음으로 세상에 브랜드화 되며 알려진 코카콜라는 1930년대까지 미국인들이 가장 좋아하는 음료로 자리를 지켜왔다. 엄청난 마케팅 비용을 쏟아 부으며 판매율을 높여 왔고 그로인해 주식까지 치 솟았다. 그에 반해 펩시콜라는 재정적인 어려움과 판매율 저조로 인해 부도직전의 위기까지 겪게 된다. 하지만 펩시사의 두 가지 선택이 회사를 다시 일으켜 세우게 된다. 당시 펩시의 사장이 부도난 맥주회사의 병을 고민 끝에 싼값에 매입하게 되었고 그 결정으로 인해 회사의 존폐를 결정지을 현금의 융통을 원활하게 할 수 있었다. 하지만 회사 내부에선 345ml나 되는 맥주병을 펩시콜라에 활용하는 것에 대한 반대의 목소리가 거세기도 하였다. 당시 탄산음료 병의 용량은 192ml에 불과했기 때문에 새로 매입한 맥주병은 커도 너무나 컸던 것이다. 하지만 펩시의 사장은 이 문제를 즉시 판매 전략으로 이용했다. 345ml짜리 한 병이 5센트로 가격은 같았지만 용량이 커서 당시 대 공황을 겪던 대중들에게는 상품선택에 무엇보다도 중요한 가치로 인식되었던 것이다. 그에 힘입어 펩시콜라는 그 해 말 전체 탄산음료 시장의 매출에 10%를 차지할 만큼 급성장 하게 된다.

코카콜라의 입장에서는 펩시콜라가 가장 큰 경쟁업체로 부상하였지만 펩시콜라에겐 그로인해 겪게 될

군인들의 애국심을 자극하는 광고

어려움이 기다리고 있었다. 어느 시점이 되자 사람들에게 값싼 콜라라는 이미지가 강해져 대 공황 이후 부터는 구매를 꺼리기 시작한 것이다.

이를 틈타 코카콜라가 반격을 시작한다. 제2차 세계대전을 통해 코카콜라는 전 세계 60여곳에 콜라 제조공장을 열어 100억병의 코카콜라를 미국 병사들에게 지원하기 시작하였고 그로인한 여파는 연합군과 해외 전투지역 전역으로 확산된다. 그 효과는 제2차 세계대전의 종전 이후에도 이어지며 전쟁에서 살아 돌아온 미군들은 삶과 죽음을 넘나들던 전장에서 조국에 대한 충성심과 애국심을 불태우며 마셨던 코카콜라를 추억하며 코카콜라의 충성고객으로 펩시콜라와의 경쟁에서 코카콜라가 우위에 있음을 확인시켜 준다.

스프라이트Sprite와 마운틴듀Mountain Dew의 출시로 촉발된 제2차 탄산음료전쟁

상쾌함이 터지는 느낌의 광고

1946년 펩시콜라의 주식은 전 년도 보다 70%나 하락했고 반면 코카콜라의 매출은 펩시콜라에 다섯 배에 달했다. 펩시로서는 보다 공격적인 대응이 필요한 시점이 된 것 이었다. 펩시는 비난여론에도 아랑곳 하지 않고 경쟁사인 코카콜라의 판매담당 부사장 알 스틸을 자사 부사장으로 스카웃 해왔고, 1950년 알 스틸은 펩시사의 사장자리에 오르게 된다. 스틸은 추진력이 강한 리더로 이는 펩시콜라의 임원회의 때 했던 말을 통해서도 알 수 있었다. “고객이 무엇을 원하든, 그것이 염소가죽 주머니에 달콤한 탄산음료를 담아 내기를 원하면 이 방에 모인 우리들은 염소를 찾아 나서야 할 것이며, 당장 고객이 있는 곳으로 달려가 기쁜 마음으로 그것을 전달해야 할 것이다.” 스틸의 리더쉽과 공격적인 마케팅 전략 덕분에 펩시콜라의 매출은 10배로 증가하게 되었다. 1960년대에 들어서자 각 회사들은 신제품을 개발해 출시하기 시작한다. 코카콜라사는 스프라이트와 텝Tab을 펩시사는 다이어트 펩시Diet Pepsi와 마운틴듀를 출시하며, 이제 콜라만이 아닌 새로운 제품으로 탄산음료시장에서의 두 번째 전쟁을 시작한다.

마운틴듀의 빛을 발하는 느낌의 광고

일회용 종이컵의 탄생과 탄산음료 캔 바닥의 홈.

일회용 종이컵

우리가 음료의 용기로 쉽게 사용하고 있는 일회용 종이컵은 정말 편리하다. 그러나 종이컵은 편리함 때문에 개발된 것이 아니라 위생상의 이유 때문에 개발된 것이다. 1907년 매사추세츠의 로렌스 루엘렌Lawrence Luellen은 종이컵과 함께 식수공급장치water dispensing maschine를 발명했다. 이것이 보스턴 출신의 지인 휴 무어Hugh Moore에 의해 헬스컵Health Kup이라는 이름으로 시장에 나오게 되었다. 이는 음료를 마시는데 있어서 사용하는 컵의 위생이 사회적으로 중요해졌음을 의미한다. 이후 1917년에는 인기있는 인형의 이름을 따 딕시 컵Dixie cups으로 이름이 바뀌었으며, 지금도 버지니아에 근거를 두고 활발하게 생산하고 있다. 이제 종이컵은 전 세계 어디에서든 만날 수 있는 위생적이고 편리한 음료의 용기로 자리 잡았다.

그럼 탄산음료의 캔은 어떨까? 일반음료 캔의 바닥을 보면 어떤 것은 평평한 반면, 탄산음료 캔의 바닥은 오목하다. 보통 맥주나 탄산음료와 같이 캔 속에 가스가 들어있는 경우 캔 바닥이 오목하게 들어가 있는데, 그 이유는 탄산가스가 들어 있는 음료는 캔 안에서 밖으로 미는 압력으로 캔 모양이 변할 수 있기 때문이다. 이를 막기 위해 바닥을 오목하게 만든 것인데, 질소충전이 된 캔 음료도 탄산음료와 마찬가지이다. 부탄가스통이나 가스충전이 되어 있는 스프레이의 바닥이 오목한 것도 이와 같은 이유 때문이다.

탄산음료 캔 바닥의 홈

Chapter 08

칵테일의 역사

01 칵테일(Cocktail)

1 칵테일의 탄생

두 가지 이상의 음료들의 혼합이라는 원형적인 의미를 가진 칵테일의 명칭은 그 유래에 대한 여러 가지 설이 있다. 대표적인 설은 1795년 미국 루이지애나주 뉴올리언스로 이주해온 A.A.페이쇼라는 이름의 약사가 계란 노른자를 음료와 혼합하여 만들어 냈고 이를 닭장수 라는 뜻의 불어로 코크티에Coquetier라고 부르기 시작하였다는 것이다. 또한 같은 지역에서 만들어진 사제라크Sazerac라는 칵테일도 동일한 시기에 만들어진 칵테일로 최초라고 보는 견해도 있다. 그 밖에도 영국에서는 서로 다른 종의 교배를 통해 태어난 말의 꼬리가 흡사 닭의 꼬리처럼 서있는 것을 보고서 닭Cock+꼬리Tail 이라고 했다는 설과, 멕시코의 왕이 공주를 위해 다양한 혼합물을 통해 음료를 만들고 공주의 이름인 콕텔Coctel을 붙여서 부르기 시작했다는 설도 있다.

수탁의 꼬리에서 유래된
칵테일 이란 명칭

다양한 설들의 진위 여부와는 관계없이 칵테일은 일반적으로는 미국에서 처음 만들기 시작했다고 하는 것이 정설이다. 하지만 혼합음료의 제품화는 혼성음료 즉, 리큐어Liqueur의 제조를 통해 이미 프랑스를 비롯한 유럽 전역에서 그 개념이 알려져 있었던 음료의 형태이기도 하다. 혼합음료는 인도나 페르시아에서 오래 전 부터 펀치Punch라는 이름으로 즐겨 음용되고 있었다. 펀치는 과거 인도가 영국의 식민 지배를 받던 시대 인도에 머물고 있던 영국인 지배층들이 연회 행사를 치를 때 여러 가지 과일 주스를 시럽과 함께 혼합해 만들어 초대된 손님들에게 제공한데서 시작되었다.

하지만 정작 펀치라는 명칭은 인도인 하인들이 다섯 가지가 혼합되었다 하여 다섯 가지라는 의미를 가진 펀치라고 부르기 시작한 것에서 유래되었고, 그것이 에스파냐 사람에 의해 서인 유럽에 까지 전해지게 되었다는 기록이 있다. 또 하나는 1737년에 사망한 영국의 육군대령 F.니거스가 스피릿을 당분과 함께 혼합한 음료에 자신의 이름을 붙여 판매했다는 기록도 있다.

2 칵테일의 진화

'Smithsonian' 홈페이지에 의하면 칵테일에 대한 첫 번째 기록은 1806년 뉴욕 주 허드슨 시의 'NY Hudson' 신문을 통해서 였으며, 구성요소로는 Spirit와 Bitters 그리고 설탕과 물을 혼합해 만들었으며, 일명 비터드 슬링Bittered Sling이라고 불렀다고 한다. 19세기는 원조격에 해당하는 칵테일들이 개발된 시기로 그 당시 만들어졌던 대다수의 칵테일에는 Bitters가 기본적으로 포함되었는데 현대에는 '올드패션드Old Fashioned' 나 '멘하탄Manhattan' 그리고 '샴페인 베이스Champagne Base' 의 칵테일과 같은 소수의 칵테일에서만 사용되는 요소로 남아있다.

미국 사보이호텔의 최초 여성 바텐더

1862년 뉴욕 바텐더 제리토마스의 블루블레이저

1890년대에 들어서면서 칵테일은 단순한 혼합음료의 의미를 넘어서게 된다. 쉐이커와 믹싱글라스 등의 도구를 사용하기 시작한 것이다. 쉐이커와 믹싱글라스를 통해 얼음과 함께 혼합된 칵테일은

얼음이 처음 사용되었던 1806년
바로크 시대

혼합할 때 사용되었던 얼음이나 잔에 얼음을 넣지 않은 채로 따라내는 스트레이트 업 스타일Straight up Style로 불리기 시작한다.

1920년대에 이르러 칵테일은 단순혼합음료와 기구를 사용하여 얼음과 혼합한 음료 그리고 파티나 행사에 제공되는 음료까지도 칵테일이라고 해석하기도 하였다.

하지만 사실 칵테일의 개념은 고대 선사시대를 통해서도 확인할 수 있다. 고대인들은 포도로부터 얻어진 알코올 음료에 꿀, 허브, 스파이스 등을 혼합해 마셨으며 중세시대 수도사들은 브랜디와 리큐어 등에 약의 제조법을 인용한 음료들을 만들어 치료목적으로 사용하였으며 점차 식사와 함께 즐기는 식전주Aperitif와 식후주Digestive로 마시기 시작하였다.

1970년경엔 영국 해군들이 올드 그로그Old Grog라는 럼주에 물을 혼합해 마시는 칵테일을 즐겼으며, 인도에 주둔한 영국군의 말라리아 예방을 위해 치료성분인 퀴닌의 즙을 넣어 마시게 되었고 이것이 진 토닉Gin Tonic 칵테일의 시작이 되었다.

클래식 시대의 미국 칵테일 바

3 칵테일의 정의

칵테일은 두 종류 이상의 알코올성 음료 또는 비알코올성 음료를 혼합하여 즐기는 술의 종류이며, 칵테일은 여러 가지 음료와 부재료를 혼합하여 색, 향, 맛을 조화롭게 만들어 즐기는 술이기 때문에 주재료에 따라 칵테일의 종류가 다양하다.

칵테일의 기본이 되는 주재료는 베이스Base 또는 기주라고 하며, 일반적으로 베이스로 가장 많이 사용하는 술은 Whisky, Brandy, Gin, Rum, Vodka, Tequila 등의 6가지이다. 또한 칵테일은 맛뿐만 아니라 아름다운 장식인 가니쉬Garnish도 중요하다. 가니쉬는 칵테일과 비슷한 맛의 가니쉬를 사용하는 것이 원칙이며, 신맛의 칵테일에는 레몬을 장식하고 주스가 사용되는 칵테일에는 주스 원료와 같은 종류의 과일을 사용하는 것이 일반적이다.

비터가 많이 사용되던 미국 칵테일 바

4 칵테일Cocktail 분류

알코올 여부에 따른 분류

하드 드링크Hard Drink

혼합하지 않은 순수 음료의 분류로 본다면 알코올성 음료를 뜻하지만 혼합음료 즉 칵테일에서의 뜻은 일반적으로 총량과 관계없이 알코올 비중이 높은 칵테일을 뜻하기도 한다. 대체로 알코올의 총량은 적은 칵테일을 뜻하기 때문에 천천히 마시는 것이 좋다.

소프트 드링크Soft Drink

흔히 말하는 음료수 즉, 알코올이 전혀 포함되지 않은 비알코올성 음료를 뜻하지만 혼합음료 범주에서의 일반적인 표현은 논알코올 칵테일Non Alcohol Cocktail 또는 버진 칵테일Virgin Cocktail로 불릴 수 있으나 국제적으로는 목테일Mocktail이라는 전문 용어로 불리고 있다.

총량에 따른 분류

쇼트 드링크Short Drink

Short Drink Cocktail

4oz 미만 용량의 글라스에 제공되는 칵테일이다. 알코올성 음료에 알코올성 음료를 혼합 조주하여 주정이 강한 칵테일이며, 알코올 포함된 재료의 비율이 다소 높은 혼합주로써 취기가 짧은 시간에 빨리 오르는 특징을 가지고 있다. 얼음 없이 제공되는 것이 일반적이고, 칵테일 완성 후 10분 정도 지나면 혼합된 재료가 분리되기 시작하여 본래의 맛을 잃을 수 있으므로 되도록 빠른 시간 안에 마시는 것이 좋다.

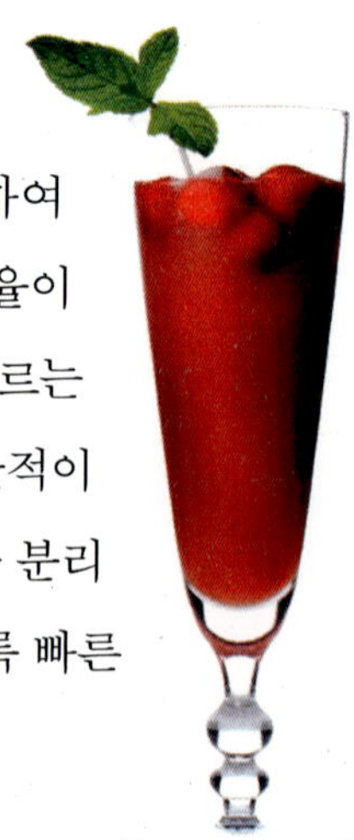

롱 드링크Long Drink

4~8oz 용량의 글라스에 제공되는 칵테일이다. 베이스인 알코올성 음료에 다양한 부재료나 다량의 비알코올성 음료를 혼합해 희석하여 조주함으로써, 알코올 도수는 결과적으로 낮은 편이다. 또한 얼음이 많이 녹지 않는 정도에서 여유를 두고 마시는 것이 좋다.

Long Drink Cocktail

시기에 따른 분류

식사 전 칵테일Aperitif Cocktail

애프리티프 칵테일Aperitif Cocktail은 식사 전에 입맛을 돋우기 위해 마시는 칵테일로 단맛이 없는 특징이 있으며, 시고 쓴 맛과 향을 가졌으며 소량의 칵테일이 적합하다. 대표적인 칵테일로는 드라이 마티니, 맨하탄, 김렛, 캄파리소다 등이 있다.

Aperitif Cocktail

식사 중 칵테일Table Cocktail, Main Cocktail

식사 중에 메인 요리의 맛을 극대화하기 위해 마시는 칵테일로 요리의 성격에 맞춰 짜여진 레시피의 칵테일이 적합하다. 칵테일이 정해져 있지 않지만 메인 요리에 방해가 되는 향이 강하거나 양이 많은 칵테일은 피하는 것이 좋다.

Table Cocktail

식사 후 칵테일Digestif Cocktail

애프터 디너 칵테일은 식사 후에 소화를 돕기 위해 마시는 칵테일로 디저트와 곁들이기도 하기 때문에 단맛과 크리미한 맛을 가진 칵테일로써, 디제스티프Digestif라고도 한다. 대표적인 칵테일로는 그레스하퍼, 알렉산더, 골든캐딜락 등이 있다.

Digestif Cocktail

올데이 칵테일All-day Cocktail

올데이 타입의 칵테일은 식사와는 무관하게 언제나 마실 수 있는 칵테일로 자신의 취향에 따라 다양하게 칵테일을 선택하면 된다. 칵테일이 정해져 있지 않지만 알코올 도수가 너무 높은 칵

All-day Cocktail

테일은 상황에 맞춰서 피하는 것이 좋다. 대표적인 칵테일에는 마가리타, 블루 하와이안, 롱아일랜드아이스티, 피나콜라다, 준벅 등이 있다.

맛에 따른 분류

Dry Cocktail

- 드라이 칵테일Dry Cocktail

알코올 도수가 강하고 드라이한 맛이 특징이며, 주로 마티니 스타일의 칵테일들이 여기에 속한다. 또한 알코올 도수가 높은 스트롱 칵테일Strong Cocktail, 하드 칵테일Hard Cocktail과 유사한 개념이다.

Sweet & Sour Cocktail

- 스위트 앤 사워 칵테일Sweet & Sour Cocktail

알코올 음료에 시트러스 계열의 과일(예 : 레몬, 라임 등)을 첨가해 신맛이 많이 나는 칵테일들이 주로 여기에 속한다. 갈증해소에도 영향을 주는 스포츠 칵테일Sports Cocktail과도 유사한 개념이다.

Sweet Cocktail

- 스위트 칵테일Sweet Cocktail

달콤한 맛과 향의 리큐어나 부재료들을 첨가해 만드는 단맛과 향이 느껴지는 칵테일들이 여기에 속한다. 식사 후에 마시는 디저트 칵테일Desert Cocktail도 유사한 개념이다.

서비스 형태에 따른 분류

Shooter Cocktail

- 슈터 칵테일Shooter Cocktail

숏을 쏘듯이 입안에 털어 넣어 마시는 칵테일로써, 총을 쏘듯 강하게 들이키는 칵테일 등의 의미를 가진다. 또한 슈터는 재료들이 섞이지 않도록 층을 만들어 쌓는 플로팅 기법의 칵테일들을 말한다. 플로팅 칵테일Floating Cocktail이란 음료의 비중을 이용하여 층이 지도록 쌓아서 만드는 칵테일이며, 레이어링 칵테일Layering Cocktail과 유사한 개념이다. 대표적인 칵테일은 B-52, 푸즈카페, 레인보우 등이 있다.

프라페 칵테일Frappe Cocktail

Frappe Cocktail

스트레이트 업 스타일의 칵테일로써 글라스에 크러쉬드 아이스Crushed Ice를 채운 뒤 그 위에 음료를 바로 부어 제공하는 칵테일이다. 1930년대 초 전기 블랜더의 개발로 인해 프로즌 스타일이 활용되기 전시대까지 더운 여름을 대표하던 칵테일이었고 민트 프라페Mint Frappe 등이 대표적이다.

프로즌 칵테일Frozen Cocktail

Frozen Cocktail

전기 블랜더를 이용해 음료와 부재료 그리고 얼음까지도 함께 넣고 분쇄 혼합하는 칵테일이다. 분쇄정도가 고운 눈과 같다고 하여 스노우 칵테일Snow Cocktail이라고도 하며, 쉐이킹을 통한 혼합보다 차갑게 만들 수 있는 칵테일이지만 자칫 얼음이 빨리 녹아 묽어질 수 있기에 빨리 마셔야 한다.

온 더 락스On The Rocks

On The Rocks

올드 패션드 글라스에 얼음을 넣고 그 위에 음료를 따라내어 제공하는 칵테일로 얼음을 바위에 비유하여 바위 위에 붓는다는 의미로 붙여진 이름이다. 온 더 락스 얼음이 자연스럽게 녹으면서 알코올과 음료를 부드럽게 만들며, 알코올 정도나 맛 그리고 향을 조절하기 위해 한 개 이상의 얼음의 개수를 달리하며 즐긴다.

스트레이트 업Straight Up

Straigt Up

쉐이커 또는 믹싱글라스에 얼음과 재료를 넣고 차갑게 혼합한 후, 스트레이트 업 스타일의 글라스에 얼음 없이 따라내는 칵테일들을 말한다. 이때 중요한 기준은 최종적으로 얼음과 함께 제공을 했는지의 여부이며, 세계적으로는 마티니 스타일의 칵테일을 말하기도 한다.

기본 형태에 따른 분류

High Ball

하이볼High Ball

하이볼 글라스에 얼음을 넣고 증류주를 부은 다음 각종 주스나 소다수 또는 탄산음료 등을 채우면 위로 부풀어 오르는데 이를 '하이볼' 이라고 한다. 대표적인 칵테일로는 스카치 소다, 진 토닉, 버번콕, 럼콕, 세븐세븐, 캄파리 소다 등이 있다.

Fizz

피즈Fizz

탄산음료를 개봉할 때 나는 '피~~' 소리에서 착안해 붙여지게 된 이름으로 진을 포함한 증류주와 리큐어를 베이스로하여 시트러스 계열의 과일 주스와 설탕을 혼합 한 뒤 소다로 채워서 만드는 칵테일들을 말한다. 대표적인 칵테일로는 진 피즈, 슬로진 피즈, 카카오 피즈 등이 있다.

Sour

사워Sour

이름처럼 '시다' 라는 말뜻에 맞도록 증류주와 리큐어를 베이스로 하여 레몬주스와 설탕을 넣고 혼합해 만드는 칵테일들을 말한다. 대표적인 칵테일로는 위스키 사워, 브랜디 사워, 아마레또 사워, 미도리 사워 등이 있다.

Sling

슬링Sling

피즈와 만드는 방법이 비슷하나 피즈 보다 용량이 좀 더 많으며, 과일 리큐어를 첨가하여 맛을 부드럽게 하는 기법으로 과일로 장식하는 것이 다르다. 대표적인 칵테일로 싱가포르 슬링을 들 수 있다.

쿨러Cooler

'쿨러' 라는 이름처럼 음료를 차게하여 시원하고 깔끔한 느낌을 갖게 하는 음료를 말한다. 피즈와 슬링처럼 증류주나 와인 등에 레몬과 같은 시트러스 계열의 주스와 설탕을 넣고 혼합한 뒤 탄산

Cooler

음료로 채워서 완성한다. 대표적인 칵테일은 와인 쿨러, 진 쿨러, 럼 쿨러, 데킬라 쿨러 등이 있다.

칼린스Collins

Collins

헤밍웨이가 즐겨 마셨다는 모히토에 영감을 불어 넣어준 칵테일로 위스키, 진, 럼, 보드카 등의 증류주에 레몬(라임)과 같은 시트러스 계열 주스와 설탕 시럽을 넣고 소다수로 채우는 롱 드링크다. 칵테일 창시자의 이름을 딴 존 콜린스, 톰 콜린스 등이 대표적이다.

토디Toddy

Toddy

추위를 이기고 오한 발열 증상을 호전시키기 위해 영국에서 전통적인 방식으로 만들어 마시기 시작했던 음료가 칵테일의 형태가 되었다. 올드 패션드나 하이볼과 같은 기본 글라스에 증류주와 뜨거운 물 또는 차를 넣고 꿀과 혼합해 만드는 칵테일이다. 대표적인 칵테일로는 위스키 토디, 핫 버터드 럼 등이 있다.

줄렙Julep

Julep

19세기 신대륙의 개척자들이 원기회복과 기력보충을 위해 즐겨 마셨던 칵테일로써, 약에 쓴맛을 없애기 위해 마시는 달콤한 음료라는 뜻의 페르시아어에서 유래된 칵테일이다. 글라스에 민트잎을 넣고 살짝 으깨 향을 추출하고 그것에 얼음과 위스키, 설탕 등을 넣어 만드는 칵테일이다. 대표적인 칵테일로는 민트 줄렙이 있다.

스매쉬Smash

Smash

줄렙과 유사한 칵테일로 크러시드 아이스와 증류주 그리고 설탕을 혼합하는 방법은 같으나 소량의 물을 첨가하는 것이 조금 다르다.

Swizzle

스위즐Swizzle

줄렙, 스매쉬와 유사한 칵테일로 다른 점은 사용할 글라스에 서리가 맺히도록 칠링하거나 스터어링 하여 칠링 된 글라스를 사용하며, 알코올 도수가 낮아 마시기 조금 더 편안한 칵테일이다.

Tropical

트로피컬Tropical

열대성 칵테일을 의미하는 것으로 과일주스, 열대과일 등의 시럽을 이용하여 달콤하고 시원하며 장식이 화려한 칵테일이다. 일반 칵테일보다 양이 많은 롱 드링크로 피나 콜라다나 마이 타이 등이 대표적이다.

Punch

펀치Punch

여러 가지 생과일과 과일 주스를 혼합하여 만들어진다. 펀치는 영국의 인도 식민지배 당시 인도에 주둔해 있던 영국 고위관료의 집에서 열린 연회에 여러 가지 과일 주스로 혼합된 음료를 인도 하인들이 '펀치' 라고 부르기 시작한 것에서 유래 되었다. 럼과 설탕을 첨가하여 얼음과 함께 여러 사람이 각자 떠 마시는 형태로 시작된 칵테일이다. 대표적인 칵테일로는 플랜터스 펀치, 후르츠 펀치 등이 있다.

Frappe

프라페Frappe

프라페Frappe는 '냉각이 잘 되어진' 이라는 뜻의 프랑스어로 칵테일글라스 또는 샴페인글라스에 크러쉬아이스Crushed Ice를 채운 다음, 원하는 리큐르를 붓고 빨대를 꽂아 제공하는 기법이다. 잘게 부서진 얼음을 사용하는 만큼 쉽게 녹아 칵테일이 싱거워질 수 있으며, 짧은 스트로우 두 개를 꼽아 제공한다. 민트 프라페, 카카오 프라페, 카시스 프라페 등이 대표적인 칵테일이다.

데이지Daisy

다양한 증류주나 리큐어에 시트러스 계열의 주스 그리고 그레나덴 시럽을 넣어 혼합한 뒤 소다수로 채워

Daisy

서 만드는 칵테일이다. 위스키 데이지, 브랜디 데이지, 럼 데이지 등이 대표적인 칵테일이다.

Cobbler

코블러Cobbler

쉐리 와인이나 스틸 와인을 베이스로 하여 레몬, 설탕, 얼음과 함께 혼합하여 마시는 칵테일로 와인을 차갑고 다양하게 즐기기 위해 사용되는 칵테일의 형태이다.

Buck

벅Buck

이름의 뜻은 '톡 쏘는 맛과 강한 느낌' 으로 증류주에 시트러스 계열의 주스와 진저엘을 넣어서 만드는 칵테일이다. 대표적인 칵테일로는 진 벅, 럼 벅, 브랜디 벅 등이 있다.

Rickey

리키Rickey

증류주에 신선한 생 라임의 과즙을 직접 짜서 넣은 뒤 얼음과 소다수로 채워내는 칵테일 이다. 설탕을 첨가하지 않아 깔끔한 신맛을 내는 것이 특징이다. 진 리키, 보드카 리키 등이 대표적인 칵테일이다.

Crusta

크러스타Crusta

술, 레몬주스, 약간의 리큐르(또는 비터)를 넣은 것으로 레몬 껍질이나 오렌지 껍질을 넣은 칵테일이다. 증류주에 시트러스 계열의 주스와 소량의 리큐어 또는 비터Bitter류를 넣고 레몬이나 오렌지의 껍질을 함께 넣어 시트러스 과일의 풍미를 더욱 살린 칵테일이다.

Sangaree

생거리Sangaree

생거리Sangaree는 스페인 남부와 동부 지역에서 즐겨 마시던 와인에 레몬주스와 과일 주스를 설탕과 함께 넣어 차갑게 혼합해 마시던 칵테일로 마지막에 소다수로 채워서 완성하며 피처 형태로도 즐긴다. 스페인어로 피를 의미하고 레드 와인을 묽게 한 것에서 유래되었으며, 와인 외에 위스키나 브랜디 등을 사용하기도 한다. 지금은 와인베이스 칵테일의 대표가 될 만큼 즐겨 마시는 타입의 칵테일이 되었다. 대표적인 칵테일로는 상그리아가 있다.

Squash

- 스쿼시Squash

생과일을 직접 짜낸 과즙에 설탕과 소다수를 넣어 원재료인 과일의 신선한 느낌과 함께 약간의 청량감을 주는 칵테일이다.

Ade

- 에이드Ade

생과일을 직접 짜낸 과즙에 설탕 또는 설탕시럽과 물을 넣어 혼합한 기법으로 원재료인 과일의 신선한 느낌을 그대로 느낄 수 있는 칵테일이다. 일반적으로 스쿼시와 비슷하여 혼동하기도 한다.

- 후르츠 칵테일Fruits Cocktail

Fruits Cocktail

과일의 신선한 느낌을 살릴 수 있는 리큐어나 시럽 또는 생과일, 퓨레 등을 혼합해 만드는 칵테일들이 여기에 속한다. 다양한 과일의 혼합을 통해 만들어지는 트로피칼 칵테일Tropical Cocktail과도 유사한 개념이다.

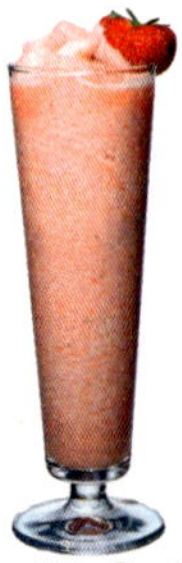
Smoothie Cocktail

- 스무디 칵테일Smoothie Cocktail

과일, 우유, 크림, 시럽, 퓨레 등의 점성이 있는 재료들과 함께 얼음을 넣어 분쇄 혼합해 만드는 칵테일들이 여기에 속한다. 분쇄 혼합을 통해 만들어지는 프로즌 칵테일Frozen Cocktail도 유사한 개념이다.

Hot Cocktail

- 핫 칵테일Hot Cocktail

재료를 끓여서 조주하거나 뜨거운 커피와 차 그리고 물과 함께 혼합하여 만드는 칵테일들이 여기에 속한다. 아이리쉬커피, 카페로얄, 핫버터드럼, 뱅쇼 등이 대표적인 칵테일이다.

5 칵테일 계량과 알코올 계산법

칵테일 계량

칵테일 계량 및 단위

- 계량
  - 1dash = 1splash = 5~6drop = 1/32oz = 0.9*ml*
  - 1bsp = 1/8oz = 3.7*ml*
  - 1ounce = 1oz = 30*ml*
  - 1pony = 1oz = 1shot = 1single = 1finger = 30*ml*
  - 1jigger = 1 1/2oz = one & half = 45*ml*
  - 1cup = 8oz = 240*ml*
  - 1pint = 16oz = 480*ml*
  - 1quart = 32oz = 960*ml*
  - 1gallon = 128oz = 3840*ml* (4quart)

칵테일 계산법

- 알코올 도수계산

$$\frac{[\text{음료의 도수}(\%) \times \text{사용량}(ml)] + [\text{음료의 도수}(\%) \times \text{사용량}(ml)]}{\text{음료의 총 용량}(ml)}$$

* 단 얼음양은 계산에서 제외됨으로 얼음이 녹은 량은 별도로 감안.

- 혈중 알코올 농도계산

$$\frac{\text{음주량}(ml) \times \text{음료의 도수 5}}{833 \times \text{체중}(kg)}$$

* 단 음주 후 경과 시간 및 개인의 해독 능력에 따라 오차 발생 감안.

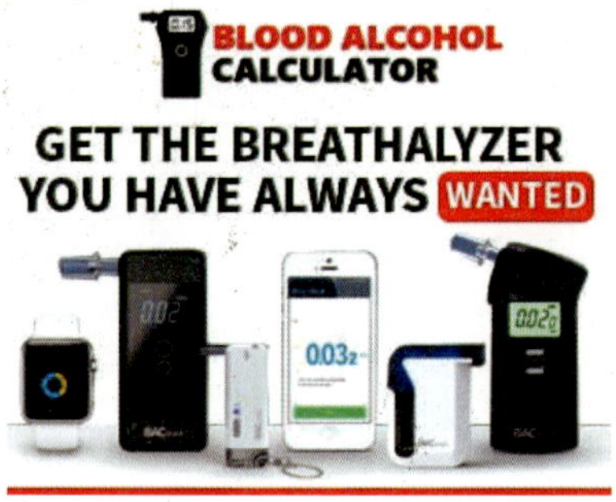

알코올 음료 칼로리 계산

- 스피리츠

  스피리츠40~90%(vol) : 65~74(cal) / 1(oz)

- 리큐어

  리큐어17~24%(vol) : 86~105(cal) / 1(oz)

- 비어 12Cal / 1oz

  비어4~12%(vol) : 12(cal) / 1(oz)

- 레드와인

  레드와인 12%(vol) : 23(cal) / 1(oz)

- 화이트와인 12% Vol : 23Cal /1oz

  화이트와인 12%(vol) : 23(cal) / 1(oz)

헤밍웨이(Ernest Hemingway)가 사랑했던 쿠바 3대 칵테일

헤밍웨이(Ernest Hemingway)

쿠바에서 오랜 세월을 보낸 미국 소설가 어니스트 헤밍웨이는 늘 시가와 칵테일을 입에 달고 살았다. 아바나의 유명한 바인 엘 플로리디타(El Floridita)에 앉아 프랑스의 작가 겸 철학자 장–폴 사르트르, 미국 극작가 테네시 윌리엄스, 영화배우 게리 쿠퍼 · 에바 가드너 · 마를레네 디트리히 등 세계적인 명사들과 함께 술잔을 기울이며 교유하는 모습이 종종 눈에 띄곤 했다.

집필 작업중인 헤밍웨이

헤밍웨이가 특히 좋아했던 칵테일은 모히토(Mojito)와 다이키리(Daiquiri), 쿠바리브레(Cuba Libre)와 더불어 세계적인 명성을 자랑하는 쿠바의 3대 칵테일이다. 그는 사방의 벽과 식탁들이 온통 낙서로 가득한 유명 식당 라 보데기타 델 메디오(La Bodeguita del Medio)에 앉아서 모히토를 마시다가 기분이 나면 엘 플로리디타로 옮겨가 다이키리를 주문하곤 했다. 그가 얼마나 칵테일을 좋아했던지, 한 바텐더는 그의 이름을 따서 '헤밍웨이 스페셜'이라는 칵테일을 만들기도 했다. 지금도 이 두 술집은 헤밍웨이의 흔적을 더듬어가며 쿠바 칵테일의 독특한 맛을 즐기려는 외국인들로 언제나 초만원이다.

모히토(Mojito)

원래 칵테일은 쿠바에서 시작되진 않았지만 20세기 초 미국인들에 의해 전해지면서부터 순식간에 쿠바 전역을 휩쓸게 되었다. 아열대 기후에 다양한 과일, 그리고 세계 최고의 럼주를 생산하는 쿠바가 칵테일 강국이 된 것은 어찌보면 너무나 자연스러운 현상일 것 이다.

칵테일은 미국 독립전쟁(1775~1783) 때 처음 등장했으나 본격적으로 유행하기 시작한 것은 미국의 제빙산업이 발달하는 18세기 말이라는 것이 정설이다. 쿠바인들은

다이키리(Daiquiri)

쿠바리브레
(Cuba Libre)

이보다 100년가량 늦은 19세기 말에서 20세기 초 사이에 비로소 칵테일의 독특하고 다양한 맛을 알게 되었다. 미국과 스페인 간의 전쟁(1898)에서 승리한 미국이 쿠바에 대한 영향력을 급속히 확대하면서 자연스럽게 따라 들어온 일종의 부산물인 셈이다.

헤밍웨이가 쿠바에서 집필 활동 중 즐겨가던 바

초기 칵테일 가운데 대표적인 것이 쿠바 리브레로 콜라가 쿠바에 수입되면서 여기에 럼주와 레몬을 섞어 만든 것인데, 아바나에 있던 아메리칸 바라는 술집에서 처음 선보였다고 한다. 당시 오랜 스페인 식민지배에서 벗어나기 위해 독립운동을 벌이던 쿠바인들은 이 시원하고 새로운 맛의 음료수에 '자유 쿠바'라는 뜻의 쿠바 리브레라는 이름을 붙였던 것이다.

설탕, 레몬즙, 화이트럼에 대패질한 얼음(Shaved Ice)을 섞어 만드는 다이키리는 쿠바 동부 산티아고 데 쿠바 지역에 있는 다이키리 근처의 광산에서 일하던 한 남성의 아이디어에서 나왔다는 이야기가 전해진다. 당초에는 위스키사워의 일종으로 만들어졌는데 훗날 엘 플로리디타에서 일하던 바텐더가 대패로 민 얼음(Shavede Ice)을 첨가하면서 독특한 맛을 자랑하게 된다. 이렇게 유행하기 시작한 쿠바의 칵테일은 1920년대 들면서 때마침 미국의 금주령을 피해 쿠바로 몰려온 관광객과 사업가들 사이에서 엄청난 인기를 누리며 전성기를 구가하게 된다.

1940년대에 칵테일 기술이 더욱 섬세하고 세련미를 더해 가는 과정에서 등장하는 것이 오늘날 쿠바의 상징으로 불리는 모히토이다. 박하잎과 럼주, 설탕이 절묘한 조화를 이루는 모히토는 시원하면서도 알코올이 적절히 조화를 이뤄 오늘날까지도 단연 최고의 칵테일로 사랑받고 있다.

그 밖에도 럼과 코코넛 밀크를 섞어 얼음과 함께 마시는 사오코 등 외국 관광객에게는 잘 알려지지 않았지만 쿠바인들 사이에서는 마치 토속음식처럼 통하는 칵테일도 그 종류가 아주 많다.

쿠바 바텐더협회의 간부인 훌리오 세사르 멘네는 최근 한 인터뷰에서 쿠바의 칵테일은 단순한 재료의 혼합이 아니라 진정한 창조물이자 예술작품이라고 자부심을 드러냈다. "단지 배합의 지식만 가지고는 진정한 칵테일을 만들 수 없습니다. 미(美)에 대한 사랑, 그리고 예민하고 섬세한 감각이 없으면 칵테일을 만들지 않는 것이 좋습니다"라고 강조했다.

술과 칵테일을 즐기던 헤밍웨이

뉴요커들의 마음을 사로잡은 영화 속 칵테일

미국 드라마 '섹스 앤 더 시티(Sex and the City)'

'섹스 앤 더 시티(Sex and the City)'는 캔데이스 부슈널 원작의 동명 소설을 기초로 해 만든 화제의 TV 드라마로, 1998년부터 2004년까지 미국 유명 케이블채널 HBO에서 시즌6까지 방송해 폭발적 인기를 끌었다. 단짝 독신녀 4명이 뉴욕에 살면서 겪는 낭만과 성에 대한 솔직한 언행이 주테마다. 마이클 패트릭 킹 감독이 2008년 만든 동명 영화는 2004년 TV 드라마의 마지막 사건으로부터 4년째 되는 상황을 이야기 기점으로 한다.

영화 시작은 주인공이자 작가인 캐리 브래드쇼(세라 제시카 파커 분)가 설명하는 형식으로 4총사의 지나간 일과 지금까지의 변화에 대한 요약으로 전개된다. 늘 완벽한 사랑을 추구하던 샬럿 요크(크리스틴 데이비스 분)는 유대인 해리와 결혼했지만 아이가 없어 중국에서 입양했다. '터프한 사랑'을 즐기는 지적인 변호사 미란다 홉스(신시아 닉슨 분)는 스티브와 결혼해 브루클린에서 산다. 건전한 사랑보다 강렬한 섹스를 중요시하는 서맨사 존스(킴 캐트롤 분)는 TV 스타 스미스와 할리우드에 살림을 차렸다.

캐리는 여전히 뉴욕 맨해튼에 살면서 남자친구인 미스터 빅(크리스 노스 분)과 사귄다. 그러던 어느 날 캐리는 빅과의 결혼을 결심한다. 캐리 결혼식을 계기로 4총사는 재회하지만 뜻하지 않은 일이 발생하면서 결혼식은 취소되고 만다. 쓸쓸해진 캐리는 신혼여행지로 예약했던 멕시코로 친구 3명과 그들만의 여행을 떠난다.

이 영화에는 성 담론 만큼이나 칵테일 마시는 장면이 많이 나온다. 그중 먼저 눈에 띄는 칵테일은 멕시코 국민주 데킬라를 베이스로 한 '마가리타'다. 충격적인 실연의 아픔을 안고 멕시코 휴양지에 온 캐리는 기분 전환을 하려고 친구들과 현지 레스토랑에 간다. 거기서 서맨사가 멕시코 정취를 맛보려고 호쾌하게 마가리타를 주문한다. 샬럿이 자기는 마시지 않겠다고 하자 캐리가 그러면 자신이 두 잔을 마시겠다고 한다. 이어서 테두리 색깔이 각각 다른 아름다운 잔에 마가리타가 담겨 나온다. 그들은 흥에 겨워 마가리타를 마시고 한 잔씩 다시 주문한다.

하지만 영화에서 마가리타보다 더 강렬한 이미지로 등장하는 칵테일이 있다. 바로 이 영화의 상징이 된 칵테일 '코즈모폴리탄(Cosmopolitan)'이다. 흔히 코즈모(Cosmo)로 부르기도 하는 이 칵테일은 영화 마지막 부분에서 4총사가 파티를 즐길 때 그 모습을 드러낸다. 4총사는 바에서 코즈모폴리탄을 주문해 함께 마신다. 그러면서 샬럿이 "정말 맛있다"고 말하자 미란다가 "이 맛있는 술을 그동안 왜 마시지 않았는지 모르겠다"고 응답한다. 이 말을 받아 캐리가 "너무 흔해져서 그렇다"고 하

드라마 주인공들이 즐겨 마시는 코즈모폴리탄(Cosmopolitan)

코즈모폴리탄
(Cosmopolitan)

니까 서맨사는 역시 "옛날 것이 좋은 것"이라며 맞받아친다.

칵테일 코즈모폴리탄을 둘러싼 이들의 대화를 이해하려면 약간의 부연 설명이 필요하다. 코즈모폴리탄은 원래부터 꽤 지명도 있는 칵테일이긴 했지만, 결정적으로 일반인에게 그 이름을 알리게 된 것은 드라마 '섹스 앤 더 시티'를 통해서다. 드라마 전편에 걸쳐 주인공격인 캐리가 친구들과 만날 때 코즈모폴리탄을 주문하는 장면이 자주 등장하기 때문이다.

드라마가 인기를 끌면서 실제 미국에선 젊은 여성을 중심으로 이 칵테일이 크게 유행했다. 영화에서 캐리가 "웬만한 사람들도 마실 정도(because everyone else started)로 너무 흔해져 오히려 그동안 잘 마시지 않게 됐다"고 말한 것도 알고 보면 동명 드라마가 이 칵테일을 대중적으로 만들었기 때문이다.

어쨌든 이런 인연 때문일까. 이제 칵테일 코즈모폴리탄은 '섹스 앤 더 시티 칵테일'이라는 별칭으로도 불린다. 코즈모폴리탄은 원래 보드카를 베이스로 프랑스산 오렌지 리큐어인 쿠앵트로(Cointreau), 라임주스, 크랜베리 주스를 혼합해 만든다. 재료를 얼음과 함께 쉐이커에 넣고 흔든 다음 서빙 한다. 일반 보드카를 사용해도 무방하지만 가향 보드카의 일종으로 레몬 향이 나는 보드카 시트론을 사용하는 게 오리지널 레시피다.

오렌지 리큐어로는 쿠앵트로를 쓰는 것이 가장 좋지만 조금 저렴한 일반 트리플섹(Triple Sec)을 주로 이용한다. 쿠앵트로는 트리플섹 타입 리큐어의 한 제품명으로 프랑스산이다. 알코올 농도 40%인 쿠앵트로는 보통 트리플섹의 프리미엄 제품으로 간주된다. 라임주스는 신선하게 갓 짠 것을 사용하는 게 원칙이다. 색깔을 만들려고 넣는 크랜베리 주스는 알코올 농도를 많이 희석할 정도로는 쓰지 않는 게 좋다. 완성된 칵테일은 영화에서처럼 아름다운 옅은 핑크색을 띤다.

코즈모폴리턴의 한 변형인 '화이트 코즈모폴리탄(White Cosmopolitan)'도 사랑받는다. 붉은 크랜베리 주스 대신 화이트 크랜베리 주스를 사용한 칵테일이다. 화이트 크랜베리 주스는 크랜베리가 완전히 숙성해 본격적인 붉은색을 띠기 전 수확해서 만든 주스다. 오리지널 크랜베리 주스에 비해 신맛이 덜하며 국내에서는 구하기 어려워 맛보기 쉽지 않다.

마가리타(Margarita)

코즈모폴리탄은 보통 마티니 글라스라고 부르는 칵테일 글라스에 담아 서빙 한다. 영화에도 캐리 일행이 전형적인 마티니 글라스에 담겨 나온 코즈모폴리탄을 마시는 장면이 나오는데, 이 때문에 코즈모폴리탄을 마티니의 일종으로 잘못 생각하는 사람도 있다. 심지어 칵테일 전문 서적에서도 코즈모폴리탄을 코즈모폴리탄 마티니라는 이름으로 소개하기도 한다.

오늘 밤 달콤새콤한 코즈모폴리탄 한 잔으로 새침한 뉴요커가 돼보는 건 어떨까. 미녀 4총사가 '맛있는 술'이라고 극찬한 이 칵테일이 우리에게도 생활의 새로운 자극이 돼 다가올지도 모른다.

화이트 코즈모폴리탄(White Cosmopolitan)

푸에르토리코 국가 공식주로 지정된 피나 콜라다.

과거에는 외화 제목을 우리말로 적절히 번역해 개봉하는 게 관행처럼 여겨졌다. '애수'(Waterloo Bridge · 1940), '내일을 향해 쏴라'(Butch Cassidy and the Sundance Kid · 1969) 같은 멋있는 영화 제목이 그런 분위기에서 탄생했다. 이런 관행은 1990년대 초반까지 이어졌다. '사랑과 영혼'(Ghost · 1990)이나 '사랑의 블랙홀'(Groundhog Day · 1993) 같은 영화는 오히려 우리말 제목을 잘 붙여 원제목으로는 국내 팬들에게 전달될 수 없는 맛을 살리는 효과를 봤다.

카리비안해에 위치한 푸에르토 리코(Puerto Rico)

하지만 최근에는 원어 제목을 그대로 사용하는 것이 대세다. 관객층의 영어 이해도가 높아진 것이 이유가 아닐까 한다. 그러다 보니 '바디 오브 라이즈(Body of Lies)'(2008)의 수준을 넘어 '록 스탁 앤 투 스모킹 배럴즈(Lock, Stock and Two Smoking Barrels)'(1998) 같은 거의 암호 해독 수준의 영화 제목까지 등장하게 됐다.

하지만 아직도 한국적 분위기가 물씬 풍기는 영화 제목을 발견할 때가 있다. 2004년 인디 영화 출신의 게리 위닉 감독이 할리우드 진출 작품으로 만든 로맨틱 코미디 영화 '완벽한 그녀에게 딱 한 가지 없는 것'이 바로 이런 예다. 사실 이 영화 원제는 의미가 전혀 다른 '13 Going On 30'로, 빨리 여인이 되고 싶은 13세 소녀의 꿈이 어느 날 갑자기 현실화되면서 일어나는 이야기를 다뤘다. 우리말로 바꾼 제목은 영화에서 모든 것을 갖춘 듯 보이는 그녀에게도 진정한 사랑이라는 한 가지가 부족하다는 의미를 전달하려고 했던 것 같다.

호텔 카리브 힐튼

1987년 여주인공 제나(제니퍼 가너 분)는 13번째 생일을 맞았다. 그녀는 또래처럼 외모에 신경 쓰는 사춘기 소녀지만 친구들에겐 항상 따돌림 대상이다. 그나마 우직한 남자친구 매트(마크 러팰로 분)가 있긴 해도 그녀의 이상형과 거리가 멀다. 그러던 어느 날 제나는 생일파티 중 벽장 속에서 "빨리 서른 살 어른이 되고 싶다"고 소원을 말한다. 마침 곁에는 매트가 선물한 인형의 집이 있었고, 그 안에는 소원을 들어주는 마법의 먼지가 들어 있었다.

바텐더 라몬 몬치토 마레로
(Ramón Monchito Marrero)

아침에 눈을 뜬 그녀는 바라던 모습으로 변한 자신에 놀란다. 게다가 유명 패션잡지 에디터에 호화 아파트, 멋진 남자친구 등 모든 것을 다 갖춘 여성이었다. 그러나 그녀는 잊힌 과거를 추적하는 과정에서 자신이 매트를 배신하고 부모를 멀리하는 등 진정한 자신을 잃어가고 있음을 발견한다. 동료들에게 악평을 받는 것은 물론이다. 이런 와중에 매트까지 다른 여자와 결혼하려 한다. 그녀는 상황을 바꿔 보려 애쓰지만 일은 꼬여만 간다. 그러던 중 매트가 돌려준 인형의 집의 힘으로 다시 어릴 때로 돌아간다. 과연 그녀는 잃어버린 사랑을 되찾을 수 있을까.

전형적 로맨틱 코미디 장르인 이 영화의 하이라이트는 마이클 잭슨의 '스릴러'에 맞춘 군무 장면이다. 제나는 자신의 회사에서 열린 파티에서 "어떤 음료수를 들겠느냐"는 종업원의 질문에 이렇게 답한다.

"피냐 콜라다(Piña Colada)로 주세요. 버진(Virgin)이 아닌 것으로요."

그러고는 곧 종업원이 가져다준 피냐 콜라다를 들고 다니며 맛있게 마시는 장면이 이어진다. 영화에서 피냐 콜라다는 특유의 매력적인 잔 모양과 화려한 장식을 뽐내며 제나가 완벽한 조건을 갖춘 여자임을 강조하는 장치로 이용된다. 그렇다면 '버진이 아닌' 피냐 콜라다는 과연 무엇일까. 영화 속 제나의 칵테일 주문 상황을 이해하려면 피냐 콜라다에 대한 지식이 필수적이다.

피냐 콜라다는 럼과 코코넛 크림, 그리고 파인애플주스를 혼합해 만든 칵테일이다. 럼을 베이스로 하는 다이키리, 모히토와 더불어 가장 유명한 칵테일 가운데 하나다. 피냐 콜라다는 얼음과 함께 보통 파인애플 조각 또는 체리로 장식해 서빙 한다. 특징적인 잔 모양에 우윳빛 바탕으로 화려하게 장식해 분위기를 살린 이 칵테일은 외관만으로도 트로피컬 칵테일의 대표주자 격으로 손색이 없다.

특히 피냐 콜라다는 특유의 감미로운 맛으로 여성에게 인기가 많다. 이 때문에 알코올은 원하지 않으면서 그 맛을 즐기고 싶은 사람을 위해 개발된 것이 럼을 뺀 '버진 피냐 콜라다'이다. 피냐 콜라다라는 말은 스페인어 그대로 '여과한(Colada) 파인애플(Piña)'이란 뜻이다. 즉 이 단어는 애초 여과하지 않고 과육이 그대로 담긴 파인애플주스가 아닌, 과육을 여과한 주스라는 점을 강조하려고 만들어진 것이다.

그러던 것이 1920년대 들어 럼을 섞은 형태가 등장하게 됐고, 이후 여러 변형을 거쳐 오늘날 유명 칵테일로 자리 잡게 된 것이다.

그러면 이 칵테일은 누가 처음 만들었을까. 1978년 푸에르토리코가 피냐 콜라다를 국가 공식주로 지정한 데서 알 수 있듯, 이 칵테일이 푸에르토리코에서 시작됐다는 것에 이의를 다는 사람은 없다. 그러나 구체적으로 어디서, 누가 먼저 만들었는지에 대해서는 두 가지 설이 있다.

가장 신빙성 있는 주장으로 받아들여지는 설은 1954년 푸에르토리코 수도 산후안의 고급 호텔 카리브 힐튼에서 라몬 몬치토 마레로(Ramón

피냐콜라다(Piña Colada)

Monchito Marrero)란 바텐더가 처음 만들었다는 것이다. 이 호텔은 당시 미국의 유명한 영화스타들과 주요 인사들이 휴양 차 자주 들렀던 곳인데, 호텔 경영진이 이들을 위해 마레로에게 호텔을 상징할 만한 특별한 칵테일을 만들어달라고 주문했다. 그는 3개월 동안 온갖 노력을 다한 끝에 당시 푸에르토리코대학에서 처음 개발한 코코넛 크림을 이용해 마침내 오늘날의 피냐 콜라다 칵테일을 선보였다.

또 하나의 주장은 1963년 또 다른 유명 바텐더 라몬 포타스 민고트(Ramón Portas Mingot)가 역시 산후안의 레스토랑 바라치나에서 처음 이 칵테일을 만들었다는 것이다. 이 레스토랑은 지금도 안내서에 피냐 콜라다의 발생지라는 점을 자랑스럽게 내세우고 있다.

어쨌든 피냐 콜라다가 이름을 떨치다 보니 이를 본뜬 몇 가지 변형 칵테일도 소개되고 있다. 가장 대표적인 것이 럼 대신 보드카를 사용한 '치치'라는 칵테일이다. 또 피냐 콜라다 레시피에 일본산 멜론 리큐어인 미도리를 섞어 초록 색깔을 낸 '이구아나 콜라다'라는 재미있는 이름의 칵테일도 있다.

피냐 콜라다는 다른 영화에서도 종종 볼 수 있는데, 아름다운 잔 모양과 우윳빛이 워낙 특징적이어서 이 칵테일을 아는 사람이라면 그 존재감을 놓치기 어렵다. 2007년에 나온 영화 '데쓰 프루프(Death Proof)'도 좋은 예다.

비록 북풍한설이 몰아치는 겨울이라도 피냐 콜라다 한 잔만 있으면 어느덧 카리브해의 감미로운 우윳빛 낭만이 몸 전체를 휘감는 것을 느끼게 될 것이다.

스파이 영화의 대명사 마티니

영화 '007'은 1962년 첫 편인 '살인번호'가 개봉된 이래 50년 가까이 이어진 전설적 첩보 스릴러다. 007시리즈는 작품에 따라 흥행에 기복이 있었지만 세계적으로 많은 고정 팬을 확보한 블록버스터 중 하나다. 007시리즈는 2009년 현재 공식적으로 22편이 나왔는데, 이런 기록은 앞으로 영화사에서 찾아보기 어려울 것이다.

영국 정보국의 M국(해외특수공작 담당)에서 일하는 007을 창조해낸 이는 이안 플레밍(1908~1964). 해군정보대 중령을 비롯해 기자 은행가 증권브로커로 일한 그는 1953년 제임스 본드를 주인공으로 한 '카지노 로얄'이라는 제목의 소설을 발표한다. 생전에 12편의 작품을 내놓았는데 사후에 공개된 작품 1편과 미완성 작품 1편을 포함하면 모두 14편의 007시리즈를 썼다. 그의 추종자들은 지금도 제임스 본드를 주인공으로 한 007소설을 발표하였고 이 소설을 원작으로 한 영화 007 시리즈가 제작된다.

영화 007 포스터

영화 킹스맨 포스터

007시리즈가 세계를 무대로 활약하는 첩보원의 모습을 그린 만큼 세계 각국을 배경으로 한 술자리가 영화에 등장한다. 본드는 영화 속 대사를 통해 술에 관한 해박한 지식을 자랑한다. 그런데 007시리즈가 소품으로 활용한 갖가지 술 가운데 007시리즈에 등장하는 술

007 마티니(007 Martini)

이라고 누구나 쉽게 떠올리는 유명한 칵테일이 있다. 칵테일의 황제라고도 불리는 마티니가 그것이다.

마티니는 얼음에 진과 드라이 버무스(Dry Vermouth)를 섞은 뒤 올리브로 장식한 칵테일. 이 술은 그 유명세만큼이나 탄생과 관련해 많은 설이 존재한다. 몇 가지를 소개하면 1911년 미국 뉴욕의 한 호텔 바에서 수석바텐더로 근무하던 마티니(Martini di Arma Taggia)가 처음 만들었다는 얘기가 술과 사람 이름의 연관성을 들어 회자된다. 이 설에 따르면 올리브를 얹는 것은 그가 마티니를 개발한 뒤 단골손님들이 올리브를 칵테일에 넣어서 마신 데서 유래했다고 한다.

다른 설로는 마티니를 만들 때 진과 함께 넣는 드라이 버무스로 이탈리아 회사인 마티니 앤드 로시(Martini & Rossi)의 제품을 사용한 데서 이름이 유래했다고 한다. 이밖에도 미국 캘리포니아주에 있는 마티네스(Martinez)라는 도시 이름에서 비롯했다는 설과 영국군이 쓰던 소총 마티니-헨리(Martini & Henry)에서 유래했다는 설도 있다.

마티니를 만들 때 사용하는 버무스는 식물을 첨가한 강화와인이다. 알코올 농도만 높인 강화와인이 아니라 각종 식물을 첨가해 특유의 향을 강조한 것이다. 그래서 버무스를 방향성 와인(Aromatic Wine)이라고도 한다. 버무스는 백포도주를 기본으로 해서 제품에 따라 허브, 꽃, 식물뿌리, 향신료를 넣고 설탕으로 단맛을 낸다. 브랜디로 알코올 함유량을 높이기 때문에 도수가 18~19%까지 올라간다. 버무스는 드라이 버무스와 스위트 버무스로 나뉘는데, 맑은 색깔의 드라이 버무스는 19세기 초 프랑스가 처음 개발했다.

영화 007 역대 제임스본드

마티니를 만들 때 진과 버무스의 비율은 보통 3대 1인데, 취향에 따라 버무스의 양을 줄일 수 있다. 최근엔 버무스의 양을 최대한 줄여 만든 드라이한 마티니를 마시는 게 일종의 유행으로 떠올랐다. 이는 버무스를 첨가해 복합미를 느끼면서도 되도록 진의 순수한 맛을 즐기겠다는 뜻이다. 그러나 너무 드라이한 마티니는 칵테일이라고 부르기엔 다소 아쉬움이 있는 단독제품이 될 수도 있다. 어쨌거나 초 드라이 마티니 애호가는 술맛의 단순성에 방점을 찍는다.

초 드라이 마티니에 대한 여러 에피소드가 애주가들 사이에서 회자된다. 헤밍웨이의 소설 '강을 건너서 숲 속으로'에서는 주인공이 드라이 마티니를 주문하면서 진과 버무스의 비율을 15대 1로 요구하는 장면이 나온다. 헤밍웨이도 쓴맛의 드라이 마티니를 좋아했던 것 같다.

초 드라이 마티니(Extra Dry Martini)

어떤 애주가는 진만을 글라스에 넣고 저은 뒤 옆에 버무스병을 놓고 쳐다보면서 마셨다고 한다. 뉴욕의 한 애주가는 바에서 마티니를 주문하면서 진을 넣은 글라스 위로 버무스병을 지나가게 하는 방식으로 향기만 옮겨달라고 부탁했다고 한다. 바텐더가 주문대로 내놓은 마티니를 한 모금 들이켠 뒤 그 애주가는 술이 충분히 드라이하지 않다고 평하면서 두 번째 칵테일을 만들 때는 진 글라스에 입술을 대고 '버무스'라고 속삭여달라고 부탁했다. 바텐더가 다시 내놓은 마티니를 맛본 애주가는 한탄하면서 이렇게 말했다고 한다.

"당신 목소리가 너무 컸던 모양이네요. 버무스향이 여전히 강해요."

원조 스파이 영화의 칵테일로 알려진 마티니는 이제 킹스맨으로 이어진다.

영화 '킹스맨'이 새로운 스파이 영화로 떠오르며 주인공 에그시가 마신 마티니가 젊은이들에게 인기를 끌고 있지만, 사실 마티니는 원조 스파이 제임스 본드의 술이라고 해도 과언이 아니다.

영화 '007' 시리즈는 막상 주인공 제임스 본드를 맡는 배우는 여러 번 바뀌었지만, 영화 속 마티니는 빠지지 않고 등장했다. 그 어떤 배우가 제임스 본드가 되든 마티니는 꼭 마셔야 하는 '필수 코스'였던 것이다.

본드의 마티니는 킹스맨 에그시가 마시는 마티니와는 전혀 다르다. 본드는 마티니를 주문할 때 항상 이렇게 말한다.

"보드카 마티니, 젓지 말고 흔들어서."

킹스맨의 마티니를 주문할 때 마티니는 진과 베르무트를 섞어 만든다고 했는데, 본드는 이 규칙부터 깨버린다. 진이 아닌 보드카를 베이스로 마티니를 만들어달라고 한 것이다.

게다가 본드는 마티니를 만드는 핵심 기법인 '휘젓기(Stir)'마저 무시해버렸다. 주로 술과 주스처럼 잘 섞이지 않는 재료를 섞을 때 흔드는 기법을 이용하는데, 본드는 휘젓기가 필요한 마티니에서 과감하게 흔들기를 선택했다. 진보다 강한 술인 보드카를 베이스로 택했기 때문에, 흔드는 기법을 이용해 얼음을 녹이고 공기를 유입해 보드카를 좀 더 부드럽게 즐기겠다는 의도였던 것이다.

마티니를 직접 만드는 영화 킹스맨의 주인공 에그시(Eggsy)

이 마티니에서는 본드의 성격이 그대로 드러난다. 항상 멋진 슈트를 차려입은 본드는 '완벽한 신사'와는 거리가 있다. 여자를 좋아하는 바람둥이에 농담을 즐긴다. 무엇보다 제임스 본드는 말 그대로 '터프가이'다. 강한 보드카를 이용해 자신만의 스타일로 새롭게 탄생한 마티니를 즐기는 모습이 곧 본드의 모습과 닮아 있는 것이다.

재미있는 것은 킹스맨의 에그시가 마티니를 주문할 때 굳이 "보드카가 아닌 진으로"라고 강조했다는 점이다. 감독이 어떤 의도를 가지고 있었는지는 정확히 알 수 없지만, 원조 스파이인 007 제임스 본드의 마티니를 의식한 것은 분명하다.

스파이의 대명사답게 본드의 마티니는 전세계 대부분의 바텐더들이 알고 있을 정도로 유명하다. 많은 바텐더들이 "본드 마티니를 주세요"라고 해도 보드카 마니티를 만들어준다는 얘기도 있다.

술은 마시는 사람의 성격과 취향을 나타낸다고 한다. 같은 마티니라도 007 본드의 마티니와 킹스맨 에그시의 마티니는 원료부터 만드는 방식까지 모두 다르다. 정통을 중시하는 남자의 마티니를 마셔보고 싶다면 킹스맨의 마티니를, 원조 스파이만의 독한 마티니를 원한다면 본드의 보드카 마티니를 추천 한다.

CUBA LIBRE

Ingredients

1. Bacardi Carta Oro 30ml
2. Coca Cola 90ml
3. Fresh lime juice 10ml
4. Garnish with a lime wedge

- Method : Build
- Glass Glass : Highball
- Alcohol by Volume : 9.2%

THE ULTIMATE *GIN & TONIC*

Ingredients

1. Bombay Sapphire Gin 50ml
2. Fresh lime juice 15ml
3. Premium tonic water 150ml
4. Garnish with alime wedge

- Method : Build
- Glass : Balloon glasglas
- Alcohol by Volume : 11.0%

TEQUILA SQUEEZE

Ingredients

1. Jose Cuervo Silver 30ml
2. Sparkling lemonade 90ml
3. Fresh lime juice 10ml
4. Garnish with a lime wedge

- Method : Build
- Glass : Highball glass
- Alcohol by Volume : 9.2%

AMARETTO SOUR

Ingredients

1. Disaronno 45ml
2. Fresh lemon juice 15ml
3. Sugar syrup 20ml
4. Garnish with a lemon wedge

- Method : Shaking
- Glass : Rock glass
- Alcohol by Volume : 15.8%

LE *GRAND FIZZ*

Ingredients

1. Grey Goose Vodka 45ml
2. St-Germain 30ml
3. Fresh Lime Juice 15ml
4. Soda 120ml
5. Garnish with a lime wedge

- Method : Shaking(1~3) and Build
- Glass : Red wine glass
- Alcohol by Volume : 11.4%

BEER & DEER

Ingredients

1. Jagermeister 40ml
2. Chilled beer 330ml

- Method : Build
- Glass : Beer glass
- Alcohol by Volume : 8.0%

Woowoo

Ingredients

1. Peachtree 30ml
2. Vodka 20ml
3. Cranberry juice 100ml
4. Garnish with a lime wedge

- Method : Build
- Glass : Rock or highball glass
- Alcohol by Volume : 9.3%

더 드링크 스토리

| 국외문헌 |

Broom, The Bartender's Guide, Carlton. D.(2003)
Cotton, Old Mr. Boston Deluxe Official Bartender's Guide, Warner Books.(1981)
Poister, J. J., The New American Bartender's Guide, Signet.(1989)
Waters, J. K., Bartender's Guide, David & Charles.(2007)
Jens Priewe, Wine From Grape to Glass, Abbeville(1999)
NDREW Sharp, Wine Taster's Warwick Publishing(2001)
Elin, McCoy and John, Frederick Walker, Mr. Boston Official Bartender's Guide, A Time Warner Company(1988)
Hugh Johnson & Jancis Robinson, The World Atlas of Wine(5th ed). Simon & Schuster(2001)
John, J. Poister. The New American Bartender's Guide. Penguin Books Ltd, USA(1989)
Sopexa, Wines and Spirits of France, Sopexa(1989)
The wine academy, wine Guide, Winenara.com(2001)
United Kingdom Bartender's Guide International Guide to Drinks, Hutchinson Benham Ltd(1994)
Jeffrey Morgenthaler, The Bar Book(2014)
www.thebostonshaker.com
www.the-bitter-truth.com
www.diffordsguide.com

| 국내문헌 |

고치원 · 유윤종, 칵테일교실, 동신출판사(1999)
김준철, 와인 알고 마시면 두배로 즐겁다, 세종서적(2000)
김한식, 현대인과 와인, 도서출판 나래(1996)
배상면, 전통쩨조기술, 국순당 부설 효소연구소, 서울(1995)
백재현, 양주와 칵테일론, 형설출판사, 서울(2001)
원융희, 현대인과 칵테일, 형설출판사, 서울(2001)
이순주 · 고재윤 역, 와인 · 소믈리에 경영실무, 백산출판사, 서울(2001)
성중용, 명주수첩, 우듬지(2013)

장동은, 스카치 위스키 바이블, 워크 컴퍼니(2014)
이석현, 우리술 조주사 쉽게 따기, 베버리지출판사(2016)
류인수, 한국 전통주 교과서, 교문사(2016)
장동은, Stylish 칵테일, 중앙 books(2008)
박록담(2004), 전통주, 대원사.
박한 외, 더 바텐더스 베이직, 신화전산기획(2013)
박한 외, 호텔음료주장관리론, 신화전산기획(2016)
박한 외, 커피바리스타, 신화전산기획(2014)
방문송 외, 와인미학, 와인비전(2013)
유윤종 · 박한, 바 앤 라운지 음료경영론, 백산출판사(2013)
이석현 외, 조주학개론, 백산출판사(2010)
추대엽, 음료 앤 칵테일, 백산출판사(2018)

| 자료제공 |

OB맥주 양조기술연구소, 동서식품 홍보실, 프랑스 소펙사, FJ Korea 홍보실

The Drink Story
더 드링크 스토리

초판인쇄 | 2019년 01월 05일
초판발행 | 2019년 01월 10일

저 자 박 한
발행인 임영철
발행처 도서출판 신화전산기획

주소 서울시 성동구 마조로 3나길 28
전화 02-833-5145~6
팩스 02-848-2498
등록번호 301-2010-034
ISBN 978-89-5534-229-1 93590
정가 23,000원
www.shj.co.kr